Fach-
buch
Klett-Cotta

BARBARA STAMBOLIS

Töchter ohne Väter

Frauen der Kriegsgeneration und ihre lebenslange Sehnsucht

Mit einem Nachwort von Jürgen Reulecke

Klett-Cotta

Klett-Cotta
www.klett-cotta.de

Printed in Germany
Alle im Innenteil verwendeten Fotos stammen aus Privatbesitz
Gesetzt aus Concorde von r&p digitale medien, Echterdingen
Gedruckt und gebunden von Kösel, Krugzell

ISBN 978-3-608-94724-3

Bibliografische Information der Deutschen Nationalbibliothek
Die Deutsche Nationalbibliothek verzeichnet diese Publikation
in der Deutschen Nationalbibliografie; detaillierte bibliografische
Daten sind im Internet über <http://dnb.d-nb.de> abrufbar.

Für Bärbel Ingeborg und Werner Schultz.

Sie *hat über ihr Aufwachsen ohne Vater,* er *hat über seine Erziehung sowie seine Erfahrungen als Sanitätsstudent im Zweiten Weltkrieg nicht sprechen können. Ihrer beider Traum war, eine Familie zu gründen und ihre Tochter in einer heilen Welt aufwachsen zu lassen, doch sie sind beide nicht alt geworden.*

INHALT

VORWORT

Als ich begann, mich intensiv mit Kindheiten im Zweiten Weltkrieg und ihren Folgen zu beschäftigen, stieß ich auf ein Foto aus dem Jahre 1946, das ein etwa fünf oder sechs Jahre altes Kind mit seiner Mutter zeigt. Allein und gleichsam verloren stehen beide auf einer Straße – das greisenhafte Gesicht des Kriegskindes lässt erahnen, dass es eigentlich kein Kind mehr ist. Viele Menschen fühlten sich von diesem Foto angerührt. Die Frage nach dem Schicksal dieses einen Kindes – es ist ein kleiner Junge – lässt sich zwar nicht beantworten, aber sie enthält eine mehr oder weniger versteckte Aufforderung: nämlich herauszufinden, was aus den Kindern von damals geworden ist. An diesem Beispiel eines »Motivs« lässt sich veranschaulichen, wie sich Forschungsfragen entwickeln können. Ein anderer Anstoß, ebenfalls mit einer Frage verbunden, ergab sich aus folgender Beobachtung: Mir fiel auf, dass in Filmen aus der unmittelbaren Nachkriegszeit Jungen offenbar deutlicher »im Bild« waren als Mädchen. Warum? Zunehmend begannen nicht nur Bilder von Mädchen aus der Kriegs- und Nachkriegszeit mein Interesse zu fesseln, sondern es hat sich ein Forschungsthema entwickelt, in dessen Mittelpunkt die Lebensläufe von Frauen stehen, die im Zweiten Weltkrieg und in der Nachkriegszeit aufwuchsen.

In dem 2004 erschienenen und mittlerweile in dritter Auflage vorliegenden Buch »Söhne ohne Väter. Erfahrungen der Kriegsgeneration« heißt es: »Zu den einen Lebenslauf bestimmenden Belastungen [...] gehört auch die kriegsbedingte Vaterlosigkeit, die oft die Art und Weise des Heranwachsens der Söhne (und selbstverständlich in spezifischer Weise auch der Töchter) entscheidend beeinflusst hat« (S. 151). Die Klammer in diesem Satz macht den Forschungsbedarf bezüglich der Frauen ebenso deutlich wie der Hinweis Hartmut Radebolds, der mit Hermann Schulz und Jürgen Reulecke das »Söhne-Buch« herausgegeben hat, das weibliche Parallelbuch könne »nur von betroffenen Töchtern geschrieben werden«. Das Wörtchen »nur« in diesem Satz mag nicht in der Weise gemeint gewesen sein, dass eine kriegsbedingt vaterlos aufgewachsene Tochter wohl am geeignetsten sei, ein solches »Töchter-Buch« zu schreiben. Dieses Buch könne und solle jedoch, so deutete ich die Formulierung, von einer Frau geschrieben werden, die zwar nicht der Altersgruppe der Kriegskinder im strengen Sinne zugehörig sein muss, deren professionelle Arbeit aber von Empathie gegenüber den Empfindungen, Verletzungen und lebenslangen Belastungen vaterloser Töchter gekennzeichnet sein sollte. Aber es gab zu dem Zeitpunkt, als mich die vaterlosen Töchter zu faszinieren begannen, noch keinen Versuch einer Zeithistorikerin sich des Themas mit den Methoden der Geschichtswissenschaft anzunehmen. Den Regeln dieser Disziplin zufolge können persönliche Bezüge allenfalls eine nebensächliche, wenngleich nicht ganz zu leugnende Rolle spielen. Zentral ist vielmehr die Herausforderung, den Erfahrungen, Wahrnehmungen und subjektiven Rückblicken vaterloser Töchter einerseits eine Stimme zu geben, sie aber andererseits auch zeitgeschichtlich zu deuten, einzuordnen und »Exemplarisches« zu beschreiben. Dass Facetten meiner eigenen Familiengeschichte einen Hintergrund für mein intensives Interesse an dem Thema darstellen, sei an dieser Stelle nur angedeutet. Bekanntlich sprechen Historiker und Historikerinnen, um ihre Professionalität zu betonen, nicht von sich selber, aber sie können vielleicht zugestehen, dass sie manchmal aufgrund eigener Erfahrungen in einer besonderen Weise beobachten, Zeitzeugen zuhören oder ein Gespür dafür entwickeln, was es z. B. heißt, dass Frauen eine lebenslange Sehnsucht nach einem ihnen liebevoll zugewandten Vater haben. Diese Sehnsucht haben sicher auch Frauen, die erst nach dem Krieg geboren wurden und aus anderen als unmittelbar kriegsbedingten Umständen vaterfern oder vaterlos aufwuchsen.

Etwa 120 Betroffene, Frauen, die zwischen 1930 und 1945 geboren wurden, die ihre Väter kaum oder gar nicht kennengelernt hatten, haben zwischen 2007 und 2010 ähnlich wie die 44 an dem »Söhne-Buch« beteiligten Männer einen Fragebogen beantwortet, in dem es um ihre abwesenden Väter, ihre Mütter, weitere Erinnerungen an lebensprägende Erfahrungen, Reflexionen über Auswirkungen ihres vaterlosen Aufwachsens auf Partnerschaften und den Umgang mit den eigenen Kindern ging. Von vornherein stand fest: Die Fragen an die Frauen können nicht mit denen an die Männer identisch sein. Sie wurden unter anderem im Hinblick darauf, dass weibliche Lebensentwürfe sich zweifellos von männlichen unterscheiden, modifiziert. Zu vermuten war nicht zuletzt, dass sich ein »gelungenes Leben« aus weiblicher Sicht anders darstellt als aus stärker berufs- und karriereorientiertem männlichen Blickwinkel.

Die vaterlosen Töchter der Kriegskindergeneration, um die es in diesem Buch geht, fragen sich mittlerweile, inwieweit der fehlende Vater ein grundlegendes Element ihrer eigenen Familiengeschichte über Generationen sein könnte. Eine erhebliche Zahl ihrer Mütter war infolge des Ersten Weltkriegs auch ohne Vater aufgewachsen. Ihren Kindern wird er vielleicht ebenfalls fehlen – aus ganz anderen Gründen als ihnen in ihrer Kindheit. Es können sich deshalb von der vorliegenden Studie auch jüngere Menschen und aus anderen als kriegsbedingten Gründen vaterlos Aufwachsende angesprochen fühlen.

Den vaterlosen Töchtern, von denen ich manchen im Laufe der vergangenen Jahre wiederholt begegnet bin, die sich immer wieder meldeten und Informationen und Überlegungen nachtrugen, die nicht zuletzt zu langen Gesprächen bereit waren, sei an erster Stelle gedankt. Ohne diese Art der Kommunikation und ständigen Anregung wäre das Buch nicht entstanden. Ich hoffe, dass sie sich mit ihren Stärken ebenso darin wiederfinden wie mit ihren Zweifeln, Sehnsüchten und Unsicherheiten.

Dass die Gerda-Henkel-Stiftung mir dankenswerterweise ein Forschungsstipendium gewährte, hat maßgeblich die Voraussetzung für die Auswertung des Materials, für die notwendigen Literaturrecherchen und die Arbeit an der Erstellung des Buchmanuskripts geschaffen. Dem Klett-Cotta Verlag schließlich sei für die gute Zusammenarbeit gedankt.

1 DIE SCHATTEN DER VÄTER

1.1 Töchter ohne Väter melden sich zu Wort

»Mein Vater hat durch eine sofort nach meiner Geburt am 7. 11. 1942 abgesandte Postkarte gerade noch von seiner zweiten Tochter erfahren. [...] Ich war also noch nicht einmal zwei Monate alt, als meine Mutter die letzte Nachricht von ihm erhielt. So hat mein Vater mich und ich ihn leider niemals gesehen, dann er blieb als Soldat der 6. Armee in Stalingrad vermisst. Das ist etwas, was mich heute noch sehr berührt, den eigenen Vater nie kennengelernt zu haben, ihn mir nie zu eigen machen zu können, ihn nie erlebt zu haben, weil ich nie das Leben mit ihm teilen konnte, auch nicht wenigstens für eine kurze Zeit, so dass ich eine eigene Erinnerung an ihn haben könnte. Meine Schwester und ich würden auch heute noch ein paar Jahre unseres Lebens dafür geben, wenn wir unseren Vater sehen, sprechen und umarmen könnten, um zu erfahren, welch ein Mensch er war und wie er als Vater gewesen wäre.«

Mit diesen Worten beginnt eine Frau, die kriegsbedingt vaterlos aufwuchs, eine für ihr Leben grundlegende Verlusterfahrung und eine daraus erwachsene lebenslange Sehnsucht zu beschreiben. Sie hat mit etwa 120 weiteren vaterlosen Töchtern, alle zwischen 1930 und 1945 geboren, Auskunft über ihren Vater, die Beziehung zu ihrer Mutter und weitere wichtige Prägungen gegeben. Vor allem teilen viele Betroffene das Gefühl, es habe sie bis heute, und d. h. ihr gesamtes bisheriges Leben lang, ein grundlegendes Empfinden tiefer Unsicherheit begleitet, verbunden mit einer ebenfalls lebenslangen tiefen Sehnsucht nach väterlichem Halt.

Schriftliche Antworten auf einen Fragebogen, längere persönliche Gespräche, viele mündliche Mitteilungen bei Veranstaltungen und teilweise ausführlichere Korrespondenzen sind Grundlage des nun vorliegenden Buches, in dem es um Erfahrungen, Wahrnehmungen und subjektive, rückblickende Lebensdeutungen vaterloser Töchter der Altersgruppe geht, die seit einigen Jahren als »Kriegskindergeneration des Zweiten Weltkriegs« bezeichnet wird. Wenn von der »Generation der Kriegskinder« gesprochen wird, so umfasst diese zunächst einmal ganz allgemein jene Menschen, die als Kinder oder Heranwachsende entscheidend vom Krieg geprägt wurden. Zwar nicht alle, aber doch ein großer Teil Angehöriger der in Frage kommenden Jahrgänge hat nachhaltig Belastendes erlebt, den Verlust des Vaters und weiterer Angehöriger, Bombenangriffe, Evakuierung, Flucht und Vertreibung. Diese wenigen Hinweise auf ihre Erlebnis- und Erfahrungswelt lassen bereits ahnen, dass es kaum möglich ist, pauschal von Kriegskindern als Generation oder auch von »den« kriegsbedingt vaterlos Aufgewachsenen zu sprechen. Es ist beispielsweise zu differenzieren, ob vaterlose Töchter (und natürlich auch Söhne) ihren Vater noch kennengelernt haben oder nicht, ob sie mit behütenden Großvätern oder Großmüttern aufwuchsen, ob sie zusätzlich zu ihren Vätern weitere Angehörige verloren haben, ob sie zudem Bombenangriffe erlebt haben und evakuiert wurden, ob sie im Zuge der Kinderlandverschickung zeitweise ohne ihre Angehörigen lebten, oder ob sie sich mit ihren Müttern und Geschwistern über Monate oder sogar einige Jahre auf der Flucht befunden haben.

Die vaterlosen Töchter, die im Mittelpunkt dieses Buches stehen, gehören zu jenem Viertel aller damaligen Kinder und Jugendlichen in Deutschland, deren Väter im Krieg »gefallen«, ihren Kriegsverletzungen erlegen, in Gefangenschaft umgekommen oder unter bis heute ungeklärten Umständen verschollen sind. Ihre Zahl lässt sich auf etwa 2,5 Millionen beziffern.[1] – In Europa dürfte es infolge des Zweiten Weltkriegs insgesamt rund 20 Millionen Halbwaisen gegeben haben. – Die Frauen (und auch die Männer) beginnen, oft erst seit einigen Jahren, sich intensiv mit ihren nicht oder kaum gekannten Vätern und den Folgen ihres vaterlosen Aufwachsens für sich, ihre Partnerschaften und auch ihre eigenen Kinder zu beschäftigen. Ihr Leben sei lange »mit Arbeit ausgefüllt« gewesen, schreibt eine Betroffene; sie habe bislang keine Zeit gehabt, sich mit ihrer Kindheit und Jugend, d. h. ihrem vaterlosen Aufwachsen und mit daraus möglicherweise entstandenen lebenslangen Folgen zu befassen; seit Kurzem nun habe sie begonnen, sich intensiv mit ihrem kaum gekannten, fremd gebliebenen und doch intensiv, wenngleich nur schattenhaft gegenwärtigen Vater auseinanderzusetzen. Gemeinsam sei ihnen möglicherweise, so vermuten die Befragten, dass sie lange Zeit nur selten über ihre Verlusterfahrungen gesprochen haben. In folgender Äußerung dürften sich wohl einige wiedererkennen:

»Heute weiß ich – dass die Zeit unausweichlich kommt – wo nach einem arbeitsreichen Leben – im Zur-Ruhe-Kommen – spätestens dann – die alten Bilder […] hochsteigen. Ich begreife im Nachhinein seltsame Verhaltensweisen von mir. Mir ist im Austausch mit langjährigen Freundinnen, die in ›heiler Familie‹ aufwuchsen, klar geworden: Ich spreche eine andere Sprache, wenn es zum Beispiel um Gefühle und Verhaltensweisen geht. […] So steigt auch heute manchmal das Gefühl auf: Ich gehöre nicht ganz dazu.«

Mehr oder weniger überrascht stellten viele der Frauen fest, nachdem sie ins Gespräch gekommen waren, dass sie mit ihren Befindlichkeiten nicht allein waren bzw. sind und dass auch andere vaterlose Töchter glauben, die Tatsache, dass sie ohne Vater aufgewachsen waren, sei – vielleicht schon lange un- oder halbbewusst – hochbedeutsam in ihrem Leben. Sie beobachteten, dass sie ihr wachsendes Bedürfnis – oft nach dem Tod ihrer Mütter –, die Gräber ihrer Väter ausfindig zu machen und aufzusuchen, mit anderen kriegsbedingt vaterlos aufgewachsenen Frauen teilen. Sie möchten verspätet, trauernd von ihrem Vater Abschied nehmen, was ihnen ja als Kinder nicht möglich gewesen war.

Das Bedürfnis, sich mit ihren Vätern auseinanderzusetzen – von einigen Frauen inzwischen sogar ausdrücklich als Lebens- oder vielleicht besser Daseinsthema bezeichnet – hatte viele neugierig auf Veranstaltungen gemacht, die sich mit kriegsbedingter Vaterlosigkeit beschäftigten. Es ging bei entsprechenden Angeboten für Interessierte und Betroffene nicht nur um persönliche Erlebnisse, Erfahrungen, rückblickende Wahrnehmungen sowie gegenwärtige Beunruhigungen. Es ging auch um erste Versuche, zeithistorische und psychologische Hintergründe zu klären. Die Beschäftigung mit dem Alltagsleben im Krieg und in der Nachkriegszeit, mit zeittypischen Bildungswegen von Mädchen oder weiblichen Lebensentwürfen beispielsweise macht deutlich, dass individuelle Lebenswege nicht losgelöst von allgemeinen gesellschaftlichen Situationen und kulturellen Entwicklungen gesehen werden können.

Davon, dass das Interesse an den Erfahrungen kriegsbedingt vaterlos aufgewachsener Töchter in den letzten Jahren allgemein, auch aus journalistischer Sicht, zunahm, zeugten dann unter anderem auch eine TV-Dokumentation (2008) über die Reise einer Tochter ans Grab ihres fast unbekannten Kriegsvaters[2] und eine vierteilige facettenreiche Fernsehproduktion über Kriegskindheiten (2009), in der auch die fehlenden Väter Berücksichtigung fanden, wenngleich diese Verlusterfahrung fast ausnahmslos von Menschen geschildert wurde, die vor 1939 geboren waren, also noch deutliche Erinnerungen an ihre Väter »im Frieden« hatten.[3] Die zuletzt genannten Beispiele fügten sich in die seit einigen Jahren zu beobachtende breite mediale Beschäftigung mit Kriegskindheiten im Zweiten Weltkrieg ein, auf die noch einzugehen sein wird.

Die Beschäftigung mit ihrer Kindheit bzw. Jugend im und nach dem Zweiten Weltkrieg und vor allem mit dem »Vater-Thema« erwies sich insgesamt gesehen für viele vaterlose Töchter als ausgesprochen anstrengend, wie eine Beteiligte schriftlich mitteilte:

»*Ich hätte nie für möglich gehalten, dass sich eine Wunde öffnet, die bisweilen so schmerzte, dass ich nicht weiterschreiben konnte und einige Tage pausieren musste [...]. Ich glaube, ich habe nie so viel um einen Menschen oder besser gesagt, um diesen Verlust für mein Leben weinen müssen wie jetzt.*«

Eine weitere teilte mit: »Dass die Seele bis heute noch leidet, habe ich beim Verfassen dieses Berichts gespürt.« Und einem ausgefüllten Fragebogen waren folgende Sätze vorangestellt: »Es ist Mitte Oktober, ein ungewöhnlich warmer Tag. In die äußerste Ecke des Gartens habe ich mich zurückgezogen – wie damals, wenn ich Zuflucht suchte. Es ist der Schauplatz meiner Kindheit, an den ich zurückkehre!«

Manche Frauen hatten weitreichende Bedenken: Durften sie sich überhaupt gestatten, sich mit ihrer Kindheit und d.h. der eigenen Geschichte zu befassen? Wörtlich: »Zwischendurch beim Nachdenken haben mich Zweifel ergriffen, ob es nicht sehr selbstsüchtig ist, sich so sehr mit sich selbst zu beschäftigen.« Einige meinten, sie könnten gleichsam ihre Mütter verraten, wenn sie auszusprechen wagten, dass sie ihre Mutter-Tochter-Beziehungen als ambivalent erlebt hatten und nun auch den Zwiespalt ihrer Gefühle beschreiben wollten. Gleichwohl haben lediglich einige wenige mitgeteilt, das Vaterthema sei für sie derart aufwühlend, dass sie davon Abstand nehmen wollten, sich zu intensiv darauf einzulassen, und dann auch meinten, es tue ihnen leid, sie könnten den Fragebogen nicht beantworten. Bei den meisten Frauen hatte sich das Bedürfnis, sich noch einmal oder erstmals tiefgreifend mit ihrer Kindheit und Jugend sowie damit verbundenen bilanzierenden Lebensrückblicken zu befassen, in den letzten Jahren gleichsam aufgeschichtet. Sie erlebten es als befreiend, ihre Wahrnehmungen in Worte zu fassen, obwohl nicht selten ausgesprochen schmerzlich war, sich auf die »Reise in die Vergangenheit« zu begeben.[4]

Oft hatten die Veranstaltungsteilnehmerinnen ebenfalls betroffene Freundinnen und Bekannte, denen sie den – erstmals 2007 verteilten – Fragebogen weiterreichten und die sich dann auch bereiterklärten, ihn zu beantworten. Es gab nach offenbar neuerlichem Nachdenken über weitere Facetten des Vater-Themas in der eigenen Lebensgeschichte immer wieder Nachträge zu dem bereits Mitgeteilten. Vor allem erwies sich die Erinnerung gewissermaßen als Puzzle, in dem sich erst langsam einzelne Teile zu einem Bild zusammenfügten. Die Frauen entdeckten Fotos und schriftliche Dokumente und legten diesen Briefe bei, in denen sie sich auch nach dem Fortgang der Arbeit an dem Buch erkundigten. Viele Beteiligte hofften ausdrücklich darauf, sich in diesem »wiederfinden« zu können, ein Vertrauen, das zweifellos eine Verpflichtung und eine besondere Aufgabe darstellt: Es handelt sich zum einen um individuelle Lebensgeschichten, die aber zum anderen – darin besteht ja die Anforderung an Auswertung und Deutung – exemplarische Züge tragen und den Anspruch erheben, bis zu einem gewissen Grad und bei aller gebotenen Vorsicht verallgemeinerbar für eine Erfahrungsgruppe zu sein, eben für kriegsbedingt vaterlos aufgewachsene Frauen.

1.2 Erste Annäherungen

Wenn sich in den vergangenen circa zehn bis 15 Jahren Frauen aus der Kriegskindergeneration des Zweiten Weltkriegs mit ihren Müttern und auch Vätern befassten, hatten sie zunächst vor allem nach der Schuld ihrer Eltern oder zumindest deren Verstrickungen, besonders der ihrer Väter in den Jahren zwischen 1933 und 1945 gefragt.[5] Es war zweifellos einfacher, sich mit einem Vater auseinanderzusetzen, der keine Schuld auf sich geladen hatte. Es überrascht daher nicht, dass mit Wibke Bruns' »Meines Vaters Land« 2004 das Buch einer vaterlosen Tochter erschien, die den Spuren eines Mannes folgte, dessen Leben nicht von Verstrickungen in das nationalsozialistische Unrechtsregime, sondern durch seinen aktiven Anteil am Widerstand gegen dasselbe bestimmt war. Bezeichnenderweise hatte Bruns' Spurensuche nach dem Vater erst begonnen, nachdem die Mutter fast 90-jährig gestorben war. Impulsgebend für vaterlose Töchter scheinen in dem aus Bruns' Recherchen hervorgegangenen Buch nachdenklich rückblickende Betrachtungen des eigenen Lebens während des Älterwerdens zu sein, die von der »Entdeckung« mit ausgelöst werden, eigentlich wenig über den Vater zu wissen und bislang auch nicht wirklich nach ihm gefragt zu haben. Bruns wörtlich:

»Nicht den Schatten einer Erinnerung gibt es in mir. Ich war ein knappes Jahr alt, als der Krieg begann. Von da an war der Vater so gut wie nie zu Hause. Aber ich erkenne mich in ihm – seine Augen sind meine Augen, ich weiß, dass ich ihm ähnlich sehe. Ich kneife mich in den Unterarm: Diese Haut gäbe es nicht ohne ihn. Ich wäre nicht ohne ihn. Und was weiß ich über ihn? Nichts weiß ich. Warum weiß ich nichts?«[6]

Ebenfalls 2004, fast zeitgleich mit Wibke Bruns' Veröffentlichung, erschien das Buch »Söhne ohne Väter. Erfahrungen der Kriegsgeneration«.[7] Die Herausgeber Hermann Schulz, Hartmut Radebold und Jürgen Reulecke, selbst Betroffene, hatten Fragebogenantworten von 44 vaterlos oder vaterfern aufgewachsenen Männern, (bis auf zwei Ausnahmen) zwischen 1930 und 1945 geboren, dokumentiert und diese in psychoanalytische, gerontologische und zeithistorische Forschungszusammenhänge eingebunden.[8]

Bis zum Jahr 2005 dann, als öffentlich breit und facettenreich an die 60. Wiederkehr des Kriegsendes 1945 erinnert wurde, steuerte das wissenschaftliche und mediale Interesse an Kriegskindheiten im Zweiten Weltkrieg und ihren Folgen einem Höhepunkt zu. Mit Hilke Lorenz' Buch »Kriegskinder. Das Schicksal einer Generation« (2003)[9] und Sabine Bodes Publikation »Die vergessene Generation« (2004)[10] ist ein Laienpublikum angesprochen. Auf einem stark beachteten internationalen Kongress wurden 2005 bereits geleistete Forschungen öffentlich sichtbar, nicht zuletzt Arbeiten aus der seit 2002 bestehenden interdisziplinär arbeitenden Forschungsgruppe »weltkriegs2kindheiten« (w2k). Zugleich zeichneten sich weitere offene Fragen ab, nicht zuletzt die nach den spezifischen Erfahrungen vaterloser Töchter.[11] Die Journalistin Cornelia Staudacher hat 2006 in ihrem Buch »Vaterlose Töchter« einige Interviews mit vaterlos aufgewachsenen Frauen nacherzählt und mit diesem »Lesebuch« das Thema zwar aufgegriffen, aber ohne auf Hintergründe und Zusammenhänge der erzählten Lebens einzugehen.[12] Ein weibliches Parallelbuch zu »Söhne ohne Väter« war also bis jetzt noch nicht geschrieben. Trotz Margarete Dörrs eindrucksvoller Dokumentation zu Kriegskindheiten, 2007 erschienen, welche auch zu vaterlosen Töchtern facettenreiches Material bot,[13] blieb diese Herausforderung bestehen.[14] Sie wurde mit dem Dokumentarfilm von Andreas Fischer »Söhne ohne Väter«, im Mai 2007 erstmals ausgestrahlt, in dem u. a. einige der an dem »Söhne-Buch« Beteiligten zu Wort kommen, noch einmal deutlich. Dies auch im Sinne einer konkreten Aufforderung, unter anderem von Seiten einiger Schwestern der gefilmten vaterlosen Söhne, doch nun endlich auch betroffene Frauen zu befragen.[15]

Was zwar nicht allen, aber zumindest doch einigen besonders anregenden unter den zahlreichen und oft auch recht umfangreichen Publikationen über die Kinder des Zweiten Weltkriegs gemeinsam ist, hat Nicholas Stargardt in einer knappen Formulierung auf den Punkt gebracht: Er befasse sich »mit der Suche nach historischer Einfühlung und historischem Verstehen« und den damit verbundenen Schwierigkeiten. Die Zeitzeugen seien eben »nicht nur einfach da«, um die »liebsten Argumente der Historiker zu illustrieren, sondern, damit wir noch einmal die Frage stellen, was wir zu wissen glauben.«[16] Es geht mit anderen Worten um die Aussagekraft subjektiver Erfahrungen und – nicht zuletzt – erinnerter Lebensgeschichten. Ohne hier auf die diffizilen Probleme rückblickender Erinnerungen im Detail eingehen zu wollen: Die Frage der Differenz zwischen tatsächlich Erlebtem und Erinnertem[17] war einer Reihe von beteiligten Frauen ausgesprochen bewusst. Eine vaterlose Tochter überlegte etwa, ob das Bild, das in ihrem Gedächtnis »eingebrannt« sei, überhaupt stimmen könne, und fragte sich: »Bin ich wirklich auf seinem Arm oder stelle ich es mir nur vor?« Sie war vier Jahre alt, als sie ihren Vater zum letzten Mal sah, der dann in einem von ihr nicht näher bezeichneten Lager an Tuberkulose starb. Sie stellt sich ihren Vater bis heute als einen freundlich lächelnden Mann im Sonnenschein hinter Stacheldraht vor, der ihr sehr nahe ist, obwohl sie weiß, dass sie ihn so nicht gesehen haben kann. Offenbar sind dies innere Bilder, um die es hier geht: Das Kind auf dem Arm des Vaters und der lächelnde, hinter dem Stacheldraht unerreichbare Vater versinnbildlichen Vaterverlust und Vatersehnsucht. Beide Bilder müssen nicht realen Fotos entsprechen, um »wirklich« zu sein.

1.3 Lebenslang auf unsicherem Grund

Sicher teilen vaterlose Söhne und Töchter zahlreiche Erfahrungen: beispielsweise das Aufwachsen mit oft in hohem Maße engagierten und pflichtbewussten, doch auch erschöpften und überforderten, also zugleich starken und schwachen

Müttern. Oft lebten Jungen wie Mädchen mit ihren Müttern gleichermaßen in wenig gesicherten materiellen Verhältnissen und mussten früh Verantwortung übernehmen. Doch scheinen vaterlose Töchter noch mit anderen Belastungen und Erwartungen konfrontiert gewesen zu sein als ihre ebenfalls vaterlos aufgewachsenen Brüder und andere vaterlose Jungen ihrer Altersgruppe.[18] In dem »Söhne-Buch« heißt es einleitend: »Der Verlust des Vaters ist ein brutaler Einschnitt, der den Sohn […] lebenslang begleitet – und beschädigt […] Lebensgefühl und Selbstverständnis stehen […] für immer auf wackligem Boden und prägen das Leben der Betroffenen entscheidend.«[19] Gilt das auch für die Frauen? Wie denken sie, wäre ihr Leben mit ihrem Vater verlaufen? Was wäre gewesen, wenn er wiedergekommen wäre? Wäre er während der Schulzeit stärkend und schützend im Hintergrund gewesen? Hätte sich seine Tochter bei ihm, wenn sie Kummer hatte, anlehnen können? Hätte er sie ermuntert, ermutigt oder zum Lachen gebracht, wenn sie bekümmert oder unsicher war? In einem Zeitungsinterview antwortete eine vaterlose Tochter auf die Frage, was ihr gefehlt habe, pointiert: »Es hat mich niemand ins Leben geführt.«[20] Eine andere meinte in einer Fragebogenantwort: »Es hat mir niemand die Welt erklärt.« Mit diesen Formulierungen stehen die beiden nicht allein. Eine vom Tenor her ähnliche Äußerung einer anderen Betroffenen lautet: »Als ich dreizehn Jahre war, gab es mal einen Spaziergang mit einem Großonkel, der mir Sternbilder erklärte. Da kam wieder die große Sehnsucht nach jemandem, der einen an die Hand nahm und Dinge erklärte.« Diese intensive Vater-Kind-Bindung im Sinne von »auf Vaters sicherem Arm die Welt anschauen«, »zusammen mit ihm Hand in Hand gehen« oder später mit dem Vater »gemeinsam die Welt erkunden« hatte es für die vaterlosen Töchter (und natürlich auch die Söhne) nicht gegeben;[21] aus entwicklungspsychologischer Sicht fehlte ihnen sowohl in ihrer Kindheit als auch in ihrer Jugend die notwendige väterliche Unterstützung.[22]

Die Vorstellung, ihr Leben mit ihrem Vater wäre anders verlaufen, sie hätten dann mehr Selbstsicherheit erlangt und vielleicht nicht lebenslang mit einem Mangel an Selbstgewissheit zu kämpfen gehabt, äußern vaterlose Töchter aus der Kriegskindergeneration immer wieder. Und sie betonen, innerlich sei zeitlebens – aufgrund des fehlenden Vaters, wie sie annehmen – viel von ihrer bereits in der Kindheit und Jugend empfundenen »Unsicherheit und Einsamkeit« geblieben. Aus dieser grundlegend scheinenden Selbstwahrnehmung ergeben sich Fragen, die nicht leicht zu beantworten sind: Was verbirgt sich hinter dieser Selbsteinschätzung? Die Töchter waren doch bereits sehr früh selbständig und haben ebenfalls schon früh ganz selbstverständlich Verantwortung übernommen; sie haben ihre Mütter entlastet, Geschwister versorgt und als Heranwachsende bereits klaglos harte Arbeit verrichtet. Sie haben sich als junge Frauen pragmatisch in ihren Berufswünschen eingeschränkt, sie haben unter materiell schwierigen Bedingungen um eine gute Ausbildung gekämpft, Prüfungen bestanden und Ausbildungsziele erreicht, deren Verwirklichung mit großen Anstrengungen verbunden war. Als Ehefrauen und Mütter waren sie pflichtbewusst, verantwortungsvoll und verlässlich. Sie haben den größten Teil ihres Lebens wenig an sich selbst gedacht; die Bedürfnisse ihrer Männer und Kinder standen in der Regel für sie im Vordergrund. Mehrheitlich waren die Befragten beruflich stark engagiert und erfolgreich, manche sind es immer noch, oder sie engagieren sich ehrenamtlich. Sie haben Krisen, Umbrüche und Neuanfänge in ihrem Leben gemeistert. Sie benennen ausdrücklich eigene Stärken. Warum also glauben sie dennoch, ihnen fehle Sicherheit und Selbstgewissheit? Es scheint ein Widerspruch zwischen dem unsicheren Selbstgefühl, dem Eindruck eines Defizits an Selbstbewusstsein und Selbstsicherheit und den tatsächlich in der Regel doch so stark wirkenden Frauen und ihren ebenfalls starken Müttern zu bestehen. Letztere waren ebenfalls pflichtbewusst und diszipliniert und haben ein hohes Maß an Verantwortung getragen. Konnten sie trotzdem die Aufgabe nicht übernehmen, ihre Töchter »ins Leben zu führen«? Sie haben viel geleistet, indem sie in den Kriegs- und Nachkriegsjahren das Überleben der Familien sicherten und Doppel- sowie Mehrfachbelastungen in Beruf und Familie standhielten. Haben ihre Stärken, zu denen Bescheidenheit, Fleiß, Sparsamkeit und »Tapferkeit« gehörten, und die die Töchter auch fast immer besonders betonen, die imaginierten (!) väterlichen Eigenschaften – welche auch immer es im einzelnen waren – nicht ersetzen können?

Eine Betroffene schrieb, frühe Kindheitserinnerungen gebe es zwar nur spärlich, aber eine der wenigen bestehe darin, dass ihr Vater am Klavier sitze und ein Kinderlied spiele, das sie nachsinge. Eine andere interpretierte ein Foto, auf dem sie zu ihrem Vater aufschaut, so, dass sie noch heute in seiner Haltung »Wärme und Schutz« fühle, sie stelle sich vor, sie gehe an seiner Hand (siehe Foto unten). Wieder eine andere

meinte, nicht so sehr als Kind, sondern erst später als Erwachsene, in einer Lebenskrise, habe sie um ihren Vater geweint: »Ich hatte Sehnsucht nach ihm und dachte: ›Hätte ich meinen Vater, er könnte mich in den Arm nehmen und mir sicher helfen‹. Noch heute sehne ich mich nach ihm und trauere um ihn.« Trauer und darüber hinaus eine grundlegende Traurigkeit scheinen wie Schatten auf dem Leben der vaterlosen Töchter zu liegen. Nicht nur die Trauer um seinen Verlust, sondern eine nur schwer zu bestimmende Traurigkeit hat zumindest eine prominente Tochter einer vaterlosen Tochter aus der Kriegsgeneration bereits einfühlsam beschrieben: Alexandra Senfft (Jahrgang 1961), die Enkelin Hanns Ludins, der 1941 bis April 1945 Gesandter und Bevollmächtigter Hitlers in der Slowakei gewesen und 1947 wegen Beteiligung an der Deportation slowakischer Juden als Kriegsverbrecher hingerichtet worden war. Alexandra Senffts Wahrnehmung ihrer vaterlos aufgewachsenen Mutter in ihrem Buch »Schweigen tut weh« aus dem Jahre 2007 bezieht sich ausdrücklich auf den soeben angedeuteten Widerspruch: Ihre Mutter habe zwar selbständig und selbstsicher gewirkt, sei es aber nicht wirklich gewesen; sie hatte, so Senfft wörtlich, »lebhafte Augen, hinter denen sich eine tiefe Sehnsucht und Traurigkeit« verbargen.[23]

Wann wurde und wird, so wäre zu fragen, bei den befragten vaterlosen Töchtern die Sehnsucht nach einem Vater, der sie »im Arm hält«, lebendig? Zu vermuten ist, dass der Eindruck fehlender Väterlichkeit in ihrem Leben sich immer dann verstärkte, wenn sie in Auf-, Umbruch- und Entscheidungssituationen standen oder Krisen durchlebten. Im Rückblick sehen die Befragten das zumindest mehrheitlich so, oft gepaart mit der Sehnsucht, wenigstens etwas von der vermissten väterlichen Nähe und Stärke beim Lesen seiner Briefe oder durch den Besuch seines Grabes stillen zu können.[24]

1.4 Viele Fragen

Wären die Töchter enttäuscht gewesen, wenn ihre Väter zurückgekehrt wären und nicht dem Bild entsprochen hätten, das sie sich von ihnen gemacht hatten? Einen Vater, an dem sie ihre Idealvorstellungen von Väterlichkeit hätten überprüfen können, gab es in ihrem Leben ja nicht. Gab es Menschen, die ihnen Halt gaben und Umgebungen, die ihnen Orientierungen ermöglichten? Fragen, die auch geschlechtergeschichtlich interessant sein dürften, sind etwa folgende: Haben die Mütter ihre Töchter gefördert? Haben vaterlose Töchter früh geheiratet? Wie stabil waren ihre Partnerschaften? Wie deuten diejenigen, deren Ehemänner ebenfalls vaterlos aufgewachsen waren, die Schwierigkeiten, die sie in ihren Partnerschaften hatten? Wie gestalteten sich die Beziehungen vaterloser Töchter zu ihren Söhnen? Welche Mutter-Tochter-Erfahrungen wollten sie ihren Töchtern ersparen?

Um eine möglichst facettenreiche Grundlage für fundierte Aussagen zu schaffen, wurden bei der Auswertung der Fragebogenantworten unterschiedliche Sichtweisen beispielsweise von älteren oder jüngeren Schwestern berücksichtigt. Der Rolle von Großeltern und von Stief- bzw. »Ersatz«vätern für die Befragten galt ebenso das Augenmerk wie zusätzlich zur Vaterlosigkeit hinzukommenden belastenden Kindheitserfahrungen, wie beispielsweise Flucht und Vertreibung oder Evakuierung.[25] Angesichts des Ausmaßes materieller wie ideeller Verluste und der tiefen Verunsicherungen in den Kriegs- und Nachkriegsjahren war Selbstgewissheit bei den unter diesen Umständen Aufgewachsenen wohl insgesamt gesehen eher nicht zu erwarten. Eine objektive Gewichtung, welche Erfahrungen von Bedrohung, Angst, Entwurzelung und Verlassenheit die schwerwiegendsten waren, ist jedoch wohl kaum oder allenfalls im Einzelfall möglich.

Vielversprechend erschien es, unter vergleichender Perspektive auf die weiblichen und die männlichen Erinnerungen und Wahrnehmungen zu blicken: Haben vaterlose Töchter andere Erinnerungen an die Kriegs- und Nachkriegszeit als vaterlos aufgewachsene Söhne? Wenn den Jungen männliche Vorbilder fehlten, was fehlte dann den Mädchen? Nähe und Zärtlichkeit, die vielleicht ein positives Männerbild in Bezug auf Partnerschaft hätte bedeuten können? Waren Mädchen nach 1945 ähnlich wie die Jungen in altershomogenen Gruppen organisiert, in denen letztere manch »Männliches« kompensatorisch und spielerisch einüben konnten? Wie unterschieden sich damals überhaupt die gesellschaftlichen Bedingungen des Aufwachsens für vaterlose Mädchen und Jungen? Dementsprechend sind die Frauen darauf angesprochen worden, ob es aus ihrer Sicht deutliche Unterschiede zwischen Erfahrungen und Belastungen vaterloser Söhne und vaterloser Töchter gegeben habe.

Besondere Aufmerksamkeit galt nicht zuletzt den Müttern. Es geht ja, wie zum Beispiel Hartmut Radebold betont hat, nicht nur um »abwesende Väter«, sondern auch um »anwesende Mütter«; letztere sind sowohl in der therapeutischen Praxis als auch in der psychoanalytischen Forschung im Zusammenhang mit spezifischen Problemen vaterloser Kriegskinder bislang allerdings noch nicht hinreichend berücksichtigt worden. Die Mütter hätten oft lebenslang »Hilfe und Unterstützung als Ausdruck notwendiger Wiedergutmachung« für ihren zweifellos intensiven und aufopfernden Einsatz für ihre Kinder »eingefordert.« Eine »konfliktorientierte aggressive Auseinandersetzung mit den Müttern« sei ja nicht möglich gewesen: »Wie hätte man sich als Kind mit der einzig noch vorhandenen Bezugsperson auseinandersetzen können, die Schutz, Versorgung (und möglicherweise auch Geborgenheit) versprach?«[26] In unserer »Töchter-Studie« werden zudem Fragen danach aufgegriffen, welche Konflikte es unter den weiblichen Familienmitgliedern in den überwiegend aus Frauen bestehenden Haushalten gab, wie die Töchter heute über ihre Mütter sprechen und ob sie ihre Mütter tendenziell anders sehen als dies die Männer in dem »Söhne-Buch« getan haben.

Aus zeithistorischer Sicht ist Vorsicht gegenüber der häufig vertretenen Annahme angebracht, vaterlose Söhne hätten es während ihres Aufwachsens in der deutschen Nachkriegsgesellschaft schwerer gehabt als vaterlose Töchter.[27] Auch die These, dass in der Nachkriegsgesellschaft »in den Familien Jungen eine stärkere Betroffenheit durch den Verlust des Vaters zugestanden« worden sei als Mädchen, wäre sicherlich noch einmal genauer zu belegen.[28] Auf jeden Fall wurden vaterlosen Töchtern zeitnah in Studien der 50er Jahre schlechtere Entwicklungschancen prognostiziert als vaterlosen Söhnen: Bereits die Mütter seien ja überfordert, und die Töchter könnten deshalb wohl kein positives Mutterbild entwickeln …

Aus den vaterlosen Söhnen sind vielfach erfolgreiche Männer geworden. Dies belegen die Berufsbiografien von Beteiligten des Buches »Söhne ohne Väter« ebenso wie die Interviews mit Wissenschaftlern aus der Altersgruppe der Kriegskinder.[29] Gilt das auch für vaterlose Töchter? Die Frage müsste jedoch wohl modifiziert werden: Heißt »erfolgreich sein« für Frauen dieser Generation nicht möglicherweise etwas anderes als für Männer? Hatten die Frauen andere Träume und andere Selbstbilder als Männer? Wollten etwa viele Frauen aus verständlichen Gründen – angesichts der Erfahrungen ihrer Mütter und unter dem Einfluss verbreiteter Familienleitbilder – in erster Linie ihren eigenen Kindern stabile Verhältnisse und Rahmenbedingungen bieten: »heile« Familien, ein Ideal, für das sie auf beruflichen Erfolg und Karriere verzichteten?

Vaterlose Töchter zu Wort kommen zu lassen bedeutet dementsprechend, empathisch und zugleich kritisch den Blick auf bislang unzureichend berücksichtigte Lebensgeschichten einer großen Gruppe von Frauen zu richten, deren subjektive Erfahrungen Teil der bundesdeutschen Geschichte sind, die aber in verbreiteten Geschichts-Darstellungen kaum vorkommen, zumindest nicht in solchen, in denen es in erster Linie um strukturelle Veränderungen und Prozesse geht. Der Erfahrungshorizont und rückblickend bilanzierende Wahrnehmungen der befragten Frauen könnten auf diese Weise verbreitete Geschichtsbilder um so manche Facette bereichern, sie vielleicht sogar korrigieren sowie Fragen zu beantworten helfen, auf die es bislang kaum Antworten gab. Haben vaterlose Töchter von positiven Entwicklungen, etwa auf dem Bildungssektor, profitiert? Hat die Zweite Frauenbewegung für sie eine Rolle gespielt? Wie blicken sie auf ihr Leben als Beobachterinnen und/oder Teilhaberinnen gesellschaftlicher (Geschlechter-)Umbrüche zurück?

Eine Anmerkung noch zu den Kapiteleinteilungen und möglichen Lesarten des Buches: Manchen Fragen war unter verschiedenen Aspekten nachzugehen. Deshalb findet sich im Text hin und wieder in einem Kapitel ein Verweis auf ein anderes. Dass – wie bereits erwähnt – nicht nur die Väter, sondern auch die Mütter mehrfach im Mittelpunkt der Untersuchung stehen, liegt auf der Hand: Ihre gesellschaftliche Situation, ihre Überforderung, ihre Rolle während des Heranwachsens der Töchter oder zum Beispiel die konfliktreichen Beziehungen zwischen Müttern und Töchtern werden in verschiedenen Zusammenhängen thematisiert. Zum Beispiel lassen sich auch einige Abschnitte, in denen es um Abschied und Trauer geht, im Zusammenhang lesen. Einige Leserinnen und Leser werden sich besonders für die Geschwisterkonstellationen interessieren und finden Überlegungen dazu nicht nur in einem, sondern in mehreren Kapiteln. Andere sind möglicherweise besonders auf die Abschnitte gespannt, in denen sich Reflexionen über die Weitergabe von Erfahrungen finden; auch sie können in dem Buch »blättern«. D.h., Leserinnen und Leser können es unterschiedlichen Lektüren unterziehen; mit anderen Worten: Das Buch ist ausschnitthaft oder mehrfach lesbar.

2 DER FEHLENDE VATER ALS LEBENSTHEMA

2.1 Erinnerungen an den Vater

Vaterlose Töchter haben oft nur wenige »Herzensobjekte« aufbewahren können, die sie an ihre Väter erinnern; die Befragten legten, wie bereits erwähnt, ihren Antworten einige ihrer spärlichen »materiellen« Erinnerungen an ihre Väter bei: Fotos, Briefe und andere persönliche Dokumente. Die Fotografien zeigen junge Männer in Uniform (siehe Foto unten), auf Heimaturlaub, zuweilen Hochzeitsbilder, auf denen Vater und Mutter abgebildet sind, nicht selten der Vater auch hier wieder in Uniform. Die Erinnerungen vieler Frauen stützen sich (abgesehen von Fotos) auf Briefe, die der Vater aus dem Krieg an seine Ehefrau, seltener wohl ausdrücklich an

seine Tochter geschrieben hat. Einige Frauen haben Gegenstände aufbewahrt, die sie mit ihrem Vater verbinden, Bücher beispielsweise, einen Löffel, einen Knopf oder ein Taschentuch, das ihm gehörte. Die Objekte haben für die meisten ihren ideellen Wert über die Jahre in keiner Weise eingebüßt, sie scheinen für manche vielmehr im Laufe der Zeit immer wertvoller geworden zu sein.

Einige Frauen empfanden es als sehr schmerzlich, überhaupt nichts in Händen halten zu können, was von ihrem Vater stammte oder ganz unmittelbar dazu beitragen konnte, sich ihn zu vergegenwärtigen. Sie hätten keine »Erinnerungskiste« gestalten können, wie sie eine Reihe von Kriegskindern des Zweiten Weltkriegs im Jahre 2005 für eine eindrucksvolle Wanderausstellung zusammengestellt hat. Die an diesem Erinnerungsprojekt Beteiligten erzählten eine Geschichte zu oft wenigen, in Munitionskisten arrangierten Relikten, die von ihrer Kindheit zeugen und bei denen auch der Verlust des Vaters eine Rolle spielt. Sie konnten ihren Erinnerungen in einer Weise »Raum geben«, wie es den Frauen, die ausschließlich über Erzählungen etwas von ihrem Vater wissen, nicht möglich ist.[30]

Nicht selten erwies sich die gedankliche Reise in die Vergangenheit auf der Suche nach Spuren des Vaters »wie eine Fahrt durch Nebelbänke, während der man nur schemenhaft auftauchende Bilder wahrnimmt.«[31] Innere Bilder hatten bei Weitem eine größere Bedeutung als die wenigen handfesten materiellen Zeugnisse, die sich erhalten haben. Ein letztes Weihnachtsfest mit Vater und Mutter und manchmal auch mit Geschwistern prägte sich eben nicht nur über Fotos, auf denen die Familie beispielsweise an einer Krippe oder unterm Lichterbaum abgebildet ist, sondern auch als Sehnsuchts- und Wunschbild bei den Vaterlosen tief ein. In Erinnerungen der vaterlosen Töchter an gemeinsame Weihnachtsfeste mit beiden Elternteilen und teilweise mit Geschwistern, noch vor Ausbruch des Zweiten Weltkriegs oder in den Kriegsjahren, erschien die »heile«, fast schon als »heilig« stilisierte Familie ausgesprochen zentral.[32] In diesem inneren Bild verdichten sich Vorstellungen von Frieden und Geborgenheit in einem von Nähe und Wärme bestimmten familiären Miteinander, das die Vaterlosen in ihrer weiteren Kindheit in einer umfassenden Weise schmerzlich vermisst haben.

Diese subjektiven Wahrnehmungen decken sich weitgehend mit dem Bild einer heilen Familienwelt als Schutzraum der Geborgenheit, das auch in Kinderbüchern aus der Kriegszeit gezeichnet wird, beispielsweise in einem »Weihnachtsliederbuch für die deutsche Familie«, das gegen Kriegsende erschien und das der Herausgeber »den Kindern seiner gefallenen Kameraden« widmete. Kinder werden hier in Gruppen mit ihrer Mutter oder etwa auch mit einer großen Schwester gezeigt, die sich mütterlich ihren kleinen Geschwistern zuwendet.[33] In Liedern wie »Hohe Nacht der klaren Sterne«, einem der bekanntesten nationalsozialistischen Weihnachtslieder, wurde das Bild von Mutter und Kind als Kern der Familie ebenso beschworen wie in einer »Stille-Nacht«-Variante aus dem Zweiten Weltkrieg, der zufolge Frauen und Kinder von den Männern »im Felde« beschützt werden.[34] Das war zweifellos Propaganda, die mit dem länger als erwartet andauernden und die Zivilbevölkerung allmählich immer stärker belastenden Krieg als hohl erkannt worden sein dürfte, ohne dass dadurch die Sehnsucht nach einer friedvollen Familienweihnacht gemindert worden wäre.

Das Weihnachtsfest wie auch andere religiöse Feiertage haben, wie die damals deutlich steigende Teilnahme an kirchlichen Feiern zeigt, während und vor allem gegen Ende des Krieges für viele Menschen erheblich an Bedeutung gewonnen. Zumindest hatte die Ideologie des Nationalsozialismus immer weniger Antworten auf die existenziellen Bedrohungen der Menschen zu bieten, wie nicht nur aus Lebenserinnerungen, sondern auch aus parteiamtlichen Beobachtungen, u. a. aus Lageberichten der allgegenwärtigen Geheimen

Staatspolizei, hervorgeht.[35] Der innige kindliche Wunsch jedenfalls, der Vater möge doch zu Weihnachten wiederkommen, findet auf der Postkarte eines siebenjährigen Mädchens zum Jahrswechsel 1941/42 seinen Ausdruck, auf der es heißt: »Lieber Papi, viele tausend Weihnachtsgrüße [...]. Ich habe die Karte extra für Dich gebastelt. Es war die schönste in der ganzen Klasse. Wir haben lange auf Deinen Besuch gewartet. Wann kommst Du wieder zu uns?«[36]

Wenn vaterlos aufgewachsene Töchter heute zurückblicken, beschreiben sie also fast ausnahmslos ihre Sehnsucht nach der soeben skizzierten behüteten Welt, die natürlich nicht nur mit Weihnachten verknüpft ist. Zu ihrer Vorstellung des Aufwachsens in Geborgenheit gehörte und gehört bis heute vor allem ein seiner Tochter zärtlich zugewandter Vater: Er hob sie aus dem Kinderwagen, sie saß bei ihm auf dem Schoß, er ließ sie auf seinen Knien reiten oder in sein Butterbrot beißen, er trug sie auf seinen Schultern oder hielt sie im Arm. Während eines Interviews etwa breiteten drei Schwestern Fotographien aus, auf denen sie mit ihrem Vater zu sehen waren – und hatten genau solche Motive herausgesucht.

Den Erinnerungen vieler Töchter zufolge war der Vater immer fröhlich und unterhaltsam; er konnte singen oder Klavier spielen und wurde – so legt die große Zahl ähnlicher Äußerungen nahe – als außerordentlich gefühlvoller Mann erinnert. Im Wortlaut heißt es zum Beispiel in einer Fragebogenantwort:

»Eingezogen wurde mein Vater kurz vor meiner Einschulung. Jährlich kam er einmal auf Urlaub. In dieser Zeit hat er viel mit mir unternommen. Er war ein fröhlicher Mensch, sang fast immer bei seiner Arbeit. Hauptsächlich Hans-Albers-Lieder. Bis zum heutigen Tag habe ich sehr wehmütige Gefühle, wenn ich diese Lieder oder nur die Melodien höre, lasse sogar Tränen zu.«

Andere Frauen teilten mit, ihr Vater habe sie zur Schule gebracht, bei seinem letzten Abschied versprochen, ihr das Schwimmen beizubringen, sie auf dem Motorrad mitgenommen, sie auf schwierigen und beängstigenden Wegen, beispielsweise ins Krankenhaus, begleitet.

»Knapp acht Jahre war ich, als Vater gefallen ist. Da Vater als Landesbauernführer viel unterwegs war, bevor er Soldat wurde, hatte er wenig Zeit für uns. Aber wenn er da war, war er ganz Vater. Bei Glatteis nahm er mich auf seine Schultern und brachte mich zur Schule (gut vier Kilometer im Nachbarort); bei seinen Besorgungen und Besuchen nahm er mich auf dem Motorrad mit.«

Auch an folgendem Ausschnitt einer Antwort lässt sich die Intensität des Wunsches nach einem solchen liebevollen Vater ablesen:

»Ich habe keinerlei Erinnerungen. Aber es wurde mir erzählt (ich weiß nicht wann), dass er bei meiner Geburt gesagt habe: ›Ich höre das schönste Mädchen aus Westfalen‹. Das hat sehr positive Gefühle zu meinem Vater bewirkt, und ich erinnere das Bild, dass ich im Bett liege und das Gefühl habe, dass mein Vater von oben auf mich schaut und für mich sorgt.«

Bilder herzlicher Zugewandtheit bestimmen also offenbar die Erinnerungen vieler vaterloser Töchter, die ihren Vater als Kind zwar nur kurz, aber doch immerhin kennengelernt hatten. Besonders eine Erinnerung kehrt in den Aufzeichnungen der Frauen immer wieder und scheint mehr als nur ein Hinweis auf eine bestimmte Situation zu sein – es handelt sich fast schon um einen Erinnerungs- oder Sehnsuchts-Topos: Der Vater habe die Tochter auf dem Arm oder an der Hand gehalten und ihr dabei »die Sterne gezeigt«. Im Wortlaut:

»Ich war fünf Jahre alt, als ich erfuhr, dass mein Vater an den Verletzungen des Russlandfeldzuges gestorben war. [...] Ein Bild habe ich immer noch vor mir, als er mich auf dem Arm hielt und mir den Nachthimmel mit Mond und Sternen zeigte.«

Es scheint aus der Rückschau kaum einen lebhafter erinnerten Ausdruck eines kurzen kindlichen Glücks gegeben zu haben als den hier zitierten, hinter dem sich – wie noch an anderer Stelle ausführlicher darzustellen sein wird – ein tiefer Schmerz verbunden mit einer ebenso tiefen Sehnsucht verbirgt: Wenn sie doch mit einem Vater an der Seite hätten aufwachsen können. Dahinter steht die Mutmaßung der Töchter, er hätte ihnen nicht nur Sternbilder gedeutet, sondern auch »die Welt erklären« können.

Auf umfangreichere schriftliche, väterlich liebevolle Botschaften, wie sie etwa die veröffentlichten Briefe des niederländischen Bühnenbildners und Illustrators Leo Meter an seine Tochter Barbara aus dem Zweiten Weltkrieg enthalten, konnten nur die wenigsten Befragten zurückgreifen.[37] Eine Frau schilderte, wie wichtig es für sie gewesen sei, dass Ansichtskarten des Vaters, der in Norwegen stationiert war, direkt an sie, seine Tochter, gerichtet waren. Er habe norwegische Kinderbücher übersetzt und ihr geschickt sowie einige Silberlöffel, in die er das Geburtsdatum seiner Tochter eingraviert hatte. Seine Post lasse sie bis heute spüren, wie sehr ihr Vater sie geliebt habe. Eine andere Frau gab an, ihr Vater habe ihr als Soldat »kleine Herzchen«, »rote Mützchen« und »liebe Kartengrüße« geschickt, und eine dritte schilderte, im Nachlass ihrer Mutter habe sich eine Postkarte ihres Vaters aus einem Lager mit einem Gedicht, an seine Tochter zu ihrem Geburtstag gerichtet, befunden. Eine Weihnachtskarte erhielt die Familie später zurück; der Vater hatte sie bis zu seinem Tod in seiner Brieftasche aufgehoben.[38] Die Mehrzahl der

Befragten konnte von einer solchen postalischen »Präsenz« ihres Vaters indes nicht berichten.

Vielleicht fanden viele Frauen es nicht erwähnenswert mitzuteilen, ob sie selbst an ihre Väter im Krieg geschrieben haben; einige wären von ihrem Alter her dazu in der Lage gewesen.[39] Dass es diese Karten und Briefe gab, bezeugt das Beispiel einer vaterlosen Tochter, die zwei solcher Dokumente in Kopie zur Verfügung stellte. Sie hatte als wohl Sechs- oder Siebenjährige in bunten Blockbuchstaben auf Linien, die sie mit dem Lineal gezogen und mit Blumenzeichnungen ausgeschmückt hatte, geschrieben: »Lieber Vati, Wir Haben schukolade Gekuft. Tertsliche Krüse von deiner [...].« In einem zweiten, zwar immer noch unbeholfenen, aber schon ohne Linien und in recht flüssiger lateinischer Schrift verfassten kurzen Brief vom Sommer 1946 hieß es dann – bereits im Wissen darum, dass der Vater gefallen war: »Gruß [...] an den Vati im Himmel zu seinem Geburtstag.«

Diejenigen Frauen, die Briefe und Karten ihrer Väter erwähnten, berichteten immer wieder von der großen Erwartung, die ihre Mütter an diese hatten. Sie erinnerten sich auch an die psychische Anspannung, wenn Post erwartet wurde: Briefe der Mutter konnten ja schließlich auch zurückkommen, weil der Adressat nicht mehr zu ermitteln war. Auf dem Postwege konnte aber vor allem die Nachricht überbracht werden, dass der Vater »gefallen« war. Die Erinnerungen der Töchter zeigen, dass Mütter und Kinder diese ständige Anspannung teilten, mit der ja nicht nur die Angst, der Vater könne gefallen sein, sondern immer wieder neue Hoffnung verbunden war. Eine solche Hoffnung drückte eine vaterlose Tochter folgendermaßen aus: »Ich hatte des Nachts Träume, dass der Briefträger mit dem entscheidenden Brief kam: Mein Papa kommt nun.«

Briefe der Väter und Korrespondenzen zwischen den Eltern aus den Kriegsjahren gelangten nicht selten erst spät in den Besitz der Töchter, auf Umwegen über Verwandte oder nach dem Tod der Mütter. Eine Frau, die ihren Vater im Alter von einem Jahr das letzte Mal gesehen hatte und sich somit nicht bewusst an ihn erinnern konnte, schreibt, es habe sie »sehr getröstet«, als sie von einer Tante ein Foto erhielt, das ihr Vater »im Feld immer bei sich getragen hatte«, und etwas später einen Brief an die Mutter, in dem er seine Bewunderung darüber ausdrückte, dass »sein Kind« für ihn betete. Eine andere vaterlos Aufgewachsene, die geboren wurde, als ihr Vater bereits in Gefangenschaft war, hat mittlerweile die Briefe ihrer Eltern aus den Jahren 1942/43 transkribiert, durch einen eigenen fiktiven Brief an ihren Vater ergänzt und – mit einer Widmung an ihren Vater – veröffentlicht.[40] Darin heißt es:

»*Ich habe mich auf den Weg gemacht, Dich als meinen Vater zu suchen, den ich persönlich nie kennengelernt habe, und habe angefangen, den Spuren Deines viel zu kurzen Lebens nachzugehen. Du bist mir inzwischen vertraut geworden, und ich habe Dich lieben gelernt.*«

Letzteres konnten auch zwei Schwestern bestätigen, die sich anhand der umfangreichen Briefsammlung ihres Vaters eine Vorstellung davon verschaffen konnten, wie er gefühlt und gedacht haben mochte. Allerdings stellte die Möglichkeit, auf diese Weise den Spuren des nicht oder kaum gekannten Vaters zu folgen, eher eine Ausnahme dar.

2.2 Abschiedsbilder und -szenen

Diejenigen Frauen, die zwischen 1931 und dem Kriegsausbruch 1939 geboren wurden und sich an ihre Väter durchaus noch deutlich erinnern, berichteten häufig über Abschiedsszenen und das dabei manchmal erschreckend klare und schmerzliche Gefühl, es werde wohl ein Abschied für immer sein. Die entsprechenden Szenen wurden vor allem mit chaotischen Situationen auf Bahnhöfen assoziiert, wie etwa folgende Zeilen deutlich werden lassen:

»Eine ›letzte Erinnerung‹ könnte vielleicht ein inneres Bild sein, das immer wieder auftaucht, wenn ich mich nachts einsam fühle: Es ist dunkel, Nacht, eine große schwarze schnaubende Lokomotive fährt in einen Bahnhof ein. Sie ist bedrohlich, riesig, macht großen Lärm. Mein Gefühl ist: Sie nimmt mir meinen Vater weg, sie nimmt ihn mit sich fort, er wird nie mehr zurückkommen.«

Bahnhöfe hatten zweifellos, für Flüchtlinge etwa, während des Krieges und auch noch nach 1945 eine hochgradig emotional besetzte Erfahrungs- und später dann auch Erinnerungsqualität.[41] Für viele Zeitgenossen, Kinder wie Erwachsene, scheinen Bahnhofsbilder zu Kriegsbeginn gleichsam für den »Aufbruch« in den Krieg und jahrelange Schrecken zu stehen. Szenen auf Bahnhöfen werden als unübersichtlich, bedrohlich und beängstigend erinnert. Kinder wurden von der Angst ergriffen, ihre Angehörigen aus den Augen zu verlieren und allein zurückzubleiben, wenn sich die Züge in Bewegung setzten. Auf Fotos lässt sich unschwer die Panik erkennen, die vielen Kindern in solchen Situationen ins Gesicht geschrieben stand. Anstrengung und Erschöpfung waren bei jenen Kindern und Erwachsenen offensichtlich, die sich in den Wirren der zunehmend nomadischen Gesellschaft des Krieges unterwegs befanden, evakuiert, verschickt oder auf der Flucht, und die natürlich immer wieder auf Bahnhöfen warteten, um weiterzukommen oder – oft vorübergehend – irgendwo Aufnahme und Unterschlupf zu finden.

Trennungs- und Verlustängste sind in den Erinnerungen vaterloser Töchter wohl nicht zuletzt deshalb oft mit Abschiedsszenen auf Bahnhöfen verknüpft, weil letztere konkret und nachvollziehbar eine lebensgeschichtliche Zäsur markieren. Sie stehen für den Anfang vom Ende der Kindheit, für den Beginn des ungewissen Wartens auf die Rückkehr des Vaters, den nicht stattgefundenen Abschied. Die Mütter und Kinder, die beispielsweise den Ehemann und Vater nach einem Heimaturlaub zum Zug brachten, standen – ebenso wie die Männer – in solchen Situationen unter einem ungeheuren Druck: Sie wollten sich in der Regel nicht voneinander verabschieden, hofften auf eine nur vorübergehende Trennung, ein baldiges Wiedersehen und ahnten zugleich, wie unsicher die Erfüllung ihres Wunsches war.

Wie es beim Abschied tatsächlich manchmal zugegangen sein mag, vor allem wie verhalten offenbar mit Gefühlen umgegangen wurde, wie tief und schmerzlich diese aber gewesen sein müssen, geht aus dem letzten Brief eines Vaters vom Herbst 1944 hervor, in dem er seine Wahrnehmung des Abschieds auf dem Bahnhof in Form eines Gedichts in Worte fasste. Der Brief befindet sich als »letztes Lebenszeichen« im Besitz der Tochter:

»Am Bahnsteig stehen Frau und Kinder,/ die drei, die meine Heimat sind./ Meine Töchter schauen mit treuem Blick./ Ich gebe den meinen ihnen zurück./ Meine Mädels (fünf und drei Jahre alt, Anmerkung der Autorin) geben mir die Hand/ und halten den Blick zu mir gewandt./ Du Frau, Du siehst mich tapfer an wie immer,/ seit der Krieg für mich begann./ Dein Herz, Dein Mund, Dein blondes Haar/ drei Wochen immer um mich war. Der Zug rückt an, die Tüch'lein wehn./ Manch Tränlein in die Tüchlein rinnen./ Schnell mag sie trocknen nun der Wind./ Start. Turm und Bahnhof werden klein./ Am Fenster steh ich nun allein./ Ich wende mich und schaue/ grad ins Auge Dir, mein Kamerad./ Mit den herzlichsten Küssen/ Dein Willy und Papa unserer lieben Töchter Ingrid und Christa.«

Die Tochter notierte dazu: »Letzte Erinnerung war der letzte Abschied auf dem Bahnhof in Buchen, Odenwald. Dort waren wir evakuiert. Papa sagte zu mir: ›Pass schön auf Mutti und deine Schwester auf‹.« Der Wunsch, sich nahebleiben zu wollen, war also – nicht nur in diesem Beispiel – mit einem Auftrag und einem Versprechen verbunden, das mit dem Hinweis auf »unverbrüchliche Treue«, wie sie auch in dem soeben zitierten Brief angesprochen wurde, ein besonderes Gewicht erhielt. Der Appell an »ewige« Treue war besonders in den Kriegsjahren zweifellos ideologisch überstrapaziert. Bezogen auf »Vaterland« und »Volksgemeinschaft« wurde eine solche propagandistische Indoktrinierung wohl auch zunehmend von vielen Menschen distanziert betrachtet. Aber als Ehe- und Familienversprechen blieb »Treue bis in den Tod« in seiner Gültigkeit unantastbar. Im Erleben der Auflösung von Ordnungen und Orientierungen garantierten das Treuegelöbnis von Frauen gegenüber ihren Männern und das von den Kindern gegebene Versprechen, zum Zusammenhalt der Familie beizutragen, gleichsam den Fortbestand »letzter Werte«. Deren Gültigkeit in Zweifel zu ziehen war in vielen Familien unvorstellbar.

Über ihren Wunsch, den Vater »in der Ferne« erreichen zu können, sprach eine ganze Reihe von Frauen. Besonders die Gebete, mit denen sie als Kinder die Rückkehr ihrer Väter erhofften, scheinen mit dem soeben erwähnten Treueversprechen in engem Zusammenhang gesehen worden zu sein. Nicht inständig genug für den Vater gebetet zu haben, war ein kindlicher Selbstvorwurf, an den sich ein größerer Teil der Befragten erinnerte. Als sie enttäuscht feststellen musste, dass ihr Vater trotz intensivsten Hoffens vermisst blieb, habe sie die Frage gequält, was sie in ihren Gebeten versäumt habe, meinte eine Betroffene. Die Empfindung, dem Wunsch nach Rückkehr des Vaters nicht stark genug Ausdruck verliehen zu haben, schien bei einigen vaterlosen Töchtern in der Kindheit regelrechte Schuldgefühle ausgelöst zu haben. Aus kindlicher Sicht hatte sich ihnen offenbar der Eindruck aufgedrängt, ihr Vater sei schließlich auch deshalb nicht zurückgekommen, weil sie sich in ihren Gebeten nicht genug angestrengt hätten.

Dafür, dass vaterlose Töchter ihre Hoffnung auf die Rückkehr des Vaters oft über Jahre nicht aufgaben, sprach auch der kindliche Wunsch einiger Frauen, sich aufzumachen und den Vater zu suchen. Daran erinnerte sich eine Befragte folgendermaßen:

»*Wir sprachen zusammen mit meiner Mutter jeden Abend ein Gebet, dann wurde der Satz angeschlossen: ›Bring bald unseren lieben Papi wieder!‹ Aber ich wollte die Sache nicht dem lieben Gott allein überlassen, sondern selbst handeln. Ich war wohl vier Jahre alt. Da packte ich einen kleinen Koffer, machte mich reisefertig und sagte zu meiner Mutter: ›So, jetzt fahre ich selbst nach Russland und hole den Papi.*‹«

Recht deutlich kann in manchen Antworten der vaterlosen Töchter zwischen konkreten Situationen in der Kindheit und späteren, nicht selten schemenhaften, inneren Suchbildern unterschieden werden. So teilte etwa eine Beteiligte mit: »Viel später hatte ich manchmal Träume, die immer gleich waren: Ich sehe und erkenne meinen Vater in weiter Ferne. Wir gehen beide aufeinander zu, ich bin so glücklich, und ehe ich ihn berühren kann, dreht er sich um und geht weg.« Sie habe Mitte der 1950er Jahre in der Presse die Listen der Spätheimkehrer nach ihrem Vater durchsucht und sei zum Bahnhof gelaufen, obwohl sie seinen Namen nicht in den Ankündigungen gefunden hatte. Sie habe die Ankunft der Spätheimkehrer-Züge abgewartet, Männer aussteigen sehen, die ihren Frauen und Kindern in die Arme fielen, und sich vorgestellt, wie ihr Vater auf sie zukommen und sagen würde: »Du bist aber groß geworden.« In dem Film »Das Wunder von Bern«, so betonte sie, gebe es eine ähnliche Szene, in der sie sich »wie damals« noch heute auf dem Bahnhof stehen sehe.

Die 1941 geborene Irene Anhalt beispielsweise hielt eine

solche von Anspannung und Enttäuschung geprägte Erwartung des ersehnten Vaters folgendermaßen fest:

»*Der Mann ging wenige Schritte vor mir. Er ging langsam, fast schleppend, so, als mache ihm das Gehen Mühe. Er trug eine große abgetragene Jacke und graue Hosen […]. Ich musste langsamer laufen, um ihn nicht zu überholen, und je länger ich hinter ihm herlief, desto stärker wuchs in mir der Gedanke, dieser Mann da vor mir sei mein Vater […]. Ich musste mir Gewissheit verschaffen, dass ich mich nicht irrte und suchte nach Ähnlichkeiten zwischen dem Mann und dem Bild von meinem Vater, das über meinem Bett hing. […] Ich wusste, dass die Männer, die aus der Gefangenschaft kamen, grau und mager aussahen, ihr Haar dünn und fahl sein konnte und ihnen manchmal ein Arm oder ein Bein fehlte. Der müde Gang des Mannes, meines Vaters, war nur zu verständlich, er kam aus Russland, und vielleicht war er schon wochenlang, monatelang unterwegs. […] Mit dem heimkehrenden Vater würde die Angst und das Chaos verschwinden, die mein Leben beherrscht hatten, seit die vage Erinnerung an Geborgenheit zerrissen war.*«[42]

Sie habe sich, so Irene Anholt, ihrer »Dummheit« geschämt, als sich herausstellte, dass dieser Kriegsheimkehrer nicht ihr Vater war, und habe sich auch ihrer »Unfähigkeit« geschämt, sich ohne ihren Vater zurechtzufinden.

2.3 Schmerzlicher Verlust und lebenslange Sehnsucht

Wenn vaterlose Töchter sich, wie geschildert, in vielen Varianten Wiedersehensszenen mit dem Vater vorstellten, erwies sich die allmählich zunehmende Gewissheit als schmerzlich, dass sie ohne Vater leben und zurechtkommen müssen. Seit wann und in welchen Situationen glaubten die vaterlosen Töchter ihren Vater – abgesehen von den soeben angesprochenen Abschiedsszenen und der Ahnung, dass sein Verlust wohl endgültig war – besonders zu vermissen?

Eine Gruppe von Frauen war der Meinung, der Vater habe ihnen stets, d.h. ganz allgemein seit ihrer Kindheit, gefehlt. Andere glaubten, ihren Verlust und die Sehnsucht nach ihm nicht immer schon schmerzhaft empfunden zu haben. Ihre Mütter hätten – wie noch an anderer Stelle näher zu beschreiben sein wird – nach dem Krieg bald aufgehört, die Briefe des Vaters vorzulesen, sie seien mit dem Überleben beschäftigt gewesen, weshalb es insgesamt gesehen wenig Platz für Gefühle gegeben habe. Auch die Töchter hätten, wie sie selbst berichteten, über viele Jahre vor allem handeln und Aufgaben bewältigen müssen und sich gedanklich kaum mit ihrem Vater beschäftigt. Eine Betroffene, die als Mädchen jahrelang Tagebuch geführt hatte, wunderte sich rückblickend, kaum Einträge zu finden, die sich auf ihren Vater bezogen. Ihre Aufzeichnungen kreisten um die Schule, um Spiele mit Gleichaltrigen – und wären wohl eine Fundgrube auf der Suche nach Alltagsspuren des Lebens einer Heranwachsenden nach 1945, doch bezogen auf das Verlustthema im Seelenleben einer vaterlosen Tochter enthielt es fast keine Hinweise.

Die Mehrheit der Befragten hatte jedoch rückblickend viele konkrete Situationen vor Augen, in denen der Vater fehlte. Als Kinder vermissten die Frauen einen liebevollen, zärtlichen »Papa«, »Papi« oder »Vati«, wie ihn so viele beschrieben, wenn sie sich ungerecht behandelt sahen, bestraft wurden, wenn sie sich einsam fühlten und hohen Erwartungen vonseiten der Mutter oder in der Schule ausgesetzt waren. Bereits in ihrer Schulzeit kam es oftmals zu einer ersten intensiven gedanklichen Vergegenwärtigung der Frage, inwiefern der Vater ihnen hilfreich hätte zur Seite stehen können. Gegenüber Lehrern hätten es Schülerinnen, die aus vollständigen Familien kamen, leichter gehabt, war eine oft geäußerte Meinung, denn Väter seien in der Schule in ihrer Rolle als

Erzieher ernster genommen worden als alleinerziehende Mütter.

Ein grundlegendes Unsicherheitsgefühl und den Eindruck, dieses wäre nicht so ausgeprägt, wenn sie einen Vater an ihrer Seite gehabt hätten, hatten die Töchter, wie sie betonten, nicht nur, aber eben auch in der Kindheit, als sie sich weder liebevoll an einen Vater anlehnen noch »seine Verlässlichkeit, Anteilnahme und Bestätigung« erfahren konnten.[43] In der Pubertät fehlte den Töchtern der Vater dann auch häufig in anderer Weise, wie zum Beispiel aus folgender Mitteilung hervorgeht:

»In der Pubertät, nach ersten Enttäuschungen mit Jungen, stellte sich mir ein Bild ein: Sand, der mir durch die Finger rinnt, den ich nicht festhalten kann, und dass es mir mit männlichen Bekanntschaften genauso ergeht. Ich konnte ja meinen Vater nicht festhalten: Er kam und ging wieder, um dann endgültig fortzubleiben.«

Viele Frauen meinten, die Sehnsucht nach dem Vater sei in der Pubertät besonders gegenwärtig gewesen: zu einer Zeit also, in der das Selbstwertgefühl und Selbstbewusstsein einer Tochter zweifellos durch einen Vater gestärkt werden kann, der stolz auf sie ist und auf den auch die Tochter stolz sein kann. Aus dem »gegenseitigen Stolz« erwachse, wie Alain Braconnier deutlich gemacht hat, für die Tochter eine vitale Kraft und die Grundlage für Selbstachtung und Selbstvertrauen.[44] Im Zusammenhang mit den Partnerbeziehungen wird auf diesen Aspekt zurückzukommen sein (siehe Kapitel 7.1).

Es waren indes nicht immer schwierige Situationen, in denen sich die Frauen väterlichen Beistand wünschten. Familienfeste und hier wiederum besonders Geburtstage waren häufig ein Anlass, an den Vater zu denken. Auch die Geburt von Kindern, Festtage und ähnliche Ereignisse waren sicher dazu angetan, dem Andenken an die Väter einen festen Platz in den Erinnerungen der Töchter und teilweise wohl auch im Familiengedächtnis einzuräumen. Weniger im Zusammenhang mit der eigenen Hochzeit, mehr mit der Geburt des ersten Kindes kamen die Väter ins Spiel. Einige der Söhne der vaterlosen Töchter tragen den Namen des vermissten oder gefallenen Großvaters. Eine Beteiligte teilte mit, ihr Sohn habe den Namen bekommen, den ihr Vater ausgesucht hätte, wenn sie ein Junge geworden wäre. Bei der Geburt von Söhnen scheinen also die Väter noch einmal besonders erinnert worden zu sein.

Solche Ereignisse boten vielfach eine Gelegenheit, sich zu vergegenwärtigen, wie alt der Vater mittlerweile wäre, wenn er den Krieg überlebt hätte. Manche Frauen dachten intensiv an ihre Väter, als ihre Kinder in dem Alter waren, in dem sie selbst den Vater verloren hatten. Wieder anderen begegnete der eigene Vater gedanklich, als ihre Söhne das Alter erreicht hatten, in dem er gefallen war. Die vaterlosen Töchter versuchten sich zwar immer noch den Vater als jungen Mann vorzustellen, zunehmend aber auch als älter und alt werdenden Mann und Großvater für die eigenen Kinder.

Die Vergegenwärtigung des Vaterverlusts erfolgte und erfolgt wohl immer noch besonders schmerzlich bei den Töchtern in biografischen Umbruchsituationen und »besonderen Lebenslagen«.[45] Die Frauen führten beispielsweise immer wieder Todesfälle in der Familie an, die Fragen an den Vater oder Sehnsucht nach ihm aufkommen ließen. Dass der Tod der Mütter noch einmal einen ganz besonderen Anlass für die Beschäftigung mit dem Vater darstellt, liegt auf der Hand, denn die Befragten waren insgesamt gesehen in Bezug auf Trennung und Verlust besonders verletzlich. Jede weitere diesbezügliche Erfahrung führte und führt dazu, dass vernarbt geglaubte Kindheitswunden neu aufbrechen.

Zudem fühlten sich die Töchter auch dann an ihren Vaterverlust erinnert, wenn es in Beziehungen zu ihren Ehemännern Probleme gab oder wenn sie sich von ihren Partnern trennten bzw. von diesen verlassen wurden. Das Gefühl, hilflos und ausgeliefert zu sein, sich nicht wehren zu können und auf unsicherem Grund zu stehen, wiederholte sich gleichsam für die Betroffenen und bemächtigte sich kaum kontrollierbar ihrer Selbstwahrnehmung. Der schmerzliche Verlust wurde offenbar immer dann übermächtig spürbar, wenn neue Trennungen drohten oder durchlebt wurden. Nicht zuletzt in Partnerschaftskrisen oder bei Scheidungen stellten sich vaterlose Töchter die Frage, ob sie diese Situationen anders bewältigt hätten, wenn sie von einem Vater intensiv geprägt worden wären, und sie entwickelten dann als erwachsene Frauen (wie in ihrer Kindheit schon einmal) das starke Bedürfnis nach väterlichem Halt. Die Frage: »Was wäre, wenn …?« scheint für fast alle vaterlosen Töchter eine zentrale Rolle zu spielen, wann und wie auch immer sie sich mit ihren Vätern beschäftigten und bis heute beschäftigen.

2.4 Worüber zu sprechen schwer fällt

Im Selbstverlag brachte eine vaterlose Tochter 2008 die Briefe ihrer Eltern aus dem Krieg heraus; sie fügte den transkribierten und mit Jugendfotos von Vater und Mutter illustrierten Texten einen Brief an ihren Vater bei, der 1947 in russischer Kriegsgefangenschaft gestorben war und den sie, 1945 geboren, nicht mehr kennengelernt hatte. In der Broschüre teilt sie mit, dass sie angefangen habe, seinem kurzen Leben auf die Spur zu kommen. Sie wolle gleichzeitig aber auch seinen vier Enkeln von den zwischen September 1942 und Mai 1943 unter ihren Eltern ausgetauschten Zeilen Kenntnis geben. Mit welchem Blick mögen die Enkel sich ihrem Großvater genähert haben? Die Briefe zeugen von einer höchst innigen Beziehung der Eltern und einer tiefen Sehnsucht, ihnen möge eine gemeinsame Zukunft beschieden sein: Es werde »immer Sonntag sein«, wenn sie nur wieder zusammen sein könnten.

Die Eltern, beide 1918 geboren, hatten sich während eines Fronturlaubes des Vaters 1942 kennengelernt und 1943 geheiratet. Beide gaben in ihren Briefen – alle vor ihrer Heirat geschrieben – einem Zwiespalt der Gefühle Ausdruck. Einerseits glaubten sie, in einer »großen Zeit« zu leben, die dem Einzelnen Opfer abverlange. Die Mutter machte sich Gedanken über die »Pflichterfüllung« für das »Vaterland«. Sie erinnerte sich an ihre als unbeschwert empfundene Zeit im Reichsarbeitsdienst vor Kriegsausbruch und als Jungmädelführerin. Seitdem habe sich jedoch einiges geändert. Natürlich hätten die »besten Soldaten« auch die »tapfersten Frauen« verdient, aber es falle andererseits doch schwer, stark

Hier die verwitwete Mutter (von ihrem Mann liebevoll »Lenchen« genannt) mit ihren beiden Kindern, die Tochter auf dem Schoß haltend.

und »hart« zu sein. Der Vater betonte, wie dankbar er sei, alles aussprechen zu können: Manchmal halte er es nicht mehr aus, er sehe das Bild der Freundin vor sich und könne sich doch nicht von der Verpflichtung lösen, dass Soldaten nun einmal »der Front gehörten«. Verzweifelt sah er den Krieg als »drohendes Gespenst«, doch es komme darauf an, »durchzuhalten bis zum letzten Mann«. Und weiter schrieb er wörtlich, bezogen auf die Soldaten in Stalingrad: »Unsichtbar wird für alle Zeiten über der Stätte ihrer Opfer das Wort geschrieben stehen: ›Wanderer kommst du nach Deutschland verkünde dort du habest uns hier liegen sehen wie die Pflicht es befahl.‹« Die Schlusszeilen des letzten Briefes lauteten: »Ich weiß, keine andere könnte mir sein, was Du mir bist, Du mein Lenchen. Deine umsorgende Liebe wird mich nun fortan immer begleiten.« Insgesamt gesehen entsteht hier also das Bild zweier Menschen, die meinten, nicht klagen zu dürfen, und doch voller Schrecken ahnten, welches Unheil der Krieg bedeutete. Die Tochter kommentierte in ihrem Buch in direkter Anrede an ihren Vater: »Die umsorgende Liebe Deines Lenchens hat Dich noch lange begleitet – bis zu Deinem Tod in russischer Gefangenschaft im Februar 1947.«[46]

Für die Tochter, die inzwischen das Grab ihres Vaters aufgesucht hat, steht bis heute aus verständlichen Gründen der Versuch im Mittelpunkt, sich ihren Vater als liebevollen Mann zu vergegenwärtigen – und eine unbegreifliche Folge seines Todes zu verstehen, dass nämlich ihre Mutter in Liebe und Trauer zu ihrem Mann offenbar nach dem Krieg keine Kraft mehr hatte, sich ihrer Tochter emotional zuzuwenden. So mögen für die meisten vaterlosen Töchter Fragen danach, was denn der Vater während des Krieges vielleicht gesehen hat, woran er möglicherweise beteiligt war, im Hintergrund bleiben. Einige Frauen, deren Väter Berufssoldaten waren, empfanden es als sehr irritierend, Bilder des Vaters in Uniform und mit »Kameraden« zu betrachten: Wo waren sie aufgenommen worden? Was für Szenen bildeten sie ab? Eine Befragte legte solche Fotos zur Seite, meinte, das sei eigentlich gar nicht ihr Vater, und konzentrierte sich auf andere Bilder, auf denen er mit seiner Familie in Zivilkleidung zu sehen war.

Andere Frauen haben Erkundigungen eingezogen, welche Funktionen ihre Väter als Soldaten hatten und in welchen NS-Organisationen sie Mitglied waren, um herauszufinden, wie weit sie in den Nationalsozialismus verstrickt und ob sie möglicherweise an der Front und in den besetzten Gebieten an Unrecht beteiligt waren. Eine Befragte stellte nach aufwendigen Recherchen erleichtert fest, dass ihr Vater, dessen Namen sie vergeblich an einem Ehrenmal für U-Boot-Gefallene bei Kiel gesucht hatte, wegen eines geringfügigen Vergehens – er habe Butter und Kaffee in seinem Spind versteckt – ins Gefängnis habe gehen müssen und dann »an die Ostfront« geschickt worden sei, was ihn aus Sicht der Tochter eindeutig entlastete. Eine andere Befragte, deren Vater nicht in Krieg oder Gefangenschaft umgekommen war, sondern sich wenige Jahre nach dem Krieg das Leben genommen hatte, führte dessen Selbstmordmotiv maßgeblich auf seine SS-Vergangenheit zurück. Eine weitere notierte, als Jugendliche habe sie zwar kritische Fragen an die NS-Zeit gestellt, diese aber nicht auf ihren Vater beziehen wollen, den sie ja nicht kannte und mit dessen politischen Auffassungen sie sich deshalb auch nicht habe auseinandersetzen müssen. Erst wesentlich später habe sie die Tatsache akzeptieren müssen, dass er ein »Nazi« gewesen sei; sie sehne sich aber nach wie vor nach ihrem Vater:

»Die Pflichterfüllung meines Vaters in der Nazi-Diktatur habe ich erst ausgeblendet und mit größerem Wissen fand ich sie erschütternd. […] Heute sehe ich auch den jungen, lebenshungrigen, aus seiner Geschichte heraus verführbaren Mann in ihm. […] Die Verpflichtung, mich mit den Gründen dieser Verführung auseinanderzusetzen, spüre ich immer.«

Vielfach verblieb es bei vagen, aber stark beunruhigenden Vermutungen, die sich etwa bei der Lektüre von Reportagen über den Zweiten Weltkrieg ergaben. Eine Frau teilte Folgendes mit:

»Vater wurde 1941 zum Russlandfeldzug eingezogen. Was das bedeutete, wurde mir erst voll während meiner Therapie bewusst. […] Gleichzeitig stieß ich auf das Stern-Buch: 130 Jahre Kriegsfotos – eine Anklage, 1983. Dort Seite 195: Sowjetunion 1941: Deutscher Offizier richtet Partisanen hin. […] Partisan nach der Exekution. Soldaten schauen zu. […] Einer konnte mein Vater sein!«

Ob auch die Wehrmachtsausstellung, die ab 1995 in zahlreichen Städten gezeigt wurde und mit einer überarbeiteten Version einige Jahre später noch einmal breite öffentliche Aufmerksamkeit erregte, bei vaterlosen Töchtern Auseinandersetzungen mit den Vätern im Krieg angeregt hat, ließ sich leider nicht feststellen.

Ein weiteres Beispiel sei noch angeführt, das die für manche Töchter durchaus drängende Frage berührt, inwieweit sich ihre Väter von der nationalsozialistischen Ideologie haben vereinnahmen lassen.[47] Einige Väter hatten sich nachweislich ohne Zwang freiwillig zum Kriegsdienst gemeldet, als sie bereits Familien hatten, was aus der Sicht ihrer Kinder rückblickend besonders problematisch war und noch ist. Eine Befragte wusste aus Schriftstücken, dass sich ihr Vater um die Jahreswende 1943/44 für ein »Himmelfahrtskommando« als Flieger buchstäblich opfern wollte, ohne Rücksicht auf Frau und Kinder. Er habe sich, so die Tochter, nicht in seinen politischen Überzeugungen erschüttern lassen, obwohl es in der Familie »jüdische und halbjüdische Schicksale« gegeben und vor allem die Mutter ihren Mann beschworen habe, den Glauben an einen deutschen Sieg endlich aufzugeben. Die Tochter lebt noch heute mit ambivalenten

Gefühlen: Sie liebt ihren Vater, der ihr in zärtlichen Briefen aus dem Krieg als freundlich zugewandter Mann begegnet. Sie schreibt auch, auf ihren Vater wäre nach Kriegsende wohl eine »ungeheure Problematik« zugekommen, wobei es sich bis heute ihrer Vorstellungskraft entziehe, ob und wie er »hätte weiterleben können mit der Last der Vergangenheit und seiner eigenen Irrtümer.« Ihrer tiefen Enttäuschung darüber, dass ihrem Vater das »Vaterland« wichtiger war als seine Familie, gab sie Ausdruck, doch es fiel ihr schwer, den Gedanken zuzulassen, dass ihr Vater in gewisser Weise Frau und Kinder verraten habe. Lediglich eine der vaterlosen Töchter meinte, ihr Vater habe zwar immer von »Pflichterfüllung« gesprochen, aber gegenüber seiner Frau und seinen Kindern habe er diese nicht erfüllt, und deshalb sei sie oft »wütend« auf ihn gewesen.

3 DER PREIS DES ÜBERLEBENS

3.1 Eine Mutter mit drei Töchtern »unterwegs«

Im Zweiten Weltkrieg waren Millionen von Menschen auf der Flucht vor dem näher rückenden Krieg, auf der Suche nach einem sicheren Unterkommen oder auch nach Verwandten, die ihnen wenigstens für kurze Zeit weiterhelfen konnten. Dieses Schicksal teilte auch eine Frau, die sich im Winter 1944/45 mit ihren drei Töchtern auf den Weg machte. Ihr Ehemann, ein Berufssoldat, den sie im Dezember 1938 geheiratet hatte, war seit 1939 in Siegen in Südwestfalen stationiert und kam nach Kriegsbeginn nur noch wenige Male zu einem kurzen Fronturlaub nach Hause. Die älteste Tochter Roswitha H. wurde 1939 geboren, die zweite, Barbara F., 1941, die dritte, Uta R.-O., 1944. Als im November 1944 in Siegen erste Bomben fielen, begann für Mutter und Kinder eine Odyssee, über die die älteste Tochter rückblickend für ihre Enkel einen Bericht verfasst hat. Die Erzählung beginnt mit einer Erinnerung an friedliche Tage mit dem Vater. Sie geht nahtlos in eine Schilderung nun folgender ruhelos-nomadischer Verhältnisse und angstbesetzter Situationen über. Aus diesem Bericht seien im Folgenden einige Passagen stellvertretend für zahlreiche andere ähnliche, in denen von »traumatischen« Erfahrungen nicht die Rede ist, wörtlich wiedergegeben. Roswitha H. schreibt:

»*Die Erinnerung an meinen Vati hält sich leider in Grenzen; einmal saß ich auf seinem Schoß, als er mit Bekannten am Tisch saß und (wahrscheinlich) Karten spielte. Dieses wohlige Gefühl der Geborgenheit habe ich mein Leben lang gesucht. Ein anderes Mal war er mit mir auf dem Kasernengelände des Heidenbergs beim ›Tag der Wehrmacht‹, und ich saß auf einem Pferd.*

Barbara F. mit ihrem Vater.

[...] Dann kam die Zeit der Fliegerangriffe, und ich erinnere mich, dass ich oft aus dem Bett geholt und ganz schnell angezogen wurde. Meistens fror ich dabei. Barbara und ich wurden oft von Nachbarn und tagsüber auch von Soldaten aus der Kaserne mit in den Stollen (Bergwerksstollen, in denen die Siegener Bevölkerung Schutz suchte, Anmerkung der Autorin) genommen. Der Weg war ganz schön weit. Mutti kam fast immer ziemlich zum Schluss, weil sie erst noch Uta anziehen und diese mit dem Kinderwagen fahren musste. Einmal waren sogar schon die Tiefflieger in der Luft.
[...] Die Fliegerangriffe mehrten sich derart, dass Mutti keinen Ausweg mehr wusste, die Nachbarn hatten mit sich selbst zu tun, die Soldaten waren im Krieg, und sie konnte mit uns Dreien nicht mehr den Bunker rechtzeitig erreichen. Barbara war nun gerade drei Jahre, ich noch nicht vier und Uta mal gerade ein halbes Jahr alt. Also packte sie Sachen und fuhr mit uns nach Berlin zu ihrer Mutter!
[...] In Berlin wohnten wir bei Großmutti, und zwar in Berlin Bohnsdorf. Großmutti wohnte in einer Souterrain-Wohnung.
[...] Als die Russen im Anmarsch auf Berlin waren, zog Mut-

ti mit uns nach Premnitz zu Tante Trude, Großmuttis Schwester; dort war mehr Platz. In dem Haus, das neben Tante Trudes Haus stand, gab es einen Luftschutzkeller, der in mehrere Räume unterteilt war. Dort waren wir auch. Während dieser Zeit waren aber die Russen schon da und waren oben in diesem Hause einquartiert. Ab und zu kamen einige Soldaten in den Keller und sagten zu einer Frau: ›Frau, komm, Kaffee kochen‹. Das war sehr gefürchtet. Eines Tages oder auch nachts (es war sicher am Abend oder in der Nacht, denn alle lagen in den Betten) holte Mutti mich, Barbara und Uta (im Wäschekorb) aus unseren Betten und setzte uns auf eine Bank (siehe Foto unten). Wir waren nicht allein, ein Soldat (wie ich später erfuhr ein russischer Offizier) war auch da und sprach englisch mit Mutti. Irgendwann hatte er eine Pistole in der Hand und Mutti sagte: ›Erst die Kinder und dann mich‹ oder umgekehrt, das weiß ich nicht mehr genau. Aber sie sprachen dann weiter und der Offizier nahm die Pistole wieder weg.

Roswitha H. (rechts) mit ihrer Mutter und ihren beiden Schwestern.

[…] Ob wir dann sofort oder erst später wieder zu Tante Trude gezogen sind, weiß ich nicht mehr. Jedenfalls waren hinter dem Haus von Tante Trude Ställe, dort waren auch viele russische Soldaten mit ihren Pferden. Wahrscheinlich war ich öfter vor dem Haus, denn ich hatte auch einen ›Freund‹, es war ein junger russischer Soldat, ich glaube, 19 Jahre alt. Er nahm mich schon mal mit in den Stall und hat mir auch mal ein fast leeres Glas Marmelade oder Honig geschenkt. Wir konnten noch viele Reste daraus kratzen. Einmal ließ sich ein Offizier mit mir fotografieren und brachte uns später das Foto. Mutti hat es nach dem Krieg Vatis Schwester geschickt. Sie war empört, dass Mutti so ein Foto aufbewahrt hatte, wo doch unser Vati in Russland vermisst war, und hat es leider vernichtet.
[…] Irgendwann sind wir dann wieder zu unserer Großmutti nach Bohnsdorf gezogen. Dort spielten wir auch mit anderen Kindern auf der Straße, und ich fing schon an, die ersten russischen Worte zu sprechen. Doch dann mussten wir wieder zurück; es ging um Anmelden und Lebensmittelkarten, genau weiß ich das nicht, vor allem, warum wir über die ›grüne Grenze‹ mussten. Eines Tages im August 1945 war es dann soweit. Wir trafen uns mit einer Gruppe, die über die Grenze ging, ein Mann und etwa zwei bis vier Frauen und wir drei Kleinen. Barbara und ich bekamen je einen kleinen selbstgenähten Rucksack angezogen. Mutti hatte einen großen Rucksack, Uta auf dem Arm und ich wohl einen Koffer. Der Mann wusste den Weg in den Westen, er führte die Gruppe. Wir gingen meistens durch Wälder (soweit ich mich erinnere). Es war teilweise sehr schwierig zu gehen. Manchmal mussten wir uns hinlegen, wenn Patrouillen der Russen vorbeikamen. Wir waren noch nicht lange unterwegs, da war der Rucksack für Barbara zu schwer und ich musste ihn auch noch tragen. Das gefiel mir gar nicht, und ich war wütend auf meine Schwester. Wir waren wohl den ganzen Tag unterwegs. Irgendwann war wieder ein Waldweg zu überqueren, und wir waren schon eine Weile in dem neuen Waldstück, als ich meine Mutti vermisste.

Sie war immer noch mit Uta und Gepäck auf dem Waldweg und kam die Böschung nicht hoch. Der Mann ging zurück und half ihr hinauf. Es war Rettung im letzten Augenblick, denn wir konnten uns gerade noch hinter Bäumen verstecken, als russische Soldaten den Weg entlangpatrouillierten.
Es war schon Abend, als wir aus dem Wald heraustraten und auf einem Weg in Richtung eines Ortes gingen, als uns ein paar junge Mädchen entgegenkamen und uns zur Eile antrieben. Immer wieder sagten sie, dass gleich Sperrstunde sei und niemand mehr draußen sein dürfe. Sie brachten die Gruppe zu einer Sammelunterkunft. Uta bekam sogar ein richtiges Kinderbettchen. Leider war ihr der ›Grenzübertritt‹ nicht bekommen und sie hatte in der Nacht das Bettchen vollgebrochen. Wir waren in Friedland gelandet. Am nächsten Morgen sollten wir zum Bahnhof gebracht werden. Für die Kinder und das Gepäck stand ein kleiner Leiterwagen mit Pferd oder Pony bereit.
Der vergangene Tag war wahrscheinlich nicht spurlos an mir vorübergegangen, denn ich, die Große und Vernünftige in unserer Familie, begann hysterisch zu schreien, als ich mit Barbara und den anderen Kindern auf dem Wagen saß und Mutti zurück ins Haus ging, um Uta und das Gepäck zu holen. Ich schrie und schrie, trotz aller Beruhigungen und Erklärungen, und war erst wieder ruhig, als wir losfuhren und Mutti neben dem Wagen herging. Es war ein schöner Sommertag. Auf dem Weg zum Bahnhof kamen wir an einer kleinen Obstplantage vorbei und die Erwachsenen liefen alle dorthin, um ein paar Äpfel zu holen. Sofort, als auch Mutti dort hinwollte, begann ich wieder zu schreien, ich weiß gar nicht, ob sie nun etwas geholt hat oder nicht.«

Die Familie gelangte, so berichtet Roswitha H. weiter, dann über mehrere Stationen in einem Güterzug weiter nach Westen, sie traf auf die ersten Amerikaner, die den Kindern Süßigkeiten schenkten. Mehrfach fuhren Züge vom Bahnhof ab, die so voll waren, dass nicht alle Reisenden einsteigen konnten. Schließlich gelangten Mutter und Töchter wieder nach Siegen, sie konnten aber nicht mehr in die vertraute Umgebung zurück; ihre einstige Wohnung war von der Militärregierung beschlagnahmt worden. Sie landeten in einer Kaserne und lebten über Jahre auf einem Gelände mit vielen anderen im weitesten Sinne »Heimatlosen«, zu einem großen Teil Frauen und Kinder. Roswitha H. schreibt ferner vom Holzsammeln mit ihrer Mutter im Wald, einem endlos langen Schulweg, von Kälte, aber auch von »schönen Erinnerungsfetzen«. Wenn die Mutter mit ihr geschimpft habe, habe sie sich »aufs Bett gelegt oder was wir dazu benutzten«, habe geweint und nach ihrem Vater gerufen. Roswitha H. wurde gegen Ende des Jahres 1945 zur Erholung in ein Kinderheim geschickt, wo sie an Masern erkrankte, weshalb sie Weihnachten nicht nach Hause konnte; sie habe am Fenster gestanden und gesehen, wie ihre Mutter ihr zuwinkte, die sie wegen der ansteckenden Krankheit nicht besuchen durfte.

Je weiter Roswitha H. in ihrem Bericht fortfährt, desto stärker gelingt es ihr, sich in das Kind, das sie damals war, hineinzuversetzen. Sie sei ja erst acht oder neun Jahre alt gewesen, fügt sie ihren Erinnerungen hinzu und notiert etwas, das sie aus der mittlerweile großen zeitlichen Distanz erstaunt: Ihr und ihren Schwestern sei ja viel zugetraut, aber auch zugemutet worden.

3.2 »Vermiedene Trauer«

Als die Gesellschaftswissenschaftlerin Hannah Arendt, unter dem Nationalsozialismus emigriert und ausgebürgert, 1950 eine Reise nach Deutschland unternahm,[48] machte sie eine Beobachtung, mit der sie nicht gerechnet hatte. Arendt hatte erwartet, dass der »Schatten tiefer Trauer«, der sich nach dem Zweiten Weltkrieg über Europa gelegt hatte, überall, d.h.

auch in Deutschland, wahrzunehmen sein müsste, doch sie stellte fest:

»Nirgends wird dieser Alptraum von Zerstörung und Schrecken weniger verspürt und nirgendwo wird weniger darüber gesprochen als in Deutschland. Überall fällt einem auf, dass es keine Reaktion auf das Geschehene gibt, aber es ist schwer zu sagen, ob es sich dabei um eine irgendwie absichtliche Weigerung zu trauern oder um den Ausdruck einer echten Gefühlsunfähigkeit handelt.«[49]

Dass Arendt ihre Beobachtungen auf die Kinder bezog, die den Krieg er- und überlebt hatten, ist eher unwahrscheinlich. Es werden vor allem die Erwachsenen gewesen sein, die sie im Blick hatte. Ihre These »unterlassener Trauer« und der »Vermeidung von Trauer«[50] mag auf den ersten Blick irritieren, denn natürlich war der Tod gegen Kriegsende und nach 1945 zunächst allgegenwärtig. Traueranzeigen häuften sich in der Presse, Menschen bei Trauerfeiern und in Trauerkleidung boten einen alltäglichen Anblick. Arendt meinte jedoch vor allem die tatsächliche »Verarbeitung« der Grauen des Krieges und der NS-Herrschaft, weniger den konkreten Umgang mit dem Verlust von Angehörigen. Ein eindrückliches Beispiel der zwar gegenwärtigen, aber doch unterdrückten Trauer findet sich etwa in folgenden Erinnerungen einer Frau an ihre Kindheit im Krieg:

»Während des Krieges veränderte sich die Farbe der Kleidung der Frauen. Immer mehr Frauen waren schwarz gekleidet. Ich wusste: Ihre Männer waren gefallen. Wenn ich mit meiner Mutter in die Stadt ging, sprach sie mit diesen Frauen. Ich stand daneben, hörte das unterdrückte Schluchzen, die trostversuchenden Worte meiner Mutter. Ich spürte, dass ich nichts merken sollte. Wenn dann meine Mutter mit mir weiterging, sprang ich betont fröhlich neben meiner Mutter her. Abends

lag ich lange wach im Dunkeln und versuchte mir vorzustellen, was es heißt, dass jemand nie wiederkommt.«[51]

In Erinnerungen vaterloser Töchter ist von teilweise jahrelangem Warten der Mütter die Rede, das andauerte, solange sie keine Gewissheit hatten, dass ihr Mann gefallen war. Wartende Frauen »in der Heimat« und trauernde Kriegerwitwen gehörten zu einem überlieferten Repertoire traditioneller weiblicher Rollenzuschreibungen, innerhalb dessen die Propagierung des Witwenlebens »in stolzer Trauer« ein zentrales Stichwort ist. Tränen angesichts von Verzweiflung oder auch grundlegender Überforderung und eines Gefühls des Alleingelassenseins »passten« nicht in dieses Bild.[52] In einer beliebten Melodie aus Franz Lehàrs Operette »Land des Lächelns«, in Wunschkonzerten oft gespielt, heißt es bezeichnenderweise: »Und wie's da drin aussieht, geht niemand was an, immer nur lächeln und immer vergnügt.«[53]

Ausdrücklich weist Margarete Dörr auf die »Haltung« hin, mit der der Kriegstod von den Müttern getragen werden sollte. Zwar empfanden die Witwen es »angesichts des erbärmlichen Sterbens, das da geschah, als Blasphemie«, d.h. im weitesten Sinne als unpassend, ihren tiefen Schmerz und ihre Verzweiflung zu verbergen, doch glaubten sie deswegen keineswegs mehrheitlich an eine Niederlage Deutschlands im Krieg: »Wir Frauen wurden ständig berieselt mit Durchhalteliedern, wie ›Tapfere kleine Soldatenfrau‹, ›es wird alles wieder gut‹, ›Liebe kleine Schaffnerin‹«, erinnerten sich viele Mütter.[54] Ihnen sei erst allmählich zu Bewusstsein gekommen, wie allein sie mit ihren Kindern und wie schutzlos sie waren, dass sie sich keineswegs stolz fühlten, wenn sie etwa mit dem Ehering ihres Mannes und dem eigenen an einer Kette unterwegs in Zügen mitleidvollen Blicken anderer Frauen begegneten. Seelischen Halt gab es wohl besonders in Familien, die Trost im Glauben fanden – Dörr gibt hierzu einige Beispiele. Insgesamt jedoch schienen folgende Ansichten – der Mütter – besonderes Gewicht zu haben: Zeit für Trauer hätten sie gar nicht gehabt, und sie hätten sich dann ja auch an die Kinder gehalten, »um selber gehalten zu werden«, wie eine Zeitzeugin Dörrs berichtete.[55]

Beobachtungen zum Umgang mit Briefen des Vaters spielen offenbar eine wichtige Rolle für die Beantwortung der Frage, warum in den Familien kein Platz für Trauer war. Nur kurze Zeit, so heißt es in der Erinnerung einer vaterlosen Tochter, habe die Mutter aus Briefen vorgelesen, die die Eltern sich geschrieben hatten. Sie seien dann zunächst in der hinteren Ecke eines Schreibtischs abgelegt worden, dann auf den Dachboden gelangt. Es sei immer weniger über den Vater gesprochen worden, er sei geradezu in Vergessenheit geraten.[56]

Vaterlose Töchter erlebten den Verlust ihrer Väter häufig als traurigen, aber selbstverständlich hingenommenen Begleitumstand ihres Lebens. Sie waren ja gewissermaßen schon »im Schatten des Todes« geboren worden. Nicht wenige Mütter ahnten bereits während der Schwangerschaft, dass sie ihre Männer nicht wiedersehen und dass ihre Kinder ohne Vater aufwachsen würden.[57] Und einige Töchter erinnerten sich, dass die Ungewissheit und die gleichzeitige Ahnung, der Vater könne nicht wiederkommen, zweifellos mit dem Warten der Mütter auf die Rückkehr der Männer auch für sie selbst bereits begonnen hatte. Dieser teilweise verzweifelt angespannte Zustand des Wartens sollte Jahre ihres Lebens und das ihrer Mütter begleiten, wie bereits in Kapitel 2.2 angesprochen.

In einer Untersuchung aus dem Jahre 1948 beispielsweise wurde betont, dass angesichts nahezu vollkommener Erschöpfung der Frauen die Hoffnung auf eine Rückkehr des Ehemannes gleichsam Überlebenselixier sein konnte. Mit folgendem Beispiel einer Kriegerwitwe wurde dies verdeutlicht: »Obwohl die zarte Frau ihrer äußeren Aufgabe nicht gewachsen ist, wurde bisher alles von ihrer seelischen Kraft [...] getragen. Der Winter 1946/47 allerdings brachte die Frau an den Rand ihrer Kräfte. [...] Dann aber kam ein Umschwung. Sie erhielt über das ›Rote Kreuz‹ die erste Nachricht von ihrem Mann. […] Die Frau war wie ausgewechselt […] und sie hofft nun, mit ihren Kräften durchzuhalten, bis der Mann heimkehrt.«[58]

Dass Trauer also aus einer ganzen Reihe von Gründen unterdrückt wurde, traf sowohl bereits für die Kriegs- als auch für die Nachkriegsjahre zu, wobei sich die Frage »unterlassener Trauer« für die Zeit nach 1945 noch einmal besonders stellt, nicht zuletzt im Zusammenhang mit öffentlich durchaus gepflegten Trauerritualen. Der vom Volksbund Deutsche Kriegsgräberfürsorge nach dem Ersten Weltkrieg eingeführte Volkstrauertag wurde schon bald nach 1945 als Gedenktag wiederbelebt; Kerzen in den Fenstern erinnerten alljährlich an die Weltkriegstoten und gaben der Hoffnung auf die Rückkehr der Vermissten Ausdruck. Auch Trauerfeierlichkeiten vor Kriegerdenkmalen scheinen der von Hannah Arendt behaupteten »unterlassenen« Trauer zu widersprechen: Sie gehörten bekanntlich in zahlreichen Schulen zu regelmäßigen Gemeinschaftshandlungen, bei denen den Schülern und Schülerinnen auch die Gefallenen in den eigenen Familien gegenwärtig gewesen sein dürften. In der öffentlichen Gedenkkultur, nicht zuletzt in den Inschriften von Kriegerdenkmalen und bei öffentlichen Gedenkfeiern, spielten Witwen und Waisen indes eine untergeordnete Rolle. Es dominierten den gefallenen »Kameraden« geltende Ehrbezeugungen, in denen diese nach 1945 zwar nicht in der Weise als Helden stilisiert wurden wie nach dem Ersten Weltkrieg, die aber auch nicht den Toten als Väter gewidmet waren, wie das nach wie vor gesungene Lied »Ich hatt' einen Kameraden« bei entsprechenden Veranstaltungen belegt.

Mit anderen Worten: Es gab viele Traueranlässe und auch Trauerrituale im öffentlichen Gedenken, doch der Schmerz über den Verlust von Angehörigen fand in diesen Ritualen kaum Berücksichtigung. Trauernde Kinder waren überdies offenbar so gut wie gar kein Gegenstand öffentlichen Nachdenkens. Allenfalls in wenigen Filmen aus der unmittelbaren

Nachkriegszeit sah man Kinder weinen, weil sie Familienangehörige verloren hatten. In der Forschung wurde darauf aufmerksam gemacht, dass weder die Frauen noch weibliche Kinder und Jugendliche in Nachkriegsfilmen als Trauernde sichtbar sind: »Die Mütter, denen in familiären Dramen um Verlust, Entfremdung, Abwesenheit und Rückkehr der Männer meistens die Hauptrolle« zukomme, seien mit dem Erscheinen »trauriger kleiner Jungen« geradezu in den Hintergrund getreten; in Filmen wie beispielsweise »Irgendwo in Berlin« seien die Frauen geradezu »von den ihnen traditionell überantworteten Rollen als verzweifelte Trägerinnen von Trauer entbunden« worden; »kleine traurige Jungen« hätten die im allgemeinen Frauen zugeordnete Rolle übernommen.[59] Diese Jungen konnten weder für den Krieg noch für seine Folgen verantwortlich gemacht werden, doch schienen sie die Last der Verstrickungen ihrer Väter in den Krieg und das NS-Unrechtsregime gleichsam mit zu tragen. Mädchen eigneten sich für diese Rolle offenbar nicht; in den Filmen jedenfalls, auf die in dieser These Bezug genommen wird, bleiben sie am Rande, sind »zu klein« für einen aktiven Part, sind für ihre Brüder »lästige« Schwestern, die fortgeschickt werden und allenfalls durch eine Lücke im Zaun die überwiegend männlichen Akteure beobachten, die anstelle der Väter »anpacken« und »aufbauen«.

Überdies blieb in der Nachkriegszeit nicht nur die Trauer über die nicht heimgekehrten Männer gleichsam stumm; es herrschte zudem weitgehende Sprachlosigkeit im Zusammenhang mit Fragen nach den Verstrickungen in das nationalsozialistische Unrechtsregime. Nicht zuletzt fehlte auch den heimkehrenden Männern eine Sprache für das, was sie erlebt hatten. Schließlich galt für männliche Kriegstraumata die Devise: »Heilung durch Willenskraft«[60], die sich nahtlos in die an anderer Stelle ausführlicher dargestellten Erziehungserbschaften einfügten, zu denen Sprüche gehörten wie: »Was mich nicht umbringt, macht mich nur stärker«.

Die vaterlosen Töchter konnten also als Mädchen offenbar ebenso wie die Mütter der Tatsache, dass sie sich alleine, verlassen, verletzt und traurig fühlten, nur unzureichend Ausdruck verleihen. Sie hätten eher still ein trauriges Grundgefühl in sich verspürt, das sich schwer kommunizieren ließ, stellen sie heute fest. Als Kinder hätten sie sich in Märchen und Kinder- bzw. Jugendbüchern mit Waisenkindern identifiziert und überhaupt in »traurigen Geschichten« wiederfinden können. Traurigkeit beschrieben einige Frauen als ständige unterschwellige Begleiterin ihrer Kindheit: Sie sei untrennbar mit Sehnsuchtsbildern verknüpft gewesen, in denen sie sich die Rückkehr des Vaters erträumten:

»Dieser Vater kam mir eines Tages, so malte ich es mir immer wieder aus, auf der Straße entgegen, ich kann mich noch genau an die Stelle im Dorf erinnern, die ich dabei vor Augen hatte. Es war immer wieder dieselbe Stelle und dieselbe Situation. Und – dasselbe Gefühl von Traurigkeit. Mein Vater kam auf mich zu und lächelte mich an.«

Eine vaterlose Tochter fügte ihren Erinnerungen Fotos aus der Nachkriegszeit von sich und ihrem Bruder als Kinder bei und betonte die Traurigkeit in beider Blick, die sie beim Betrachten heute noch tief berühre. Auch in Kinderfotos anderer vaterloser Töchter glaubte sie diesen traurigen Blick zu entdecken.

3.3 Unauffällige Kinder

Hartmut Radebold berichtet aus seiner psychoanalytischen Praxis von Menschen aus der Altersgruppe der Kriegskinder, die – sobald sie sich an ihre Kindheit erinnert fühlen – in Tränen ausbrechen, ohne genau zu wissen, warum. Sie wundern sich darüber, dass sie überhaupt weinen können! Sie sind überrascht, dass ihnen damit etwas gelingt oder »passiert«, was sie lange nicht für möglich gehalten hatten. Eine Tür scheint sich zu öffnen, die seit Jahrzehnten, für viele Betroffene seit ihrer Kindheit, verschlossen war. Kinder mit teilweise traumatischen Kriegs- und Nachkriegserfahrungen konnten, in der unmittelbaren Nachkriegszeit nach diesen befragt, in der Regel lediglich sachlich und distanziert über Ereignisse berichten, über Gefühle hingegen nicht sprechen. Sie hatten damals offensichtlich ihre Affekte abgespalten, kapselten belastende Ereignisse ab und verharmlosten dann viele Jahre ihre Erfahrungen.

Von zunächst, d. h. in den ersten Jahren nach Kriegsende, noch deutlich erkennbaren psychischen Auswirkungen tiefer seelischer Verwundungen wie Einnässen oder Sprachstörungen – um nur zwei einschlägige Reaktionen von traumatisierten oder zumindest schwer belasteten Kindern zu nennen – wurde schon bald, spätestens seit den 1950er Jahren, nicht mehr berichtet. Die Kinder und Jugendlichen »funktionierten«, sie wirkten unauffällig und angepasst und blieben dies auch, als sie erwachsen waren, als habe das Kind, das sie einst waren, bis heute keine Stimme. Radebold wörtlich: »Geht man durch die Straßen, so fragt man sich häufig: Welche Schicksale bringen viele dieser so ›unauffällig wirkenden, grau oder beige gekleideten und nichts aus sich machenden Älteren‹ mit? Worauf stützen sie jetzt ihre Identität?« Zurückgreifen konnten sie ja bislang vor allem auf »Härte gegen sich selbst, Funktionieren ohne Kranksein, Zuverlässigkeit, geringe Ansprüche […]«.[61]

Für eine bewusste Wahrnehmung des Ausmaßes seelischer Kriegs-»Schäden« blieb nach 1945 inmitten der alltäglichen Überlebens- und Aufbauanstrengungen nur wenig Raum. Vielleicht wäre auch die Frage angebracht, ob den Kriegerwitwen, über deren schwerwiegende physische und psychische Erschöpfungszustände damals etwa die Soziologin Hilde Thurnwald berichtete, zeitweise tatsächlich einfach die

Kraft zum Trauern und für Gespräche mit ihren Kindern fehlte.[62] Ausdrücklich mit Blick auf die Mütter vaterloser Töchter hieß es in einer Fachzeitschrift 1954: Wenn sich einmal bei aller Anspannung eine Stunde der Ruhe und Muße ergebe, so seien die Mütter »derart abgespannt«, dass kein »vertrautes Gespräch« zwischen ihnen und ihren Töchtern aufkommen könne.[63] Woher hätten sie ein »Recht« darauf ableiten sollen, ihr Elend zu zeigen? Schon die Witwen des Ersten Weltkriegs hatten sich nicht als »schwach« erweisen dürfen, indem sie weinten und darüber sprachen, dass sie oft nicht wussten, wie ihr Leben nach dem Tod ihres Mannes weitergehen sollte. Wie sollten die Witwen des Zweiten Weltkriegs solche »Schwächen« zeigen können, wenn bereits ihre Mütter, die Großmütter der Kriegskinder des Zweiten Weltkriegs, nicht über den Verlust ihrer Männer hatten weinen können?[64]

Mit dem Hinweis darauf, es »gehe ja allen so«, versuchten erwiesenermaßen viele Menschen nach dem Krieg immer wieder die Schrecken des Vergangenen und die existenziellen Ängste, unter denen sie jahrelang gelitten hatten, nicht zuletzt den über Jahre allgegenwärtigen Tod gleichsam aus ihrem Leben zu verbannen. Vor allem die Auffassung, Kinder könnten schwerwiegende und traumatische Erfahrungen relativ schnell überwinden, war weit verbreitet.[65] Die Erinnerung einer vaterlosen Tochter, ihre Mutter habe gemeint, Kinder »spielten das so weg«, zeigt eine damals weit verbreitete Ansicht.

In einer sozialwissenschaftlichen Studie auf Grundlage mündlicher Befragungen von Darmstädter Schulkindern zu Beginn der 1950er Jahre wurde zwar der Schwerpunkt auf Erfahrungen mit dem Bombenkrieg gelegt, aber auch der Verlust des Vaters berücksichtigt, und in diesem Zusammenhang auf folgenden, überaus wichtigen psychischen Verarbeitungsprozess hingewiesen: Die Kinder berichteten – so heißt es dort – erstaunlich »unbewegt«, »nüchtern und ohne emotionale Betonung« über die Katastrophen, die ihnen widerfahren waren.[66] Mitarbeiter einer Erziehungsberatungsstelle hatten mit vaterlosen Kindern »Scenotests« durchgeführt, bei denen die Kinder mit biegsamen Puppen eine Szene oder Handlung darstellen konnten. Teilweise stand in diesem »Spiel« der Vater »außerhalb des Hauptfeldes, also völlig unbeachtet.« Es wurden jedoch auch Kinder beobachtet, die »eifrig« darüber wachten, dass »das Bild des Vaters in der Familie nicht vergessen« würde. Rund ein Drittel der untersuchten Darmstädter Kinder ging im Zusammenhang mit dem Thema: »Wie wir zu Hause leben« nur kurz und zumeist mit wenigen sachlichen Angaben auf den fehlenden Vater ein: Er sei gefallen, vermisst oder gestorben, als sie noch klein waren. Hier die wörtliche Wiedergabe der Äußerung eines zehnjährigen Mädchens: »Mein Vater ist gefallen. Aber als wir noch klein waren und mein Vater lebte, machte er viel Spaß mit uns. Dann zog er in den Krieg und da war alles vorbei. Er kam nicht mehr nach Hause.«[67]

In Kinderbriefen vaterloser Töchter findet sich ein ähnlich sachlicher Berichtston; beispielsweise schrieb eine Zehnjährige 1949 zu Ostern an ihre Großmutter: »Ich wünsche Dir ein frohes Osterfest. Dass Dir der Osterhase sehr viele Eier bringt. Ich habe ein gutes Zeugnis bekommen. [...] Heute bekamen wir Ferien. [...] Ich möchte in den Ferien gerne einmal zu Dir kommen. Wir hoffen, dass der Vati noch vor Ostern kommt, aber wir haben noch keine Nachricht.« Zu Weihnachten schrieb das Mädchen ähnlich an die Großmutter und zwar auf einer Postkarte, auf der drei Kinder abgebildet sind, die aus dem Fenster sehen und warten. Unter dem Bild finden sich folgende Zeilen: »Wir wollen immer fromm und artig sein und unsre Eltern nicht betrüben.«

Auch die Forschung der 1950er Jahre ließ sich nur auf Andeutungen hinsichtlich möglicher schwerwiegender Beeinträchtigungen der Kinder durch die Kriegserfahrungen ein, nicht zuletzt durch den Verlust des Vaters, und wagte sich über vorsichtige Annahmen mit Blick auf die weitere Entwicklung der Kinder kaum hinaus. In der oben zitierten Darmstädter Untersuchung hieß es, die Befragung sei psychologisch zu wenig fundiert, um eindeutig feststellen zu können, dass es sich um Verdrängungen traumatischer Erfahrungen handele; es müsse wohl einer späteren Studie vorbehalten bleiben zu untersuchen, ob sich bei den Kindern während oder nach der Pubertät »psychische Störungen« bemerkbar machen.[68]

Die Scheu vor Prognosen lässt jedoch nicht den Schluss zu, seelische Folgen des Krieges seien nicht ernst genommen worden. Wie intensiv das Thema Vaterlosigkeit Wissenschaftler, Therapeuten und Seelsorger in der ersten Hälfte der 1950er Jahre beschäftigte, geht etwa auch aus Vorträgen und Diskussionen auf einer Tagung des Arbeitskreises »Arzt und Seelsorger« hervor, dessen Mitglieder seit 1952 in jährlichen Veranstaltungen Problemen der Zeit interdisziplinär auf den Grund zu gehen versuchten. Die dritte Veranstaltung dieser Art widmete sich 1954 dem »Vaterproblem in Psychotherapie, Religion und Gesellschaft«. An ihr nahmen u.a. der prominente Sozialwissenschaftler und Ökonom Alexander Rüstow und der evangelische Pastoraltheologe Otto Haendler teil. Die Diskussionen kreisten nicht zuletzt um die kriegsbedingte Vaterlosigkeit und ihre Folgen. Bereits im Eingangsreferat des Tübinger Theologen Adolf Köberle wurden die daraus erwachsenden gesellschaftlichen Probleme mit aller Deutlichkeit herausgestellt. Die Gesellschaft befinde sich aus folgenden Gründen in einer »akut gewordenen Krise der Väterlichkeit«:

»Der eine Vater ist fortgegangen, als ›der Führer ihn rief‹, und ist nicht mehr heimgekommen aus Stalingrad. So wachsen heute Millionen von Kindern auf ohne jede Erfahrung von Väterlichkeit. […] Vor allem aber: Die Väter sind ausgezogen im Vollbesitz ihrer Vitalkraft, geschmückt und bewundert in der kleidsamen, neuen Montur. Und aus Russland heimge-

kehrt ist ein müder, verbrauchter, erschöpfter, früh gealterter, vielfach kranker Mann.«

Der heimgekehrte Vater habe, so der Referent, keine Kraft mehr, keine Autorität; nach der Arbeit wolle er seine Ruhe haben, und die väterlichen Aufgaben in der Familie habe er an seine Frau delegiert.[69]

Die stellvertretende Vorsitzende eines 1948 in Stuttgart gegründeten Instituts für Psychotherapie, das sich in vielfältiger Weise mit sozialen und gesellschaftlichen Gegenwartsanforderungen der deutschen Nachkriegsgesellschaft befasste, machte bei dieser Veranstaltung konkret auf die Probleme kriegsbedingt vaterlos aufwachsender Mädchen aufmerksam. Sie berichtete aus ihrer psychiatrischen Praxiserfahrung, sie sei wegen der Schulschwierigkeiten der achtjährigen Tochter einer Kriegerwitwe um Rat gefragt worden: »Das körperlich gesunde Kind war von einer qualvollen Unrast und Kontaktlosigkeit«, es habe Hosen getragen und sich nicht bewegen lassen, ein Kleid anzuziehen. »Außer mit der Mutter – es schlief neben ihr im Bett des gestorbenen Vaters – lebte es mit einer ganzen Anzahl mannloser Tanten und der verwitweten Großmutter zusammen. – Es wäre ganz falsch zu sagen, dass dieses Kind nicht wirklich geliebt worden wäre. Es waren auch keine groben Erziehungsfehler gemacht worden. Aber bei allem guten Willen dieser Frauen, die bereit waren, alles für das Kind zu tun, die sich auch der Erkenntnis nicht verschlossen, dass dieses Mädchen aus dem unbewussten Eins-sein mit der Frauen-Familie in übermächtiger Weise dazu gezwungen worden war, Verkörperung des Fehlenden zu werden«, habe es keine Möglichkeit zu helfen gegeben.[70] Die Therapeutin ging davon aus, dass der Entwicklungsbruch, den der Vaterverlust für das Kind bedeutete, »überwachsen werden« könnte, er könnte aber auch die Ausgangsbasis nachhaltiger Entwicklungsstörungen sein.

Als besonders eindrücklich erweist sich die sogenannte

»Langeoog-Studie« im Zusammenhang mit der Frage, wie Kinder mit dem Verlust ihres Vaters und anderen schwer belastenden Einwirkungen des Krieges umgingen. In dieser Untersuchung von mehreren tausend Kindern im Alter von fünf bis 16 Jahren, die sich in den Jahren 1947 bis 1950 jeweils mehrere Wochen zur Erholung auf der Nordseeinsel befanden, beschrieben Mitarbeiterinnen im Zuge der Datenerhebung nicht nur Untergewichtigkeit, Rachitis, Blutarmut, Krätze, Kopfschmerzen, Ohnmachten, Schreckhaftigkeit, Unruhe, Schlafstörungen und andere somatische und psychische Beeinträchtigungen der Kinder, sondern auch deren allgemeine »müde Traurigkeit« oder »Alltagstraurigkeit«. Traurigkeit bilde einen Grundton in ihrem kindlichen Leben. Die Kindergesichter zeigten eine »maskenhafte Starre«, ihre Seele wirke »wie staubverkrustet«, Erinnerungen an Erlebtes seien ihnen grundsätzlich unangenehm.[71]

Der Schweizer Pädagoge Adolphe Ferrière hatte 1949 in dem Buch »Unsere Kinder die Hauptkriegsopfer« ebenso deutliche Worte gefunden: Die Reaktion von Kindern auf schwerwiegende Kriegserfahrungen gliche denen eines Tieres, das sich tot stelle: »Das Kind lacht nicht und weint nicht, es spricht nicht mehr.« Er berief sich auf Erzieher in Schulen und Heimstätten, die – ohne den Begriff zu gebrauchen – traumatisierte Kinder beobachtet hatten, bei denen die Seele wie »abgestorben« erschien, weil sie den Tod eines geliebten Menschen erlebt hatten.[72]

Die Kinder verbargen ihre seelischen Verletzungen hinter einer Fassade, die auch die Mütter aufrechterhielten. Deren »Maske des Lächelns«, wie sie in der an anderer Stelle (Kapitel 3.2) erwähnten Operette Lehàrs besungen wurde, gehörte zu einer Haltung, der zufolge die Witwen in den Trümmer- und Aufbaujahren »nicht zimperlich« mit sich selbst waren und »tüchtig« dazu beitrugen, dass das Leben weiterging. In diesem Sinne waren sie, wie bereits angedeutet, erzogen und in Briefen von der Front durch ihre Männer oft zusätzlich ermutigt worden, »stark« zu sein. Dazu gehörte etwa, dass die Frauen äußerlich gesehen »funktionierten«; sie waren nicht unbeherrscht, sie dachten und handelten pragmatisch-praktisch und gaben sich sachlich, streng auf Haltung achtend. Dieses Vorbild gaben sie zweifellos auch an ihre Kinder weiter.

Wenngleich die Kriegskinder, wie Ulf Preuss-Lausitz bereits 1981 schrieb, in einer »Trümmerlandschaft« in »zertrümmerten« Familien, Häusern und Städten aufwuchsen, seien sie eben »keine vergnügten Wilden« gewesen, sie seien vielmehr wohl noch mit den »Gefühlen soldatischer Väter und hehrer Mütter« gezeugt worden und dann auch aufgewachsen.[73] Das »Nachkriegskind« sei »vom Zwang einer fiktiven Normalität« geradezu »umstellt« oder gar körperlich wie seelisch »gepanzert« gewesen.[74] In vielfältiger Weise eingezwängt waren vor allem die Mädchen, denen Freiräume außerhalb der eigenen Wohnung weniger offenstanden als den Jungen; von »Tischsitten und den Begrüßungsritualen, über die Lernzeiten und Haarfrisuren, von den Farben, Zuschnitten und Stoffen von Kinderhosen und -röcken bis hin zu den Zu-Bett-Geh-Zeiten (Hände auf der Decke!) war die deutsche Nachkriegsfamilie (oder was von ihr übrig blieb) auf Konformismus, aufs Nicht-Auffallen [...] fixiert«, wozu auch das Ignorieren von Gefühlen und seelischen Wunden gehörte.[75]

In Kinderzeitschriften der Nachkriegszeit, wie dem von Erich Kästner herausgegebenen Magazin »Pinguin« (1946–1951),[76] das in einer Auflagenstärke von 200.000 vor allem in der Britischen Zone gelesen wurde, wurden die kindlichen Leser in der Regel aufgefordert, nicht traurig oder gar verzweifelt zu sein, sondern mutig, optimistisch und hoffnungsvoll.[77] Diese Eigenschaften seien, so wurde ihnen suggeriert, entscheidend für ihren erfolgreichen Glauben an die Rückkehr des Vaters und für die Chance, dass getrennte Familien wieder zusammenfinden könnten. Im Mittelpunkt des Kinder-Suchdienstes von »Pinguin« standen Kinder, ihre Väter und beiderseitige – u.a. von dem bekannten Fotografen Hilmar Pabel aufgenommene – Suchgeschichten, die dem Appell, die Hoffnung auf die Rückkehr des Vaters nicht aufzugeben und dabei »stark« zu sein, vielleicht ihren deutlichsten und vor allem anrührendsten Ausdruck verliehen.

4 FRAUENLEBEN OHNE MÄNNER

4.1 Unvollständige Familien: Fakten und Wahrnehmungen

Die Familie galt in der Zusammenbruchsgesellschaft nach dem Kriegsende 1945 für die Mehrheit der deutschen Bevölkerung als Inbegriff von Sicherheit, Geborgenheit und Schutz. Verständlich war das allemal angesichts des Ausmaßes materieller und immaterieller Schäden des Krieges, weitreichender Verunsicherungen und ideeller Orientierungsverluste. Die damalige »bürgerliche Intimfamilie« profitierte, wie Hans-Ulrich Wehler pointiert schreibt, »von dem eindrucksvollen Erfolgspolster, das sie im Erfahrungshorizont von Millionen Menschen seit den Kriegsjahren angesammelt« hatte.[78] Solche Sehnsüchte nach einer »idealen Familie« werden in vielen Lebensgeschichten rückblickend beschrieben.[79] Sie galten nicht nur dem bürgerlichen Modell, sondern auch der ländlichen Mehrgenerationenfamilie und der in Notsituationen zweifelsohne äußerst hilfreichen Großfamilie, in deren Beziehungsnetzen nicht zuletzt alleinstehende Mütter mit ihren Kindern Halt fanden.

Wer, wie einige vaterlose Töchter berichteten, ohne Aussicht bei Verwandten unterzukommen oder von Großeltern bzw. näheren und weiter entfernten Cousins und Cousinen unterstützt zu werden, auf sich gestellt war, erlebte das Gefühl der Ungeborgenheit in extremer Weise. Kinder mussten unter solchen Umständen eine Erkrankung der Mutter als geradezu existenzielle Gefahr erleben und ihren möglichen Verlust als unmittelbar vernichtende Bedrohung fürchten, bildeten Mutter und Kind doch buchstäblich eine »Schicksalsgemeinschaft«.[80] Auf der Flucht etwa fand die Angst, die Mutter zu verlieren immer wieder neue Nahrung; eine Betroffene berichtete zum Beispiel, sie sei vorübergehend nicht nur von ihrer Mutter, sondern auch von ihren Geschwistern, getrennt worden und habe einige Zeit allein und ohne Lebenszeichen ihrer Angehörigen in einem Krankenhaus und dann in einem Heim verbracht.

Rückblickend beschrieben die Frauen, in ungewohnten Umgebungen und in häufig an Überforderung grenzenden Situationen hätten sie sich »ohne väterlichen Beistand« als hochgradig schutzbedürftig, aber schutzlos empfunden. Das gilt nicht zuletzt für all jene vaterlos aufgewachsenen Töchter, die in ihren Berichten über Flucht- und Vaterlosigkeitserfahrungen gleichsam in einem Atemzug Auskunft gaben. Manche schilderten ausführlich ihren Aufbruch aus Ostpreußen, Schlesien oder Pommern, in Güterzügen, mit Pferdefuhrwerken oder zu Fuß mit einem Handwagen. Seit dieser Zeit habe sie, so eine Betroffene, Angst, verloren zu gehen; stets sei es darum gegangen »ein Schürzenbändel« zu fassen zu bekommen. Die Gruppe derer, zu deren Erfahrungen Flucht, Vertreibung *und* Vaterverlust gehören, war unter den Befragten ausgesprochen groß.[81] Da nicht ausdrücklich danach gefragt wurde, bleibt offen, ob es sich bei der Hälfte oder sogar mehr der rund 120 befragten Vaterlosen um in mehrfacher Hinsicht belastete Kriegskinder handelt.[82]

Genaue Angaben über die Zahl »unvollständiger Familien« nach 1945 zu machen erweist sich, wie unter anderem Anna Schnädelbach deutlich gemacht hat, als ausgesprochen schwierig: In demographischen Umfragen seien oft nur Haushalte gezählt und Familien ohne Väter gar nicht als Familien berücksichtigt worden. Auch die Zahl der Kriegerwitwen mit Kindern sei schwer exakt zu ermitteln.[83] Sie wurde nie offiziell festgestellt, es kann jedoch davon ausgegangen werden, dass die Zahl der Witwen des Zweiten Weltkriegs im Jahre 1950 bei etwa einer Million, 1954 bei 1,2 Millionen lag.[84] Mit rund 56 Prozent zahlenmäßig am stärksten waren unter ihnen die Frauen der Jahrgänge 1901 bis 1915 vertreten, zu denen mehrheitlich auch die Mütter der befragten Frauen gehörten.

In zeitnahen Quellen spiegelt sich teilweise ein sehr klares Bewusstsein der psychischen Folgen zeittypischer Belastungen für Frauen, Kinder und Jugendliche nach dem Zweiten Weltkrieg wider, wobei das Fehlen der Väter einen – und zwar maßgeblichen – Faktor in einem breiten Feld beeinträchtigender Lebensumstände darstellte. Beispielsweise wurde über die »zerstörten Familien« Folgendes berichtet:

»*Zu der schon vorhandenen Auflösung aller festen Bindungen kamen die verheerenden Kriegs- und Nachkriegsfolgen: Abwesenheit der Väter, Überforderung der Mütter, Heimatlosigkeit und Lebensunsicherheit durch Evakuierung, Bomben und Flucht, Erwerbsunsicherheit gerade kinderreicher Mütter, das bekannte Wohnungselend mit seinen Folgen, das Problem des heimkehrenden völlig entfremdeten Vaters und vieles andere. Die Erwachsenen sind gereizt und mürbe, die Kinder [...] leben, sich weitgehend selbst überlassen und zugleich in unkindgemäßer Weise schwer überfordert; – ein trübes Bild.*«[85]

Die Jahrgangsgruppen der 1900 bis 1920 geborenen Frauen, damit auch die Mütter unter ihnen, hatten also ein ganzes Bündel von Extrembelastungen zu tragen.[86] Sie vermissten ihre Männer, viele lebten in Ungewissheit, ob sie zurückkehren würden oder nicht; sie galten als Frauen »ohne Ernährer«, denen ein grundlegender Lebensbezug, die »naturbedingte Zugehörigkeit zu dem Mann«, abhanden gekommen sei.[87] Sie mussten oft ihre Eltern, Schwiegereltern und Kinder gleichzeitig versorgen und hatten sich bei zumeist nur schlechten beruflichen Voraussetzungen auf einem zunehmend gerade für ihre Jahrgänge ungünstigen Arbeitsmarkt zu behaupten.[88] Mit der wachsenden Zahl der aus der Kriegsgefangenschaft heimkehrenden Männer wurden vor allem zwei Gruppen von Frauen unterschieden: die verheirateten und die alleinstehenden. Frauenhaushalte erschienen zunehmend als »Notgemeinschaften«. Viele Witwen fühlten sich gesellschaftlich ausgegrenzt; so klagten sie etwa darüber, dass sie häufig nicht zusammen mit Verheirateten eingeladen wurden, dies berichteten ihre Töchter im Rückblick immer wieder.

In Interviews stellten um 1920 geborene Frauen, unter denen sich 1945 zahlreiche junge Witwen mit kleinen Kindern befanden, fest, dass sie die Selbständigkeit nicht gewollt hatten. Sie sei ihnen durch die Abwesenheit der Männer aufgezwungen worden – dazu die Aussage einer Kriegerwitwe, Mutter einer Tochter: »Ich glaube keiner Frau in meinem Alter, wenn sie behauptet, sie wolle nicht oder nicht wieder heiraten. Das ist ein Selbstbetrug. […] Die Einsamkeit nach der Bürozeit ist trotz des Kindes oft groß; ich brauche im Grunde den Partner, brauche Schutz und Anlehnung. Die Freiheit, in der ich zu leben gezwungen bin, habe ich mir nicht gesucht.«[89] Die Witwen litten zudem unter einer allgemeinen gesellschaftlichen Ablehnung erwerbstätiger Mütter und dem hiermit verbundenen moralischen Dilemma, ihre »Schlüsselkinder« alleine zu Hause lassen zu müssen. Hans-Ulrich Wehler etwa spricht von einem geradezu »verstockten Widerstand gegen verheiratete erwerbstätige Mütter«; Mitte der 1950er Jahre hätten sich rund zwei Drittel der Bevölkerung dafür ausgesprochen, sie vom Arbeitsprozess gesetzlich auszuschließen.[90]

Berufstätigen Müttern, zu denen die Witwen ja mehrheitlich gehörten, schlug auch innerhalb familienpolitischer Debatten der Aufbaujahre ein eisiger Wind entgegen. Hier spielten nicht zuletzt Kassandrarufe eine Rolle, die Auflösungserscheinungen der Familie seien aufgrund der Erwerbstätigkeit der Mütter bereits weit fortgeschritten und man müsse dieser Entwicklung massiv entgegentreten. Der bekannte Facharzt für Neurologie und Psychiatrie Joachim Bodamer prognostizierte beispielsweise: »Frauen, die lange berufstätig waren, bekommen […] mit der Zeit etwas verkrampft Aggressives, oder unsicher Gehetztes, oder überbetont Sachliches, was alles wie eine zwangsstilisierte Haltung anmutet. Ihre Augen sind ohne Traum und Ruhe; ihr Wesen strahlt penetrante Exaktheit aus, aber keine innere Harmonie.«[91] Die Frauenfrage der 1950er Jahre laute deshalb: »Wie kann die Frau der Familie wieder zurückgegeben werden«?[92] Noch in den 1960er Jahren betonte die Soziologin Elisabeth Pfeil in einer Untersuchung über berufstätige Mütter (aus vollständigen Familien!), das Bild der Mutter sei »von Tiefenkräften der Psyche geformt« und so leicht nicht zu korrigieren, wenngleich das »weibliche Wesensprinzip« nun zunehmend infrage gestellt werde.[93] Es solle vor allem für die »kommende Generation« die Maxime gelten: Gleichrangigkeit von Mutter- und Berufsrolle, wo möglich, Vorrangigkeit der Mutterrolle, wo nötig.[94]

Die Tendenz, eine alleinerziehende erwerbstätige Kriegerwitwe als »Rabenmutter« abzustempeln, fand auch breiten medialen Widerhall. Typisch war etwa folgender Text in der Illustrierten »Brigitte« aus dem Jahre 1954 unter der Überschrift: »Das Problem heißt: Schlüssel-Kind«. Kleinen Mädchen, am Herd stehend, wurden diese Sätze in den Mund gelegt: »Mutti, du kannst wirklich ganz beruhigt sein! Wenn wir gekocht haben, drehen wir den Gashahn immer ab.« Der folgende Text schließlich wurde der im Bild abwesenden Mutter zugeschrieben: »Na, ja, die Sorge ist es nicht allein. Mitunter sehe ich's an angebrannten Töpfen: Gut kann das Essen nicht geschmeckt haben. Aber meine Kleinen sind stolz darauf, im Haushalt helfen zu können. Von dem Film ›Das doppelte Lottchen‹ waren sie begeistert: Was die beiden können, na, das können wir auch.« Zu dem Foto mit dem Kind bei den Hausaufgaben hieß es:

»Da sitzt nun meine Kleine zu Hause – allein über ihren Schularbeiten und zählt die Stunden und Minuten, bis ich nach Hause komme. Ingrid lerne nicht leicht, sagt die Lehrerin. Es

wäre gut, wenn sie Schularbeiten unter Aufsicht machte […] Wenn es mir nur nicht so an Zeit fehlte. ›Ach, Mutti – wenn Du doch zu Hause wärst!‹ Als Ausgleich für den Kummer hab' ich Ingrid eine Uhr geschenkt. Da sitzt sie und zählt die Stunden und Minuten.«[95]

In einer angesehenen Erziehungszeitschrift wurde dieses Problem sachlicher dargestellt, aber als nicht minder schwerwiegend eingeschätzt: Die Kinder erwerbstätiger alleinstehender Mütter wüchsen zwar selbständiger, aber auch »innerlich einsamer« als andere Kinder auf. Sie erlebten fast täglich eine »innere Heimatlosigkeit« – die ein Grundproblem vieler unvollständiger Familien nach dem Zweiten Weltkrieg darstelle.[96] Es lässt sich nicht exakt feststellen, wie viele dieser Kinder tatsächlich täglich mehrere Stunden unbetreut waren. Dass es während der Abwesenheit der Mutter in den wenigsten Fällen eine institutionelle, in den meisten vielmehr eine Betreuung durch Verwandte, nicht zuletzt vonseiten der Großeltern gab, gilt jedenfalls als gesichert.[97] Um Verständnis für die vielfältigen Überforderungen von Müttern und Kindern in »zerstörten« Familien wurde öffentlich jedoch kaum geworben. Die Frauen und ihre Kinder wurden allenfalls bemitleidet,[98] wobei allein schon die Wortwahl hier Bände spricht: auf der einen Seite die »Vollfamilien« mit als besonders positiv wahrgenommenen »Hausfrauen-Müttern«, auf der anderen Seite »vaterlose Haushalte« – und hier ausdrücklich im Fokus »Witwenhaushalte«,[99] in denen »die bessere Hälfte« fehlte.[100]

Mütter wie Töchter hätten sich geradezu »amputiert« gefühlt, schreibt Rosemarie Killius mit Blick auf ihre eigene Biografie als vaterlose Tochter. Sie habe sich als »das Mädchen mit dem einen Bein« gesehen, ein Bild, das sie in Parallele zu den zahlreichen kriegsversehrten Heimkehrern wählte – gleichwohl erleichtert, keinen beinamputierten Vater zu haben, sei ihr dieser Gedanke gekommen: »Zumindest mit nur einem richtigen, denn ich hatte nur meine Mutter. Meine Großmutter und Urgroßmutter zählten für mich damals, als ich eingeschult wurde, nicht so.«[101] Sie habe sich unvollständig gefühlt; bei der Einschulung neben ihrer Mutter zu sitzen, habe sie als peinlich empfunden, sie habe sich wegen ihrer Unvollkommenheit geschämt.[102]

In einer Untersuchung der 1950er Jahre zeigte sich, dass die Scham, keinen Vater zu haben, auch für weitere vaterlose Mädchen gegolten haben dürfte. Eine Reihe von ihnen empfand den Verlust des Vaters als Makel und ging davon aus, dass sie deshalb in der Schule beispielsweise benachteiligt worden sei. In einer zeitnahen Studie von 1949 wurde der soziale Abstieg von Familien, in denen der Vater fehlte, nachdrücklich hervorgehoben und als hochgradig »beeinträchtigendes Moment« bei der Erziehung eingestuft.[103] Jeder Lehrer solle sich morgens beim Betreten seiner Klasse vor Augen führen, wie viele seiner Schüler aus einem »Zuhause« – dieses Wort in Anführungszeichen gesetzt – kämen, in denen der Vater fehle, »weil er tot ist, oder vermisst, oder noch in Kriegsgefangenschaft, oder aus anderen Gründen, etwa wegen Internierung, nicht bei der Familie ist, oder wesentlich infolge von erlittenen Verwundungen oder anderen Kriegsbeschädigungen arbeitsbeschränkt, wenn nicht gar arbeitsunfähig.«[104] Manche Frauen befürchteten gar, »ohne Vater als unehelich zu gelten«,[105] und verwiesen damit auf Moralvorstellungen, denen zufolge Frauen ohne Ehemänner und Töchter alleinstehender Mütter pauschal unter dem Verdacht standen, in ungeordneten Verhältnissen zu leben und sittlich gefährdet zu sein (siehe auch Kapitel 7.1).

Die Orientierung an der Familie als Ideal galt zweifellos für Mütter und Töchter. Ehe und Familie versprachen Stabilität und Sicherheit, wenngleich die Väter in Nachbar- und Freundesfamilien, die aus der Gefangenschaft zurückkehrten, in der Regel keinen Anlass boten, das Bild des Vaters als eines Beschützers aufrechtzuerhalten, wobei die Heimkehrer aus russischer Gefangenschaft in der weitaus schlechtesten Verfassung waren: 1945/46 wurden sie amtlicherseits als »menschliche Wracks« bezeichnet; viele waren arbeitsunfähig oder vermindert erwerbsfähig. Merith Niehuss bilanzierte: »Hunderttausende heimkehrender Ehemänner also waren zunächst und vielleicht für immer Pflegefälle, waren beruflich nur bedingt einsetzbar und standen auch unter dem ganzen psychischen Druck, den solch eine Behinderung für das Leben bedeutet.«[106] Die Heimkehrer waren jedenfalls häufig Väter, die weder ihren Ehefrauen noch Kindern Träume und Erwartungen erfüllen konnten. Diese konnten sie nicht mehr bewundern oder sich bei ihnen geborgen fühlen, wie Alexander Mitscherlich 1955 in einem Aufsatz mit dem Titel »Der unsichtbare Vater«, nicht zuletzt auf das Arbeitsleben bezogen, schrieb.[107] Gleichwohl erlebten sich vaterlose Töchter und ihre Mütter zumeist als defizitär und gelangten angesichts der aus Krieg und Gefangenschaft wiederkehrenden Männer keineswegs zu der Überzeugung, nach Jahren der Selbständigkeit ohne Vater könne und solle sich dieses »Modell« auch weiterhin bewähren. »Wenn Papa bei uns wäre«, diesen Satz hörten manche Mädchen von ihren Müttern ständig, und sie stimmten ihm gefühlsmäßig zu: »Wenn der Vater da wäre, wäre es leichter.« Diese Vorstellung war auch durch die Beobachtung von Familien mit physisch und psychisch versehrten Kriegsvätern nicht zu erschüttern.

4.2 Mütterlichkeit und Väterlichkeit aus Nachkriegsperspektiven

Mit dem Thema überforderter Mütter und abwesender Väter beschäftigten sich kritische Beobachter und Forscher nach 1945 eingehend. Alexander Mitscherlich sprach 1955 etwa davon, vom Vater könnten Kinder offenbar zunehmend weniger lernen, er verblasse als Autorität und Vorbild; es sei »an ein

Erlöschen des Vaterbildes« zu denken. Statt – vor allem auch durch seine Vorbildfunktion im Arbeitsleben – als Autorität anerkannt zu werden, stelle der Vater häufig nur noch ein »Schreckgespenst« für Kinder und Heranwachsende dar.[108] Nicht selten diagnostizierten Wissenschaftler auch, eine »maskuline Welt« gebe es zwar noch, aber keine »männliche«, wobei Anzeichen bereits um die Wende vom 19. zum 20. Jahrhundert zu erkennen gewesen wären, als Männer »die innere Unsicherheit durch Vollbart, unechtes Pathos, Familientyrannei und Gottähnlichkeit zu kaschieren« versucht hätten.[109]

Männlichkeit in der Krise und »Vaterverarmung« könnte man das übergreifende Themenfeld nennen: Wissenschaftler unterschiedlicher Disziplinen diskutierten in diesem Zusammenhang häufig über den »deutschen Autoritarismus« als geschichtliches Problem; Mitscherlichs Studie zur »vaterlosen Gesellschaft« aus dem Jahre 1963[110] baute bekanntlich auf einschlägigen diesbezüglichen Analysen auf.[111] Das Hauptgewicht der Diagnosen lag auf dem Verfall väterlicher Autorität, während Fragen nach Mutterbildern, die ja infolge der Vaterkrise eine Aufwertung hätten erfahren haben können, marginal blieben, wie Tobias Freimüller pointiert herausgearbeitet hat.[112]

Mitscherlich, der bereits 1948 dezidiert von dem Zusammenbruch einer »auf väterlicher Herrschaft errichteten Welt« und einer vater- und damit »weltungläubigen«, d.h. zutiefst verunsicherten Jugend gesprochen hatte,[113] inspirierte mit seinen Arbeiten und Vorträgen in den 1950er Jahren eine Reihe empirischer Studien, in deren Mittelpunkt »schwindende Väterlichkeit« und »Vaterverarmung« standen. Nicht zuletzt René König griff dessen soziologische und psychoanalytische Überlegungen zum Thema Vaterverarmung auf. Er bezog sich fortan wiederholt auf einige der zahlreichen Arbeiten zur Entwicklung der deutschen Jugend in der Nachkriegszeit, in denen davon ausgegangen wurde, dass »die Familie eine zentrale Rolle beim Aufbau der sozialkulturellen Persönlichkeit«

spiele.[114] Der Vortrag Mitscherlichs mit dem Titel »Der unsichtbare Vater« sei, so Freimüller, nicht zuletzt von den Studenten des Soziologen König begeistert aufgenommen worden.[115]

Der Ausgangsthese einer aus diesem Forschungszusammenhang 1955 hervorgegangenen Untersuchung »zur Frage der Berufswahl vaterverwaister Mädchen aus unvollständigen Mutter-Tochter-Familien« zufolge war Müttern nicht zuzutrauen, die väterlichen Funktionen und Rollen zu übernehmen. Und nicht nur fehle den Müttern das Potenzial, ihren Töchtern auf dem Weg in die Selbständigkeit ebenso zur Seite zu stehen wie ein anwesender Vater es vermocht hätte, sondern auch den Töchtern mangele es an Tatkräftigkeit und Entschlusskraft; sie hätten deshalb möglicherweise einen weniger guten Start ins Berufsleben als Mädchen aus vollständigen Familien. Es sei erstaunlich, räumte die Bearbeiterin der Untersuchung jedoch ein, wie realistisch die vaterlos aufwachsenden jungen Mädchen – in der Regel 13 bis 14 Jahre alt – in ihren Berufswünschen und wie zielstrebig sie dann in ihrer eigentlichen Berufswahl seien: Die Töchter legten, offenbar wider Erwarten der wissenschaftlichen Beobachter, großen Wert auf eine Ausbildung und die Mütter unterstützten sie darin nachdrücklich. Die Untersuchung bestätigte letztlich nicht die Annahme, dass der Berufsausbildung der Töchter weniger Bedeutung beigemessen werde, als dies bei alleinerziehenden Müttern mit Söhnen der Fall sei.[116] Die Ergebnisse zeigten im Gegenteil sogar, »dass eine durch den Ausfall des Vaters in ihrem Rollen- und Funktionsinventar gestörte Familie trotz aller Schwierigkeiten voll und ganz ihrer Aufgabe gewachsen sein kann, dem jungen Menschen den Weg in die gesamtgesellschaftlichen Bezüge zu ebnen.«[117]

René König, der die Studie angeregt hatte, stellte sie in einen breiteren Kontext von Debatten um autoritäre Traditionen in Deutschland, um Zusammenhänge zwischen Autoritarismus und Diktaturanfälligkeit, das Fortleben autoritärer

Strukturen nach 1945 und den allmählichen Rückgang von Autoritätsgläubigkeit, aber auch einen damit einhergehenden Autoritäts- und Orientierungsverlust der nachwachsenden Jugend.[118] Er ging auch auf einen Vorwurf ein, der mancher, sicher auch der soeben vorgestellten Studie über vaterlose Töchter und ihre alleinerziehenden Mütter zu machen war: Demnach schienen – zumindest tendenziell – verwitwete Frauen und ihre Töchter in stärkerem Maße Mängelwesen zu sein als vaterlos aufwachsende Söhne. König sah dies deutlich, wenn er schreibt, Zeitdiagnosen litten bekanntlich darunter, dass sie in der Regel von Männern für Männer – unter nur gelegentlicher Beteiligung von Frauen – geschrieben würden; für »Versuche zur Krisenanalyse unserer Zeit«, also der Nachkriegszeit, gelte »durchgehend die gleiche stillschweigende Unterstellung.«[119]

Diese »Unterstellung« findet sich tatsächlich in den unterschiedlichsten Studien, auch solchen, die ausgesprochen differenziert die entwicklungspsychologische Bedeutung des fehlenden Vaters für Kinder beschreiben. Ein großer Teil aller Erziehungsschwierigkeiten nach dem Zweiten Weltkrieg sei auf den »Mangel des väterlichen Einflusses in der Erziehung« zurückzuführen; die Mütter versuchten zwar, »die Lücke auszufüllen«, doch oft komme es geradezu zu »Fehlleistungen der Mütter«, lautete eine typische Einschätzung: »Zu große Bindungen an das Kind – das ihr in ihrem Schmerz geblieben ist – veranlassen sie, das Kind zu verwöhnen, es in einem Traumland aufwachsen zu lassen, aus dem eines Tages das bittere Erwachen kommen« werde.[120] Der Blick richtete sich zumeist darauf, was die Mütter vernachlässigten, versäumten, wozu sie nicht in der Lage waren; nur selten betonten Beobachter der Nachkriegsverhältnisse, dass die Mütter »bei der erhöhten Verantwortung und der geleisteten Lebensbemeisterung im allgemeinen [...] an unbesprochener, aber wirksamer Autorität gewonnen« hätten.[121] Im Gegenteil: »Mangel«, so Hans Wollasch, langjähriger Direktor des Seminars für

Wohlfahrtspflege des Deutschen Caritasverbandes in einem Rundfunkvortrag, kennzeichne die vaterlose Familie; die Kriegerwitwe sei »innerlich leer«, ihr Herz »wie abgestorben«, sie »versage«, wenn sie glaube, »sich männliche Eigenschaften anquälen« zu müssen, wenn sie »mit männlicher Strenge« den Vater zu ersetzen versuche oder »kopflos« nach einem Ersatzvater für ihre Kinder suche.[122]

In einer breiten empirischen Untersuchung aus dem Jahr 1954 werden ebenfalls männlich-weiblich wertende, auf Mütter und Väter sowie Söhne und Töchter bezogene und als zeittypisch einzuschätzende Aussagen sichtbar: Der umfangreichen Studie »Gespräche mit der Deutschen Jugend« zufolge wurde verwitweten Frauen »Klagsamkeit und Nervosität« attestiert; Witwern dagegen, die als bemitleidenswert galten, wurde zugetraut, dass sie väterlich liebevoll und überlegen im Umgang mit ihren Kindern handelten. Von den verwitweten Frauen wurden zwar Vatereigenschaften erwartet, aber sie schienen diesen nicht entsprechen zu können. Kinder aus Familien ohne Vater waren auch selbst der Meinung, wie eine Befragung zu Beginn der 1950er Jahre ergab, dass ihre Mütter ihnen nicht das ermöglichen konnten, was ihnen ein Vater hätte bieten können, wenn sie in einer vollständigen Familie aufwachsen würden. Die Autoren dieser Studie, die 444 Schüler befragt hatten, kamen zu dem Schluss, die Mutter verliere »offenbar gerade dadurch, dass sie mit dem imaginierten Maßstab des imaginierten Vaters gemessen« werde.[123] Die Mütter zeigten – so stellte sich bei der Auswertung der Daten heraus – nach Ansicht der befragten Kinder Defizite, die die Väter hätten ›kompensieren‹ können. Die Annahme, dass die Väter in mancher Hinsicht belastbarer gewesen wären als die Mütter, beruhe wohl – so die Ergebnisse der Studie – mit darauf, dass sie nicht überprüft werden konnte. Dem toten Elternteil standen die Kinder somit eindeutiger positiv gegenüber als dem lebenden.[124]

»Heldenverehrung«, so ein weiteres Ergebnis dieser Studie,

[illegible]usätzlich die nahezu uneingeschränkt positive Sicht [illegible] toten Vater. Zugeschrieben wurden ihm Eigenschaf[illegible] wie Fairness und Wärme, ganz allgemein »das Menschliche« im Sinne von »Geborgenheit bei einem geduldigen, gewährenden und über jeden Zweifel verlässlichen Menschen.«[125] Eigenschaften wie »kalt«, »eng« und »streng« hielten Mädchen wie Jungen dagegen für ihre Mütter zutreffend, wobei Mädchen gegenüber den Müttern noch einmal kritischer zu sein schienen als Jungen. Wie Elisabeth Pfeil in einer Studie rund zehn Jahre später beobachtete, beurteilten vaterlose Söhne ihre Mütter am positivsten.[126] Worauf Pfeil nicht aufmerksam machte: Die vaterlosen Jungen verhielten sich ihren Müttern gegenüber wohl deshalb geradezu distanzlos und unkritisch, weil ihnen aus entwicklungspsychologischer Sicht im Kleinkindalter die Hilfe des Vaters gefehlt hatte, sich aus dem frühen symbiotischen Verhältnis zur Mutter zu lösen. Mit anderen Worten hatte ihnen das in einer entscheidenden kindlichen Entwicklungsstufe für den weiteren Lebensweg bedeutsame Erlebnis des Vorhandenseins einer Mutter *und* eines Vaters gefehlt, das von Psychologen als »Triangulierung« bezeichnet wird.[127]

In den erwähnten Untersuchungen jedenfalls spielten solche Einsichten kaum eine Rolle. Auch die Tatsache, dass die Mütter, zumal die recht jungen, Altersgruppen angehörten, die »durch den Krieg um ihr Recht auf Zärtlichkeit betrogen« waren und deren »Verlangen nach Freundschaft und Liebe weitgehend unterdrückt worden« war, ist wohl erst rückblickend in seiner ganzen Tragweite deutlich geworden.[128] Die verwitweten Mütter schienen, so als Fazit mit Blick auf die Einschätzungen der Nachkriegszeit, in einem Kreislauf kollektiver gesellschaftlicher und innerfamiliärer negativer Wahrnehmung und Beurteilung gefangen gewesen zu sein, dem sie kaum entrinnen konnten.

4.3 Erziehungserbschaften

Die heute Siebzig- bis Achtzigjährigen, Männer wie Frauen, sind oft mit Sätzen wie: »Ein deutscher Junge (oder ein deutsches Mädchen) weint nicht«, »Indianer kennen keinen Schmerz« oder: »Was mich nicht umbringt macht mich stärker«, aufgewachsen. Sie berichten, dass Schlagen zum Erziehungsstil gehört habe, Schüler wegen unerheblicher Kleinigkeiten in demütigender Weise vorgeführt und oft auch geprügelt worden seien. Es handelte sich um eine Erziehungspraxis, die bis in die 1960er Jahre breite Zustimmung fand – oder doch zumindest als selbstverständlich und »normal« betrachtet wurde; die Mehrheit der westdeutschen Bevölkerung hielt nachweislich um die Mitte der 1950er Jahre körperliche Strafen für richtig und erforderlich.[129]

Der Soziologe und Philosoph Norbert Elias untersuchte – in einem sehr weiten historischen Bogen – eingeschliffene und von Generation zu Generation weitergegebene Einstellungs- und Verhaltenserbschaften in der deutschen Geschichte und wies in diesem Kontext auf lange deutsche Wertetraditionen von Härte, Schneid und Unerbittlichkeit sowie eine Geringschätzung des unmilitärisch »Schlappen« und Zivilen hin[130], auf eine, wie er schreibt, »Idealisierung der menschlichen Härte« und einen »Kult der menschlichen Unerbittlichkeit.«[131] Eine solche Erziehung ließen Väter ihren Söhnen angedeihen, sollte man vermuten, aber auch die Töchter blieben davon nicht verschont. Während des Dritten Reiches sah man allenthalben Jungen wie Mädchen in Reih und Glied zum Appell antreten, auf dem Weg in Lager, in die Kinderlandverschickung oder zum Kriegseinsatz und Kriegshilfseinsatz. Die an Härte, Drill und Disziplin ausgerichteten Erziehungsnormen, die bereits im Deutschen Kaiserreich gegolten und nach dem Ersten Weltkrieg nur in reformorientierten Schulen und Elternhäusern an Einfluss verloren hatten, gewannen nach 1933 noch einmal eine geradezu übermächtige öffentliche Geltung mit weitreichender Ausstrahlung in private, familiäre Verhältnisse. Unzählige Fotos dokumentieren dies, und zwar nicht nur offizielle, parteiamtliche, sondern auch solche aus Privatbesitz: Aufnahmen beispielsweise, die während des Fronturlaubs der Väter gemacht wurden und auf denen Kinder, Jungen und nicht selten auch Mädchen in Uniformjacken ihrer Väter stramm stehen wie kleine Soldaten. Diese Bilder nahmen dann die Väter mit an die Front, wenn ihr Urlaub zu Ende war. Vielleicht fanden sie die Bilder einfach nur »drollig«, vielleicht aber stellten sie sich beim Anblick dieser Kinderfotos auch stolz vor, dass ihre Söhne und Töchter später einmal in allen ernsten Lebenslagen »Haltung« annehmen würden.

Die »deutsche Mutter« stellte zweifellos ein besonderes Thema im Zusammenhang mit solchen Erziehungsansprüchen dar, die nicht zuletzt über Johanna Haarers »Die deutsche Mutter und ihr erstes Kind« aus dem Jahre 1934 verbreitet wurden. Die Autorin, eine Lungenfachärztin, hatte bei Abfassung des Buches zur Säuglingspflege bereits Zwillinge; insgesamt bekam sie fünf Kinder. Sie hatte weder eine pädagogische Ausbildung noch war sie Spezialistin für Kinderheilkunde. In ihrem Buch, zu dem 1936 ein weiteres mit dem Titel »Unsere kleinen Kinder« und 1939 das Lesebuch »Mutter, erzähl von Adolf Hitler« hinzukamen, hieß es, Kinder solle man nicht zu sehr hätscheln, sie auch mal schreien lassen, sie würden schon merken, dass sie ihren Willen nicht durchsetzen könnten. Systematisch fand bis weit in die 1950er Jahre hinein ein von Haarer ausdrücklich propagiertes Abgewöhnen und Aberziehen von »weinerlichem Klagen und wehleidigem Heulen« statt. Rückblickend wissen wir, dass Kriegskindheit und -jugend in Deutschland nicht zuletzt bedeutete, nach nationalsozialistischen Maßstäben erzogen zu werden. Die nationalsozialistische Erziehung erfolgte im Dienste einer gleichgeschalteten »Volksgemeinschaft«, und sie bedeutete vor Ausbruch des Zweiten Weltkriegs und im

Krieg zunehmend auch Erziehung für den Kriegseinsatz von Kindern und Jugendlichen an der »Heimatfront«. »Sei nicht so zimperlich!«, dieser Satz hat sich vielen Kindern, die die oben lediglich in Grundzügen umrissene Erziehung verinnerlicht hatten, lebenslang eingebrannt.[132] Das »soldatische kleine Kind« sollte nachts die Hände auf die Bettdecke legen, es sollte so schlafen, wie Soldaten angeblich schlafen; das erfuhr die Sozialpädagogin Sigrid Chamberlain, die sich mit derartigen Erziehungsbüchern befasste, in einem Gespräch mit einer Zeitzeugin.

Das Jahr 1945 bedeutete keineswegs den Zusammenbruch der bis dahin weit verbreiteten Erziehungsvorstellungen. Es sei nicht zuletzt darauf hingewiesen, dass die Mütter – oft ausdrücklich im Auftrag ihrer Männer, die aus dem Krieg geschrieben hatten, sie sollten streng durchgreifen – auch fortan aus Überzeugung auf Härte setzten, teils sicher als Überlebensstrategie, teils auch in Befolgung jener unsäglichen Vorbilder, die nicht zuletzt über Haarers »Die deutsche Mutter und ihr erstes Kind« verbreitet waren. Die Kinder ihrerseits, die auf der Flucht, in ausgebombten Städten, unter schwierigsten Lebensumständen die Nachkriegsjahre erlebten, wussten zudem, dass sie dann die besten Überlebenschancen hatten, wenn sie sich als »nicht zimperlich« erwiesen, sie hatten selten geklagt und gewimmert.[133] Und noch heute erzählen einige Töchter, ohne dabei – äußerlich jedenfalls – zu erschrecken, zuhause hätten sie als Kinder bei Tisch nicht sprechen dürfen und ihre Mutter hätte stets einen Stock auf dem Esstisch gehabt, der bei kleinsten Regelüberschreitungen auch »zum Einsatz« gekommen sei.

5 AUFWACHSEN OHNE VATER

5.1 Ängste der Töchter: »Ich bin das ungeliebte Kind«

Die vaterlosen Töchter betonten zwar mehrheitlich, wie sehr ihre Mütter sie geliebt hätten, doch sie beschrieben auch, sie hätten als Kinder häufig das Gefühl gehabt, »lästig« zu sein und ihren Müttern »im Wege zu stehen«. Davon, ein »Wunschkind« gewesen zu sein, von beiden Elternteilen ersehnt und begrüßt, sprachen die wenigsten; das dürfte den Umständen geschuldet sein, unter denen die Mehrheit der Befragten geboren wurde. Die in den Jahren vor 1939, also noch im Frieden zur Welt Gekommenen könnten – so war zunächst zu vermuten – anders geantwortet haben als die Jüngeren, die während der Kriegsjahre geboren wurden. In den Antworten fand das Stichwort »Wunschkind« jedoch kaum Erwähnung, obwohl beispielsweise der gleichnamige Roman Ina Seidels, 1930 erstmals erschienen, nicht unbekannt gewesen sein dürfte. Im Mittelpunkt steht dort eine junge Witwe, die in ihrem in der letzten gemeinsamen Nacht mit ihrem Mann gezeugten Jungen ihren Lebenssinn findet. Die Geschichte dieser Mutter und ihres Kindes, die im Zweiten Weltkrieg und in den Jahren nach 1945 hohe Verkaufs- und Auflagenerfolge erzielte, wurde als Lektüre nur von einigen Befragten erwähnt; und diese fanden sich und ihre Mütter in dem Roman kaum wieder.[134]

Auch als »Hoffnungskind«, von den Eltern mit dem verzweifelten Wunsch nach Überleben und Wiedersehen während des Krieges in die Welt gesetzt, sahen sich die Befragten nicht, wenngleich Andeutungen in den Antworten erkennen lassen, dass sich manche Frauen schon einmal gefragt hatten, unter welchen Umständen sich ihre Eltern während eines

»Fronturlaubs« begegnet waren.[135] Dass sie eher einem Zufall oder einem »Unfall« ihre Existenz verdankten, klang vor allem in den Antworten unehelich Geborener oder in der Mitteilung einer Tochter an, deren Vater Besatzungssoldat war und zu dem sie offenbar zeitlebens keinen Kontakt hatte.

Aussagekräftig waren nicht zuletzt die in den Antworten enthaltenen Bemerkungen zu Situationen in der Kindheit, in denen sich die Befragten als »lästig« erlebt hatten. Sie schämten sich als Kinder offenbar häufig dann, wenn sie krank waren und ihren Müttern dadurch »Umstände« bereiteten. Eine ganze Reihe vaterloser Töchter quälte wohl nicht selten das Gefühl, sogar ganz und gar unerwünscht zu sein, und dies nicht nur dann, wenn sie ihre Mütter besonders beanspruchten. Einige Befragte fühlten sich von ihren überforderten Müttern ausdrücklich ungeliebt und erlebten diese – wie an anderer Stelle schon ausführlicher angesprochen – als kalt und wenig zugewandt (siehe Kapitel 4.2). Sie seien sich jedoch darüber im Klaren gewesen, dass ihre Mütter sie nicht hätten »loswerden« wollen, sondern vielmehr z. B. aus Gesundheitsgründen vorübergehend nicht für ihre Kinder hätten sorgen können. Dennoch seien sie dann ja »abgegeben« worden und in ihrer Angst, nach dem Vater könne ihnen auch noch die Mutter abhanden kommen, hätten sie sich in solchen Situationen zutiefst alleingelassen und unglücklich gefühlt. Über Krankheiten der Mütter schreiben die vaterlosen Töchter, so sei angemerkt, übrigens häufiger und ausführlicher als über eigene Erkrankungen: Tuberkulose, Gelenkrheuma oder Asthma wurden erinnert. Manche Mütter wurden bereits während des Krieges, unmittelbar im Zusammenhang mit der Trennung von ihren Ehemännern, krank, viele nach Kriegsende dann chronisch. Häufiger nannten die Töchter vor allem Depressionen, Nervenzusammenbrüche – »Psychisches«, wie sie nicht selten recht allgemein formulierten. Beispielsweise war die Mutter einer Befragten »über Jahre psychisch sehr krank«, nachdem sich herausgestellt hatte, dass der Vater, auf dessen Rückkehr die Familie mehr als 15 Jahre gewartet hatte, auch nicht zu den letzten Spätheimkehrern gehören würde. Die Mutter habe Angst davor gehabt, wieder in den Beruf zurückkehren zu müssen; sie sei dann zwar wieder erfolgreich als Lehrerin tätig gewesen, habe aber ständig unter schwerem Asthma gelitten.

Um auf die Töchter zurückzukommen: Manche fühlten sich als Kinder in den Heilstätten einsam, in die sie etwa nach einer Tuberkulosediagnose oder aufgrund einer rheumatischen Erkrankung eingewiesen worden waren.[136] Einige waren vorübergehend in Heimen untergebracht, weil sich keine geeignete Wohnung fand; sie erinnerten sich an Hunger, an Dunkelheit und Kälte in den Schlafsälen. Eine vaterlose Tochter berichtete, sie habe in einem Heim das Essen verweigert, sei dann »geschlagen und im Dunkeln eingesperrt« worden. Je nachdem, zu welchem Zeitpunkt die Heimunterbringung erfolgte, verstärkte diese entweder höchst schmerzlich den Eindruck der Brüchigkeit der familiären Gesamtsituation oder trug – während der Adoleszenz – zu einem frühen und wohl nicht selten einerseits befreienden, andererseits aber konfliktreichen familiären Ablösungsprozess bei, begleitet von der Sehnsucht nach einem neuen Schutzraum und dem Wunsch nach einer partnerschaftlichen Bindung. Eine der Frauen stellte etwa fest, sie habe bewusst aus einer »rudimentären Kriegerwitwen- und Flüchtlingsfamilie in eine bürgerliche Vollfamilie eingeheiratet.«

Manche Töchter mit einem Geschwisterteil sahen sich als »Hänsel und Gretel«: ausgesetzt und abgegeben (siehe ausführlicher Kapitel 5.5). Besonders »unerwünscht« erlebten sich jedoch diejenigen, die als einzige unter ihren Geschwistern zu Verwandten geschickt wurden, während etwa ein jüngerer Bruder weiterhin mit der Mutter und anderen weiblichen Verwandten zwar höchst beengt, aber unter einem gemeinsamen familiären Dach zusammenlebte. Es scheint zumindest Hinweise darauf zu geben, dass den erstgeborenen

Mädchen, die als stabil und verantwortungsbewusst galten, die vorübergehende Trennung am ehesten zugemutet wurde. Trennten sich die Mütter leichter von Mädchen als von Jungen? Davon, dass die Jungen bevorzugt worden seien, war wiederholt die Rede. Auch kochen, backen, waschen und putzen sei Jungen nicht zugemutet worden. Einige Frauen äußerten sogar den Verdacht, sie hätten an der Seite ihrer Mütter mehr gegolten, wenn sie keine Mädchen, sondern Jungen gewesen wären. Sie hätte nämlich eigentlich ein »Siegfried« werden sollen, meinte eine vaterlose Tochter. Eine andere schrieb: »Meine Mutter sagte mir, dass ich ein ›Peter‹ werden sollte.« Eine weitere machte die Erfahrung, dass sie trotz aller Anstrengungen, männliche Aufgaben zu erledigen – Holz zu hacken, Feuer zu machen und anderes mehr – eben doch nicht das Gefühl gehabt habe, wirklich anerkannt worden zu sein. »An dir ist ja ein Junge verlorengegangen«, an diese Äußerung erinnerten sich mehrere vaterlose Töchter. Sie seien keine richtigen Mädchen und eben leider auch keine Jungen gewesen. Ihre weibliche Entwicklung habe darunter gelitten. Offenbar wurde den Jungen eine sehr viel positivere Rolle zugeschrieben; sie konnten die Väter gleichsam ersetzen. Diese Möglichkeit hatten die Töchter nicht:

»Der abwesende Vater, der sich besser zur Idealisierung eignete als der anwesende, trug (trotz seiner Abwesenheit, Anmerkung der Autorin) trotzdem nicht unwesentlich zum Erhalt eines traditionellen Familienlebens bei. Zudem verhalf er – ohne eigenes Zutun – dem Sohn zu einer herausgehobenen Rolle innerhalb der Familien, da er ihm die Chance gab, als sein Stellvertreter vorzeitig zum Familienoberhaupt zu werden – ein Privileg, dem die gegebenenfalls ebenfalls existierende Tochter niemals hätte teilhaftig werden können.«[137]

Das Gefühl, ihrer Mutter dann buchstäblich »im Wege gestanden« zu haben, als diese einen Mann kennenlernte, schilderte eine befragte Frau, die jüngste von drei Schwestern, folgendermaßen: Dieser Freund der Mutter hätte eine Frau mit zwei Kindern möglicherweise akzeptiert, eine mit dreien jedoch nicht. Sie habe sich, so die Tochter, überlegt, ob sie sich in die Küche legen und den Gashahn aufdrehen solle. Eine weitere Befragte teilte mit, ihre Mutter habe ihr nach dem frühen Tod ihrer Schwester sogar den Vorwurf gemacht, warum gerade sie habe überleben müssen. Sicher sind das Extrem- und Einzelbeispiele; die Mehrheit der Befragten sprach dagegen von sorgenden und ausschließlich auf ihre Kinder bezogenen, sich aufopfernden, aber eben auch in hohem Maße überforderten Müttern. Die von den Betroffenen geschilderten Erfahrungen werfen jedenfalls ein besonderes Licht auf das Familien- als Mutterthema, das von vaterlosen Söhnen in dem Männer-Projekt so eindeutig nicht beschrieben wurde und vergleichend aus psychoanalytischer Sicht noch intensiver zu erforschen wäre.[138]

5.2 Geschwister

Rund ein Zehntel der befragten vaterlosen Töchter wuchs als Einzelkind auf; die Eltern hatten zumeist erst während des Zweiten Weltkriegs geheiratet. Aus Antworten der Einzelkinder unter den Befragten geht hervor, dass sie eine besonders intensive Bindung an die Mutter hatten, die vor allem dann als lebenslange Verantwortung empfunden wurde, wenn es kaum weiteren familiären Rückhalt gab, wenn Mutter und Tochter also buchstäblich eine Schicksalsgemeinschaft bildeten. Die überwiegende Mehrheit allerdings hat ein bis drei Geschwister, ältere und jüngere beiderlei Geschlechts.

Es ist kaum möglich, Geschwisterbeziehungen in ein Raster zu pressen und zu behaupten, zwei Schwestern hätten im Durchschnitt lebenslang engere Bindungen als ein Bruder und eine Schwester, oder die ältere Schwester habe für einen jüngeren Bruder stets auch mütterliche Verantwortung mitübernommen. Es lassen sich lediglich einige wiederkehrende Beobachtungen beschreiben und mithin Beispiele für Konstellationen geben, die in den Fragebogenantworten wiederholt eine Rolle spielten.[139] Häufig waren es wohl die Erstgeborenen, die eine besondere Verantwortung übernahmen, was für vaterlose Söhne und Töchter gleichermaßen galt. Die befragten Frauen, die die ältesten Kinder in der Geschwisterreihe waren, fühlten sich mehrheitlich besonders stark für die Familie verantwortlich und haben vernünftig und verlässlich gehandelt, wie es von ihnen erwartet wurde. Eine Beteiligte beispielsweise, die als älteste Tochter 1931 geboren wurde und ihren Vater zum letzten Mal im Alter von 13 Jahren gesehen hatte, war überzeugt: »Vater war mein einziges Vorbild. Vater hat gesagt, getan, würde so und so handeln.« Er habe die Devise vertreten: »Über allem steht die Pflicht und als nächstes die Familie.« Die Tochter fügte hinzu, das sei auch bei ihr selbst bis heute Lebensmotto. Von dem Drang nach Autonomie und einem zugleich ständigen schlechten Gewissen, sich gegenüber der Mutter nicht pflichtbewusst genug zu verhalten, berichteten häufig die Ältesten, wie auch deren jüngere Geschwister wiederholt bestätigten. Aus einer Familie mit drei Geschwistern, einer 1940 geborenen Tochter, einem 1942 geborenen Bruder und einer weiteren Tochter (geboren 1943), deren Vater 1944 umkam, berichtete die Jüngste mit Blick auf die ältere Schwester: Diese sei immer sehr ernst gewesen, »vorbildhaft«, »ordentlich«, »pflichtbewusst« – habe auf ihre Geschwister geachtet und sich verantwortlich gefühlt.

Sie hätten die Rolle des Vaters zu übernehmen versucht, schrieben auch weitere erstgeborene Töchter, wie das Beispiel eines weiblichen Geschwisterpaares zeigt (1941 und 1943 geboren): Die Ältere betonte, sie habe für die Schwester und für die Mutter gesorgt, und die jüngere Schwester bestätigte diese Sichtweise. Dass die Erstgeborenen besondere Verantwortung trugen, schien auf der Hand zu liegen, wie auch am Beispiel von zwei Schwestern, 1940 und 1942 geboren, und ihres 1943 zur Welt gekommenen Bruders deutlich wurde. Sie sei die Vertraute der Mutter gewesen, man habe von ihr erwartet, dass sie eines Tages den Familienbetrieb übernehmen werde, berichtete die Älteste. In dieser Familie gab es einen Betrieb, der mütterlicherseits in fünfter Generation bestand. Da der Bruder der Mutter ebenfalls im Krieg gefallen war, richtete sich die Erwartung, die Familientradition fortzuführen, ganz an die älteste Tochter – die betroffene vaterlose Tochter rückblickend zu ihrer Situation damals: Sie sei in die Jungenrolle geraten und zwar bis zu ihrem 15. Lebensjahr; dabei sei sie derart »eingebunden gewesen«, dass sie sich wie in einem Käfig und stark fremdbestimmt gefühlt habe. Dem Bruder sei das Gymnasium ermöglicht worden, sie habe sich jedoch erst freier erlebt, als dieser seine Schulausbildung abbrach und das Handwerk erlernte, mit dem ihm dann die Übernahme des Betriebs möglich war.

Nicht selten hatten Mädchen wohl den Eindruck, ihr Bruder – älter oder jünger – genieße eine privilegierte Rolle, habe der Mutter besonders nahegestanden und eine weitergehendere schulische Förderung erfahren als die Mädchen. Wenn es in den Familien einen älteren Bruder gab, berichteten die vaterlosen Töchter durchweg davon, er sei Partnerersatz für die Mutter gewesen und deshalb einerseits stark gefordert gewesen, habe sich andererseits jedoch auch viel erlauben können. Mit Blick auf jüngere Brüder äußerten sie sich zwar oft liebevoll, hoben aber auch hervor, diese seien bevorzugt und von den Müttern »verhätschelt« worden. Eine vaterlose Tochter erinnerte sich daran, wie zornig sie jedes Mal gewesen sei, wenn ihre Mutter meinte, die Jungen hätten es doch besonders schwer. Dass es auch für die Mädchen Probleme gab, habe ihre Mutter nicht sehen wollen.

Dass Töchter zwar neben der Mutter ihre Stärken beweisen konnten, aber eben doch nicht so wie die Söhne behandelt wurden, klang immer wieder in den Antworten an. Ihr Bruder habe zu den Pfadfindern gedurft, sie als Mädchen hingegen nicht, erinnerte sich eine Befragte. Auch wenn die Töchter stolz darauf waren, an der Seite der Mütter gleichsam »männlich« tätig und initiativ zu sein und damit die Mütter zu unterstützen, sahen sie mehrheitlich einen Unterschied zu den vaterlosen Söhnen: Diesen sei in der weiteren Umgebung, vonseiten der Verwandtschaft, von Freunden oder in der Schule die Übernahme der Vaterpflichten selbstverständlicher zugetraut worden, und sie seien auch selbstverständlicher von den Müttern als emotionale Stütze angesehen worden als die Mädchen.

Gleichwohl scheint die Geschwisterlichkeit mit Brüdern – trotz der von den Schwestern gefühlten Bevorzugung der Brüder durch die Mütter – nicht selten auch in mehrfacher Hinsicht entlastend gewesen zu sein. Vaterlose Töchter, die einen um wenige Jahre jüngeren Bruder hatten, konnten mit ihm beispielsweise unbeschwert lachen und herumalbern, wie sie es sich auch mit dem Vater gewünscht hätten. Alltägliche Streitereien hätten dagegen, so der Eindruck der Mehrzahl der Töchter, unter Frauen stattgefunden: Heftige Rivalitäten unter weiblichen Geschwistern hätten ebenso zur Tagesordnung gehört wie häusliche Konflikte mit ihren Müttern, zwischen den Müttern und Großmüttern, den Müttern und deren Schwestern. Eine Frau schilderte ausführlich ihre Eifersucht auf ihre jüngere Schwester: Die Erwachsenen hätten alle keine Zeit gehabt, lediglich der Großvater habe Geborgenheit vermitteln können, sei aber nur der jüngeren Schwester gegenüber der liebevolle »Opa« gewesen. Im Gespräch, in Anwesenheit ihrer Schwester, erzählte die ältere der beiden, wie einsam und ausgegrenzt sie sich gefühlt habe:

»Also diese Situation, dass du bei ihm auf dem Schoß saßt – der lebte damals noch, meine Oma auch, aber der Opa saß immer da und war schon wohl kränklich, gegenüber von dem

Schreibtisch in so einer Ecke am Kachelofen – und du hast mit ihm geschmust. Und ich war die ›olle Zägge‹, die alte Ziege. Das war ein Buch mit Tieren und ich war die ›olle Zägge‹. Also, da hab ich richtig das Gefühl gehabt, dass der mich nicht mag. Das ist auch bis heute so emotional noch da.«

Und weiter berichtete die Jüngere von ihrer Eifersucht auf ihre ältere Schwester: Diese habe ja auch schon mit dem Vater als Kleinkind während eines Fronturlaubs noch Wärme und Zärtlichkeit erlebt: »Du saßt mit ihm in der Badewanne. Und wenn ich mich zurückerinnere an meine Kindheit, erlebe ich mich als graue Maus, als Mitläuferin.« Dieser Eindruck habe sich fortgesetzt: Alle Familienmitglieder hätten sich, wenn Besuch da war, »um einen Tisch herum« versammelt, sie hingegen habe »am Katzentisch« sitzen müssen. Wie gingen die beiden Schwestern mit diesen Erinnerungen innerhalb der Gesprächssituation um? Die Jüngere lachte, und die Ältere kommentierte: »Wir haben uns ja damals viel gezankt. Das war auch schon viel Eifersucht untereinander.«

Vielfältige Gründe für Eifersucht, besonders unter Schwestern, wurden, die mütterliche Bevorzugung oder Benachteiligung betreffend, in Gesprächen genannt: Welches Geschwisterkind wurde von der Mutter gestillt? Welchem gab sie einen liebevollen Kosenamen? Welche kindlichen Liebesbezeugungen, kleinen Geschenke, Blumensträuße würdigte die Mutter mehr? Welchem Kind gegenüber verhielt sie sich abweisender, welchem gegenüber geduldiger und freundlicher? Welches Kind »schickte sie weg«, wenn sie strafte, welchem verzieh sie schneller?

Einer der vaterlosen Söhne, der mit drei Schwestern aufwuchs, stellte aus heutiger Sicht fest, die »Konkurrenzen« der Frauen in seiner überwiegend weiblichen Umgebung habe er als Kind »kaum erkannt«. Da er das jüngste und überdies das einzige männliche Kind in seiner Familie wäre, sei er am wenigsten in geschwisterliche Rivalitätskämpfe verwickelt worden, die es unter Brüdern in vaterlosen Haushalten sicher auch gegeben habe.

Für die Konflikte vaterloser Töchter mit ihren Müttern in den weiblich dominierten Haushalten mögen zum einen spezifische entwicklungspsychologisch zu erklärende Mutter-Tochter-Konflikte mitverantwortlich gewesen sein. Aus zeitgeschichtlicher Sicht liegt eine Erklärung auch darin, dass die Mädchen wohl tatsächlich weniger Möglichkeiten hatten, sich den häuslichen Verhältnissen zu entziehen als ihre Brüder, da sie stärker kontrolliert und von den Müttern insofern weniger als die Jungen zur Selbständigkeit ermutigt wurden.

5.3 Die Rolle der Stiefväter

Die weitaus meisten befragten vaterlosen Töchter wuchsen ohne Stiefvater auf, d.h. nur die wenigsten Mütter – schätzungsweise etwa zehn Prozent, jedenfalls in unserer Befragung – gingen noch einmal eine Ehe ein. Ihre Mutter habe einen »verwitweten Freund« geheiratet, teilte eine vaterlose Tochter mit. Sie habe seine Anwesenheit als entlastend empfunden, denn ihre Mutter sei, nachdem sie diesen Mann kennengelernt habe, ausgeglichener gewesen. Es gab weitere Beispiele vonseiten der befragten Töchter, in denen der Stiefvater offenbar auch als unproblematisch, freundlich und liebenswert wahrgenommen wurde. Positiv erlebte eine Frau, dass sich der zweite Mann ihrer Mutter mit ihr und ihren Geschwistern gleichsam »verbündete«, mit ihnen spielte und in der Natur unterwegs war. Im Sinne der »Welterschließung«, für die aus entwicklungspsychologischer Sicht überwiegend die Väter als verantwortlich gelten, hatte ein Stiefvater also zweifellos Qualitäten. Er war, zumindest wenn die Mädchen (und natürlich auch die Jungen) noch klein waren, für Erkundungen, Abenteuer und Entdeckungen aller Art zuständig, dafür, dass er »die Sterne erklärte« (siehe Kapitel 2.1). Doch hieß es auch immer wieder, er sei kein »echter Vater« gewesen, kein wirklicher »Vaterersatz«. Die Minderheit der befragten Frauen, die sich an ähnliche wie die soeben skizzierten Erfahrungen mit einem Stiefvater erinnerten, hob zumeist hervor, aus der Erziehung im engeren Sinn habe dieser sich weitgehend herausgehalten, dafür sei die Mutter zuständig gewesen. Es sei für ihre Mutter wichtig gewesen, verheiratet zu sein, stellte eine vaterlose Tochter fest; wirklich ernst genommen habe sie ihren zweiten Ehemann allerdings nicht.

Als kompliziert erlebten die Mädchen die neue Familiensituation, wenn ihre Stiefväter bereits eigene Kinder hatten oder in der zweiten Ehe Halbgeschwister geboren wurden. Es gab in den Fragebogenantworten Beispiele für eine gelungene Gleichbehandlung der Halbgeschwister in der Familie, aber auch für hochgradig problematische Verhältnisse, wie sie etwa aus folgender Schilderung einer Befragten deutlich wird.

»Bis zu meinem 15. Lebensjahr war ich – aus meiner Sicht – die wichtigste Bezugsperson für meine Mutter. Dann änderte sich für mich diese Rolle, als meine Mutter 1953 ihren Schwagerwitwer mit zwei kleinen Kindern heiraten sollte/wollte. Mein Bruder und ich wurden dazu nicht gefragt oder verständnisvoll erklärend informiert. Mein Bruder sollte für ein Jahr mit in die neue Familie und dann in eine Lehre zu Verwandten. Mir wurde vorgestellt, sofort bei kinderlosen Verwandten in einer Kleinstadt in der Nähe meiner Großeltern zu leben, mit der Aussicht, deren Geschäft zu erben. Mein Bruder und ich hatten keine Wahl. Da fehlte mir erstmals der Vater. Wenn er aus dem Krieg zurückgekommen wäre, wären wir eine Familie gewesen und ich hätte nicht abgeschoben werden können. Meinem Bruder ging es in der Situation ebenso. In jenem Frühjahr habe ich oft gedacht, ich wäre lieber tot wie mein Vater. Seitdem gab es einen Riss zwischen meiner Mutter und mir, der konnte bis zu ihrem Tod nicht gekittet werden.«

Eine in unserer Untersuchung mehrfach geschilderte Reaktion betroffener Frauen war, dass sie sich unter ähnlichen wie den soeben geschilderten Umständen schnellstmöglich aus den als untragbar empfundenen Familienverhältnissen zu lösen versuchten. Manche heirateten früh, andere wandten sich mit Entschiedenheit einer Berufsausbildung oder einem Studium zu, um ein unabhängiges Leben zu führen – ein nach der Kränkung, von der Mutter verlassen worden zu sein, zweifellos nachvollziehbarer Wunsch.

Das Gefühl, mit der zweiten Heirat ihrer Mutter das Zuhause verloren zu haben, hatten vaterlose Töchter wohl nicht selten. Sie schilderten diese Verletzung im Rückblick als Orientierungs-, Heimat- oder gar Identitätsverlust, der sich etwa in der Unsicherheit, welchen Nachnamen sie als den eigentlichen betrachten sollten, niederschlug. So schilderte beispielsweise eine vaterlose Tochter diese Problematik folgendermaßen:

»*Dadurch, dass ich keinerlei Erinnerung an meinen Vater hatte und meine Mutter auch selten über ihn sprach, war es für mich selbstverständlich, dass es ihn nicht mehr gab. […] Ich wusste zwar, dass es ihn gegeben hatte und dass ich deshalb ›eigene‹ Großeltern, Onkel und Tanten (d. h.: andere als mein später geborener Stiefbruder) hatte, aber die wohnten für damalige Verhältnisse weit weg, und bewusst sah ich sie lange Zeit nur sehr selten. Meine besondere Situation wurde mir bei einem Besuch bei diesen Verwandten deutlich. Meine Mutter hatte 1946 wieder geheiratet […]. Ich lief allgemein unter dem Namen der neuen Familie. In einer meiner ersten Ferien – ich war 1946 in die Schule gekommen – durfte ich zu den Verwandten in den Harz fahren. […] Auf dem Bauernhof meiner Patentante wurde ich in der guten Stube erwartet. Dort saß ein großer, alter Mann, nahm mich zwischen die Knie und fragte: ›Wer bist denn du?‹ Ich antwortete ganz unbefangen: ›Ich bin die Heidi Schmidt‹. Und ich vergesse bis heute nicht, wie er mich ansah und nicht unfreundlich, aber sehr bestimmt erwiderte: ›Du bist Heidrun Müller!*[140]*‹ […] Auf jeden Fall war ich von da an keine Person mit einer eindeutigen Identität mehr […] ich habe noch Schulhefte mit unterschiedlichen Versionen und später benutzte ich eine Zeit lang beide Familiennamen als Doppelnamen.«*

Für manche vaterlose Tochter, deren Mutter ein zweites Mal heiratete, wurde ein Vormund bestimmt, beispielsweise der Bruder der Mutter. In einigen Familien wurde etwa zwischen »meinem Vater« und »unserem Vater« unterschieden, um deutlich zu machen, dass die Vaterverhältnisse emotional kompliziert waren und es für ein Kind einen abwesenden und einen anwesenden, für ein anderes eben nur »den« Vater gab. In anderen wussten die Kinder genau, wer gemeint war, wenn von »Vati« oder »Vater« die Rede war: Die liebevolle Bezeichnung »Vati« galt zumeist dem vermissten Vater, während der Stiefvater von den Kindern mit »Vater« angeredet wurde. Den neuen Ehemann der Mutter überhaupt »Vater« zu nennen, dürfte vielen Befragten schwer gefallen sein. Eine vaterlose Tochter bezeichnete nicht nur den zweiten Ehemann ihrer Mutter, einen beinamputierten Kriegsversehrten, als »Stief-Vater«, sondern sich selbst als »Stief-Waisenkind«.[141] Sie wollte damit offenbar die gefühlte Armseligkeit ihrer Verhältnisse betonen.

In einer soziologischen Studie hat Gerhard Baumert 1952 eine interessante und auch entwicklungspsychologisch nachvollziehbare Beobachtung mitgeteilt, wenngleich sie anhand der Fragebogenantworten der vaterlosen Töchter nicht eindeutig zu belegen ist: Jüngere Mädchen, zehnjährige etwa, berichteten seltener über Konfliktsituationen mit Stiefvätern als ältere. Baumert belegte dies anhand unterschiedlicher Äußerungen zehn- bzw. vierzehnjähriger vaterloser Mädchen. Er zitierte die Worte einer Zehnjährigen, die einen Stiefvater hatte: »Wir drei leben sehr glücklich und hoffen, dass es noch lange so bleiben wird. [...] In meiner Familie ist alles in schönster Ordnung.« Eine andere Zehnjährige meinte, während eines Streits mit einem gleichaltrigen Kind: »Du bildest dir nur was ein, weil du wieder einen Vater bekommen hast, aber ich kriege auch bald einen. Meine Mutti hat einen Freund, zu dem sage ich schon Onkel, und der wird mein Vati.« Eine Vierzehnjährige dagegen äußerte nachdenklich: »Ich bin meist traurig, weil mein Vater gefallen ist und wir wieder einen Vater bekommen haben, der gegen uns sehr böse ist und immer schimpfen tut. Ich möchte gerne haben, dass mein Vater wiederkommt von Russland, wir haben alles geschickt bekommen, und wir glauben doch, dass er wiederkommt, wir warten alle Tage auf ihn.«[142] Mit dem Vater, den die vaterlosen Töchter verloren hatten und nach dem sie sich sehnten, konnte – so lässt sich jedenfalls festhalten – kein Ersatzvater konkurrieren.

5.4 Stabilität und Halt in prekären Lebensumständen

Im Zusammenhang mit Kriegskindheitserfahrungen stehen zumeist die vielfältigen Belastungen im Vordergrund, denen Angehörige der entsprechenden Jahrgänge ausgesetzt waren. Indes sollte auch auf beschützende und stabilisierende Einflüsse hingewiesen werden, die in der Fachliteratur in der Regel mit den Stichworten »Resilienz« oder »Protektionsfaktoren« angesprochen werden.[143] Zu diesen gehören »eine stabile und sicherheitgebende Mutter-Kind-Beziehung, eine stabile sowie heile Groß-Familiensituation, anstelle des zeitweilig oder dauerhaft abwesenden Vaters vorhandene andere brauchbare Männer (ältere Geschwister, Onkel, Großvater oder Lehrer)«, um nur einige Beispiele zu nennen.[144]

In den Gesprächen und schriftlichen Äußerungen der vaterlosen Töchter wurden zwei Aspekte immer wieder angesprochen, die sich während ihrer Kindheit und Jugend als stützend und stärkend erwiesen hatten: Großeltern scheinen den Kindern Geborgenheit und Gefühlswärme vermittelt zu haben, manchmal sicher auch jene Unbeschwertheit, die die vaterlosen Töchter in ihrer Kindheit zumeist entbehrten. Am häufigsten, mehr als bei der Hälfte der Befragten, waren Großmütter mütterlicherseits vorhanden, gefolgt von den Großvätern mütterlicherseits – wie überhaupt die mütterlichen Familien mehrheitlich eine größere Rolle gespielt haben als die väterlichen. Am stärksten positiv wahrgenommen wurden die Großmütter mütterlicherseits als Mittelpunkt im Leben der Enkelinnen, und zwar als »tragende Mutterfigur«, als schützende und auch in ihrer Strenge als starke, Halt gebende Frauen. Nicht selten begleiteten die Großeltern ihre Enkelinnen die 1950er Jahre hindurch und teilweise sogar bis weit in die 1960er. In Einzelfällen kamen in der unmittelbaren Nachkriegszeit sogar noch tröstende Urgroßmütter hinzu, wobei die weiblichen Mehrgenerationenbeziehungen keineswegs als konfliktfrei geschildert wurden. Sie waren auf der einen Seite von Auseinandersetzungen – wohl aufgrund der zahlreichen Belastungen wie beispielsweise der räumlichen Enge – oder des konfliktträchtigen wechselseitigen Angewiesenseins aufeinander, auf der anderen aber auch von grundsätzlicher Verlässlichkeit und gegenseitiger Fürsorge bestimmt.

Über einen engen familiären Zusammenhalt, in dem nicht nur die Großmutter eine zentrale Rolle spielte, sprachen ausführlich etwa drei Schwestern aus einer Familie, die mütterlicher- und väterlicherseits einen liberalen bildungsbürgerlichen Hintergrund hatte. Die Mutter der drei Töchter und eines Sohnes konnte sich, nachdem der Vater, vor dem Krieg als Rechtsanwalt tätig, 1942 gefallen war, mit ihren vier Kindern auf bildungsbürgerliches »Familienkapital« verlassen, womit keineswegs in erster Linie materielle Verhältnisse, sondern ein auf Bildung und Lebensart sowie auf damit verbundene Werthaltungen sich gründendes Welt- und Selbstverständnis gemeint ist, das die katastrophenreiche Zeit des Krieges und der Nachkriegswirren überdauerte. Die mittlere Schwester, 1933 geboren, erwähnte Freunde der Eltern, die in verlässlicher und unaufdringlicher Weise unterstützend tätig gewesen seien, Behördengänge erledigt oder dazu beigetragen hätten, die prekären materiellen Verhältnisse der Familie zu verbessern. Eine gute Schulbildung sei trotz oder vielleicht gerade angesichts der wirtschaftlich angespannten Lage selbstverständlich gewesen. Sie habe bereits in der Schule als eines von wenigen Mädchen Altgriechisch lernen können und es habe auch außer Frage gestanden, dass sie studierte. Sie erwähnte eine warmherzige Großmutter, einen beschützenden Großvater mütterlicherseits sowie eine insgesamt gesehen geistig anregende Umgebung. Die Jüngste, 1935 geboren, bestätigte diese Sichtweise und ging ausführlicher auf die Großfamilie ein, in der sie und ihre Geschwister aufwuchsen und sich geborgen fühlten:

»Wir lebten in relativ nahem Großfamilienverbund mütterlicherseits mit starken Großeltern, vier Schwestern und mehreren Schwägerinnen der Mutter und zwei sehr bestimmenden älteren Schwestern (und einem Bruder). Dabei gab es aber die sehr willkommene Möglichkeit des zeitweiligen Rückzugs in die Natur entweder allein oder mit gleichaltrigen Vettern und Cousinen.«

In dieser Familie herrschte somit insgesamt gesehen eine Atmosphäre, in der die Gewissheit, dass der verwandtschaftliche Zusammenhalt eine tragende Kraft darstelle, immer wieder Bestätigung fand. In dieser Umgebung konnte auch bei den vaterlosen Kindern ein Vertrauen in die eigenen Fähigkeiten wachsen, ohne eine verängstigende, unsichere Überbehütung und Gängelung. Es herrschte zudem offenbar wenig Zwang, vielmehr wurden den Schwestern Freiräume für Entwicklung und Entfaltung zugestanden. Und nicht zuletzt:

Berufliche Weichenstellungen lagen in weitgehender Entscheidungsfreiheit der Töchter. Während die mittlere Schwester sich für ein Lehramtsstudium entschied, machte die jüngste eine Ausbildung zur Krankengymnastin und die älteste, 1931 geboren, ließ sich zur Tanzlehrerin ausbilden. Letztere erzählte ihrem Enkel ausführlich aus ihrer Kindheit und Jugend und, anders als dies in schriftlichen Fragebogenantworten zum Ausdruck gebracht werden kann, vermittelte sie den Eindruck, dass die Erfahrung familiärer Geborgenheit sich über das Kriegsende hinaus und trotz des Vaterverlusts fortgesetzt hat und bis heute ihre Kindheitserinnerungen prägt.

Die soeben geschilderte Familie war außerdem offenbar einem religiös geprägten Familienideal tief verbunden, das sich als emotional stabilisierend zumindest für eine Tochter erwies. Ihre Erinnerung an den Vater, der vor einer von der Mutter modellierten Krippe die Weihnachtsgeschichte las, beschreibt sie als ein unauslöschlich ihrem Gedächtnis eingeprägtes Bild einer glücklichen Kindheit in einer harmonischen Familienatmosphäre. Abgesehen davon, dass »Weihnachten im Familienkreis«, wie an anderer Stelle bereits ausgeführt, gleichsam als Zentrum aller denkbaren Sehnsüchte nach einer heilen Kindheitswelt angesehen werden kann, ist die Einbindung vieler Familien in religiös bestimmte Lebenszusammenhänge im Krieg und während der Nachkriegsjahre wohl kaum zu überschätzen.

So hat es denn auch nicht überrascht, dass in einem ausführlichen Gespräch mit zwei Schwestern, die im katholischen Westmünsterland aufwuchsen, die große Bedeutung lebensweltlicher Religiosität in der Familie ohne Vater ebenfalls ins Blickfeld rückte. Beide, 1940 und 1942 geboren, beschrieben, dass das Gemeindeleben vor allem ihrer Mutter eine Möglichkeit geboten habe, aus ihrer tendenziellen Vereinsamung herauszukommen. Sie habe sich an geselligen Veranstaltungen beteiligen und in der Öffentlichkeit zeigen können, ohne Gefahr zu laufen, moralische Grenzen zu überschreiten, was für eine Witwe besonders wichtig gewesen sei. Da der Vater, seit dem Frühjahr 1945 vermisst, einige Semester katholische Theologie studiert hatte, war in dieser Familie der konfessionelle Hintergrund in mehrfacher Weise tragend: Er bildete einen selbstverständlichen Rahmen für Mutter und Töchter, in dem sie sich bewegen konnten, in dem sie mit ihren Bedürfnissen, über die Familie hinaus Kontakte zu knüpfen und sich zu »vergemeinschaften«, gut aufgehoben waren. Sie fügten sich den geltenden Regeln und waren sich der schützenden Bedeutung der Gemeinde bewusst, in der sie im weitesten Sinne »zuhause« waren.

Dass sich aus dem konfessionellen Milieu, in dem diese beiden Schwestern aufwuchsen, für ihre weiteren Lebenswege sogar Möglichkeiten ergaben, die zunächst recht engen Grenzen ihres ländlichen bzw. kleinstädtischen Lebensumfeldes zu überschreiten, mag bezeichnend für die bundesrepublikanische Geschichte sein: Die Jüngere fand in einem Jugendkaplan zeitweise einen Mann, der ihr zuhörte, von dem sie sich anerkannt fühlte und der ihr Selbstbewusstsein stärkte. Sie hatte ferner einen Religionslehrer, den sie als prägend beschrieb, und sie begegnete – auf einer »Nonnenschule« – einer Lehrerin, die ihr ebenfalls einfühlsam zuhörte und die an »ihre Zukunft glaubte«. Ohne diese Ermutigung, so erinnerte sich die Befragte, wäre sie nicht auf den Gedanken gekommen, sie könne eine Begabung für einen »therapeutischen Beruf« haben.

Entscheidend wird die Atmosphäre, in diesem Beispiel vor dem Hintergrund eines katholischen Lebensumfeldes, gewesen sein, in der sich Träume entfalten und vage Vorstellungen von eigenen Möglichkeiten entwickeln konnten. Nicht nur für die jüngere, sondern auch die ältere der beiden Schwestern ergaben sich so bereichernde Perspektiven. Die ältere engagierte sich während ihres Studiums in einer Heliandgruppe, einer kirchlichen Gruppierung, die auf katholische Mädchen und junge Frauen nach dem Krieg und in den

1950er Jahren eine große Anziehungskraft ausübte. Dort trafen sie sich mit gleichgesinnten jungen Frauen und Männern, unternahmen Ausflüge oder sangen und diskutierten in einem anregend lockeren Rahmen. Zwar seien sie nicht mehr in der selbstverständlichen Weise im Glauben verwurzelt wie in ihrer Kindheit und Jugend, doch war ihnen bewusst, dass sie an Erfahrungen anknüpfen konnten und noch können – was zweifellos für all jene Vaterlosen gilt, die über ein wie auch immer im Einzelnen zu beschreibendes familiäres oder soziales bzw. kulturelles Fundament aus ihrer Kindheit verfügen.

5.5 Selbstsicht im Spiegel von Kindheits- und Jugendlektüre

Einige der Befragten gaben ausdrücklich an, »Lektüre« sei für sie in Kindheit und Jugend eigentlich kein Thema gewesen; angesichts harter Arbeit, in der Landwirtschaft beispielsweise, habe es für das Lesen keine Zeit gegeben und in ihrer Umgebung hätten sie auch keine Bücher vorgefunden. Nur eine Minderheit konnte von einer häuslichen Bibliothek berichten. Buchanschaffungen konnten sich die wenigsten der Familien leisten. Dennoch gab es unter den vaterlosen Töchtern eine große Zahl Lesehungriger, die sich im Freundeskreis und – durchaus zeittypisch – in Leihbüchereien »bedienten«. Besondere Lese-»Situationen« scheinen zudem eine Rolle gespielt zu haben: Einige lasen heimlich, unter der Bettdecke, in geschützten Winkeln; angesichts der vielfach sehr beengten Wohnverhältnisse gab es oft kaum Rückzugsräume für unbeobachtetes, ungestörtes Lesen. Berichtet wurde nicht zuletzt von einem als ausgesprochen positiv wahrgenommenen Großvater, aber auch der Mutter, die etwa den kranken Kindern am Bett vorlasen, am Abend oder bei Kerzenlicht, anscheinend in einer Atmosphäre der »Geborgenheit«. Die assoziative Verknüpfung von Lektüre und emotionalem Schutzraum wurde immer wieder hervorgehoben. Eine Frau schrieb sogar, sie habe Bücher, die ihrem Vater gehörten, bei Bombenangriffen während des Krieges zusammen mit einem Stoffhund mit in den Bunker genommen, wobei es offenbar darauf ankam, die väterliche Präsenz irgendwie zu spüren.

In Märchen – besonders genannt wurden die der Brüder Grimm – fand sich eine Reihe von Frauen wieder, beispielsweise in »Hänsel und Gretel«, das von den befragten Töchtern in der Regel mit kindlicher Verlassenheit und Einsamkeit in Verbindung gebracht wurde. Warum das Märchen »Schneeweißchen und Rosenrot« nicht genannt wurde, in dem es ja ebenfalls um Geschwisterlichkeit »bei der Bewältigung der Vaterentbehrung« geht, bleibt eine offene Frage.[145] Das Märchen »Hänsel und Gretel« jedenfalls scheint wohl auch wegen seines hoffnungsvoll stimmenden glücklichen Ausgangs besonders beliebt gewesen zu sein. Bruder und Schwester eröffnet sich hier bekanntlich nicht durch schicksalhafte Fügung, sondern durch geschwisterlich tatkräftiges Handeln der lebensrettende Ausweg aus ihrer verzweifelten Lage, wobei sich besonders Gretel als stark erweist. Es würde sicher zu weit führen, aus Sicht der Historikerin die höchst unterschiedliche mütterliche und väterliche Rolle in »Hänsel und Gretel« bewerten zu wollen, indes: Die Kinder kehren in diesem Märchen nicht zur hartherzigen Mutter, sondern zu ihrem zwar armen, aber liebenden Vater zurück. Der Märchenforscher Walter Scherf bietet eine Deutung an, die für unsere Zusammenhänge einleuchtend erscheint und deshalb vorgestellt zu werden verdient, ohne sie damit als alleinig zu favorisierende Interpretation werten zu wollen: Der Leser identifiziere sich entweder mit dem Knaben oder dem Mädchen, es gehe in dem Märchen um die Selbstpositionierungen der Kinder zwischen Vater und Mutter, die »von jedem Mitspieler individuell nach der eigenen Kindheits- und Konfliktgeschichte unbewusst erlebt« würden. Die Schwester finde zunächst »Halt am brüderlichen Vaterersatz« und übernehme dann die führende Rolle. In der unbewusst bleibenden Vorstellung der Leserin übernehme die Schwester schließlich »wie selbstverständlich die weibliche Führungsrolle im Elternhaus«. »Hänsel und Gretel« dramatisiere, so Scherf pointiert, »grundlegende frühe Beziehungskonflikte entweder in der Dreier-Auseinandersetzung Sohn-Mutter-Vater oder Tochter-Mutter-Vater.« In diesem Reifungsprozess nehme das Mädchen vorübergehend den Bruder, der Knabe dagegen die Schwester als Ablösungs- und Übergangshilfe in Anspruch.[146]

Eine vaterlose Tochter teilte mit, sie habe als Kind nicht nur Märchen wie »Hänsel und Gretel« gelesen, sondern selbst Märchen erfunden, »die zumeist von bösen Hexen und gepeinigten, aber starken Kindern handelten«. Verwaiste und auf sich gestellte, traurige und zugleich auch selbständige, manchmal (verzweifelt) mutige und insgesamt gesehen starke Kinder spielten in der Lektüre der vaterlos aufwachsenden Töchter eine erhebliche Rolle. In die erste Reihe gehört zweifellos auch »Heidi«, die Heldin des immer wieder in den Fragebogenantworten genannten Kinderbuchklassikers von Johanna Spyri, der erstmals 1880 erschien. In diesem Buch, in dem alle Erwachsenen entweder verwitwet oder unverheiratet sind,[147] geht es in erster Linie um die herzerweichende Geschichte eines Waisenkindes, das fünf Jahre alt ist, als es von einer Tante zu seinem Großvater gebracht wird. Heidi kennt das Gefühl des Verlassen-Seins, sie übernimmt in hohem Maße Verantwortung, handelt vorbildlich selbstlos – bis sie, als ihre seelischen Nöte zu groß werden, erkrankt.

Astrid Lindgrens Pippi Langstrumpf hingegen spielte in den Antworten eine vergleichsweise geringe Rolle, obwohl doch auch sie vaterfern (und mutterlos) lebt, selbständig und »wild«, aber auch unbeschützt und unbehütet. Möglicherweise hat das Buch Astrid Lindgrens, das 1949 erstmals auf Deutsch erschien, erst in einer späteren Mädchen-Generation Erfolg gehabt. Das gilt wohl auch für Zora, Heldin von Kurt Kläbers 1941 erschienenem Roman »Die rote Zora und ihre Bande«, die von den befragten Töchtern gar nicht erwähnt wurde.[148] Zora und Pippi Langstrumpf widersprachen ja grundlegend der Vorstellung des »braven« Mädchens, die erst mit der wachsenden Zustimmung zu antiautoritären Formen der Kindererziehung ihre Anziehungskraft verlor.[149] Im Nachhinein allerdings kann, wie die Journalistin und Autorin Regina Rusch, Jahrgang 1945, vater- und mutterlos aufgewachsen, darlegte, Pippi Langstrumpf durchaus zu einer symbolischen Figur werden, in der vaterlose Töchter sich mit ihren Befindlichkeiten in der Rückschau auf ihre Kindheit und Jugend wiedererkennen. Rusch schreibt in ihrer 2002 entstandenen Erzählung »Ausschau halten«, in der die Ich-Erzählerin in eine Art Dialog mit Pippi Langstrumpf tritt, sie betrachte Pippi gleichsam als ihre Schwester, denn sie sei ja ebenfalls auf Vatersuche gewesen, aber leider habe sie selbst nicht so »frech« wie Pippi sein können. Sabine Berthold vertritt die anregende These, die Ansiedlung der eigenen Lebensgeschichte im »Medium der (Kinder- und Jugend-)Literatur« stelle wohl »eine Möglichkeit zur Stilisierung und Umformung der Familiengeschichte« dar. Sie erlaube es den Autoren, mit autobiografischen Anteilen zu spielen, auf diese Weise Varianten und Möglichkeiten auszuprobieren und auch Wunschalternativen zu den tatsächlichen Kindheitsverläufen zu entwickeln.[150] Regina Rusch scheint das gelungen zu sein.

Anders als Pippi Langstrumpf gehörte das »doppelte Lottchen« zu den ausgesprochen beliebten Büchern, die nicht nur vaterlos aufwachsende Mädchen in der Kriegsgeneration gerne gelesen haben. Luise und Lotte in Erich Kästners 1949 erschienenem »doppelten Lottchen« wuchsen bekanntlich in einer unvollständigen, in diesem Fall in einer Scheidungsfamilie auf – ein Thema, das zwar nach dem Zweiten Weltkrieg in hohem Maße aktuell war, aber in Jugendbüchern kaum Berücksichtigung fand. Das »doppelte Lottchen« stellte nicht nur in dieser Hinsicht eine Ausnahme dar. Mit Luise und Lotte standen weibliche »Heldinnen« im Mittelpunkt, während in Kästners meisten Kinder- und Jugendbüchern Jungen die Hauptrolle spielten. Auf die Kästner'schen Zwillingsschwestern wurde sogar 1954 in der Illustrierten »Brigitte« wegen ihrer Vorbildfunktion für andere Kinder ausdrücklich hingewiesen, und zwar nach dem Motto: »Was die beiden können, na, das können wir auch.«[151] Den zwei in ihrem Temperament höchst gegensätzlichen neunjährigen Mädchen in Kästners Roman, von denen das eine bei der Mutter, das andere beim Vater lebt, gelingt es, eine heile Welt wiederherzustellen: Vater und Mutter finden am Ende wieder zueinander. Nicht jedoch der glückliche Ausgang der Geschichte, sondern das anrührend Traurige der Geschichte habe sie angesprochen, bemerkten allerdings die befragten vaterlosen Töchter weitgehend übereinstimmend, und zwar nicht nur zur Lektüre von Kästners »doppeltem Lottchen«, sondern – wie bereits erwähnt – auch zu »Hänsel und Gretel« und zu »Heidi«. Es wäre zumindest eine Überlegung wert, ob sie hier in der Literatur einen »Ort« für ihre Trauer um den Verlust des Vaters fanden, für die es während ihres Aufwachsens insgesamt gesehen ja wenig Raum gab (siehe Kapitel 3.2).

Zumindest scheint »das Waisenkind« ein Stichwort gewesen zu sein, das viele vaterlose Töchter intensiv beschäftigte und zu dem als weiteres Beispiel das »Dschungelbuch« von Rudyard Kipling hinzuzufügen ist. Eine Frau schrieb dazu wörtlich: »Ich glaube, ich identifizierte mich selbst mit dem elternlosen Mowgli, der auf sich allein gestellt allen Gefahren des Waldes trotzte und Freunde nur in der Tierwelt fand.« Und eine andere, die zunächst betonte, wie stark der Film »Das doppelte Lottchen« ihre Phantasie beschäftigt habe, meinte:

»Es gab ein anderes Buch: ›Korry's Abenteuer‹ von Dorothee Weigand. In meiner Erinnerung lief Korry – wegen eines

Schulproblems (Sitzenbleiben) – von zu Hause weg und erlebte Aufregendes. Sie war elternlos; in der Familie, die sie aufgenommen hatte, fehlte der Vater (der später als Kriegsheimkehrer doch zurückkommt).«

Als typisch weibliche Kindheits- bzw. Jugendlektüre, die von den Befragten immer wieder genannt wurde, ist beispielsweise auch die aus der Zeit der Jahrhundertwende stammende Veröffentlichung »Trotzkopf« Emmy von Rhodens zu nennen oder der Mädchenbuch-Klassiker »Nesthäkchen«, in dem die deutsch-jüdische, in Auschwitz ermordete Schriftstellerin Else Uri in mehreren Folgen das Leben Annemaries, einer Tochter aus bürgerlichem Haus, schildert. Eine geschlechtsspezifische Erziehung von Jungen und Mädchen, die in den Geschichten beider Autorinnen selbstverständlich ist, war in der Nachkriegsgesellschaft noch ebenso verbreitet wie die hiermit zusammenhängenden gravierenden Probleme männlich-weiblicher Rollenklischees und Aufgabenverteilungen in den Familien; es erstaunt deshalb auch wenig, dass die Mädchen- und Jungenbücher höchst unterschiedlich waren. Tendenziell finden sich in der nach 1945 und in den 1950er Jahren zur Verfügung stehenden Kinder- und Jugendlektüre wilde oder rebellische Seiten weiblicher Heranwachsender eher selten. Auch in den Jugendbüchern der international erfolgreichen Autorin Enid Mary Blyton beispielsweise, zu denen die Serien »Die fünf Freunde«, »Die Schwarze Sieben«, »Hanni und Nanni« sowie auch die sogenannte »Geheimnis-Serie« gehören, in denen Mädchen und Jungen zentrale Rollen einnehmen, beschützen häufig aktive mutige Jungen ängstliche Mädchen.

6 WEIBLICHE LEBENSENTWÜRFE

6.1 Biografische Brüche: das Leben der Mütter

Die überwiegende Mehrheit der befragten vaterlosen Töchter stammt aus mittelständischen Verhältnissen, soviel lässt sich eindeutig feststellen; dennoch spiegeln die Herkunftsfamilien eine große soziale Bandbreite von Umgebungen wider. Folgende Berufsfelder der Väter, von denen ein nicht unerheblicher Teil das Gymnasium absolviert und Abitur gemacht hatte, waren etwa gleich stark vertreten: akademische Berufe, d. h. Ingenieure, Lehrer, Pfarrer oder Ärzte; sodann Angestellte oder Beamte; Handwerker, also Schneider, Installateure, Schreiner u. a., wurden ebenfalls mehrfach genannt. Einige Väter waren selbständig gewesen, ohne dass sich ihr damit verbundener tatsächlicher »Status« hätte ermitteln lassen. Zu differenzieren wäre sicher auch die Berufszeichnung »Landwirt«, die keineswegs durchgehend die Bewirtschaftung eines eigenen Betriebes gemeint haben muss, sondern mit der auch wechselnde Stellungen als Forstangestellter etwa oder als Gutsverwalter verbunden gewesen sein können.

Von den Müttern hatte ein weitaus größerer Teil die Mittelschule oder Volksschule absolviert; eine Gruppe hatte vor ihrer Eheschließung eine Ausbildung abgeschlossen, beispielsweise eine Handelsschule oder ein Kindergärtnerinnenseminar besucht. Die Akademikerinnen unter ihnen – genannt wurde der Beruf der Lehrerin und Ärztin – bildeten nur eine kleine Minderheit. Vor ihrer Eheschließung und bis zur Geburt ihrer Kinder waren die Mütter nicht selten als Bürokräfte tätig, als Stenotypistin beispielsweise, Sekretärin, Buchhalterin, als kaufmännische oder Verwaltungsangestellte. Oft waren sie auch in ebenfalls typisch weiblichen, in sogenannten »helfenden und pflegenden«, Berufen beschäftigt, als Krankenschwester, Kinderpflegerin, Fürsorgerin, Kindergärtnerin oder Hortnerin etwa.

Bei den Angaben zum Beruf der Mutter war vor allem mitzuberücksichtigen, dass diese nach dem Krieg, als sie mit ihren Kindern allein blieben, zwar mehrheitlich wieder berufstätig wurden, viele allerdings als Teilzeitkräfte und unter sozialen Umständen, die sich stark von den Bedingungen unterschieden, die sie nach ihrer Eheschließung erwartet hatten. In den meisten Fällen stiegen die Mütter mit ihren Kindern sozial eindeutig ab: So arbeitete eine Modezeichnerin, nachdem ihr Mann vermisst bzw. gefallen war, als Schneiderin, dann als Sekretärin bei den Alliierten. Die Mütter verdingten sich als Haushaltshilfen, vermieteten Zimmer oder waren, wie die Töchter angaben, als Putzfrau oder »Handlangerin« tätig, verdienten also den Familienunterhalt mit Gelegenheitsarbeiten aller Art.

Eine größere Gruppe von Müttern arbeitete als »mithelfende Familienangehörige« in den landwirtschaftlichen Betrieben ihrer Eltern und Schwiegereltern oder in deren Geschäften und Betrieben. Ihr »Status« war hier häufig überhaupt nicht »definiert«, sie hatten zumeist keine geregelten Arbeitszeiten, keinen Urlaubsanspruch, waren nicht versichert, hatten keine Rentenansprüche, sondern erhielten vielmehr oft nur ein Taschengeld und arbeiteten deshalb – am häufigsten in der Landwirtschaft – weit über ihr 65. Lebensjahr hinaus.[152] Diese Art weiblicher Erwerbsbiografie spielte für die Töchter, das sei hier zumindest schon angemerkt, kaum noch eine Rolle. Wenn sie in Familienbetrieben mitarbeiteten, änderte sich zumindest der Grad ihrer Absicherung.

Auch diejenigen Mütter, die aus Krankheitsgründen oder nach ihrer Wiederverheiratung mittel- oder langfristig nicht mehr oder nur noch stundenweise berufstätig waren, waren in der Regel gegen Kriegsende und unmittelbar nach 1945 einer außerhäuslichen Tätigkeit nachgegangen. Einige Mütter waren in dieser Zeit oder in den 1950er Jahren über Monate oder Jahre nicht in der Lage erwerbstätig zu sein.

In einer zeitgenössischen Studie von 1949 wurde der soziale Abstieg von Familien ohne männliche Ernährer ebenso drastisch deutlich wie die Lage der Kriegerwitwen und unter diesen der Mütter vaterloser Kinder. Es wurde aufgrund dessen eine dringende Empfehlung ausgesprochen, alleinstehenden Müttern Unterstützung zukommen zu lassen.[153] Ihre Hilfsbedürftigkeit wurde trotz der großen Zahl unvollständiger Familien in erster Linie an den vollständigen Familien und in diesen wiederum am Sozialstatus der Väter gemessen. Als besonders hilfs- und unterstützungsbedürftig erwiesen sich aus Sicht der Bearbeiter vaterlose Familien nur, wenn es sich bei ihnen zugleich um Flüchtlinge handelte. Beide Argumente berührten für die Kriegerwitwen, die Mütter der befragten Frauen, grundlegende Probleme: Ihre sozialen Perspektiven waren durch den Verlust des Ehemannes und oft zugleich auch infolge von Flucht und Vertreibung grundlegend zusammengebrochen. Die tatsächlichen Unterstützungsleistungen blieben trotz zweifellos zutreffender Diagnosen indes unzureichend.

Nicht zuletzt ist auch Folgendes von Bedeutung: Das Gesetz zur Versorgung der Opfer des Krieges (Bundesversorgungsgesetz), das im Oktober 1950 an die Stelle des Kriegsbeschädigtenleistungsgesetzes trat, regelte zwar Witwen- und Waisenansprüche; die darin festgelegten Mindestsätze waren allerdings niedrig, und vor allem waren Frauen, deren Männer vermisst waren, gezwungen, diese für tot zu erklären, um anspruchberechtigt zu sein. Erst 1957 wurden Witwen- und Waisenrenten erheblich erhöht.[154]

Überdies gehörte die sozial- und geschlechterpolitische Forderung des Rechts auf gleichen Lohn für gleiche Arbeit zwar zu den frauen- und geschlechterpolitischen »Fahnenwörtern« der Nachkriegszeit,[155] sie hatte jedoch für die meisten Frauen lange kaum positive Auswirkungen. Und das, obwohl etwa Elisabeth Selbert, eine der »Mütter des Grundgesetzes«, ausdrücklich darauf bestanden hatte, dass die Frauen nicht nur in staatsbürgerlichen Dingen, sondern auf allen Rechtsgebieten »einen moralischen Anspruch darauf, so wie der Mann bewertet zu werden,« hatten[156] Materiell befanden sich zahlreiche alleinerziehende Mütter also in mehrfacher Hinsicht in einer schwierigen Situation: Frauen verdienten oft nur etwa zwei Drittel dessen, was Männer für die gleiche Arbeit bekamen. Ihr Risiko, arbeitslos zu werden, war deutlich höher als das der Männer. Zudem hatten sie massiv mit Vorurteilen gegenüber erwerbstätigen Müttern zu kämpfen, wie an anderer Stelle ausgeführt wurde (siehe Kapitel 4.2).

Insgesamt gesehen wäre es trotz dieser Befunde unzutreffend, die Mütter vaterloser Töchter als nicht erfolgreich zu bezeichnen, wobei sich ihr »Erfolg« nur schwer an gängigen männlich orientierten Sozialanalysen messen lässt.[157] An einem Beispiel sei verdeutlicht, was »Erfolg« bedeuten konnte: Eine der Mütter etwa, eine kaufmännische Angestellte, arbeitete zunächst auf einem Bauernhof, dann als Buchhalterin, ferner zeitweise als Vertreterin sowie als Bürohilfskraft und wurde schließlich, wie ihre Tochter mitteilte, Büroleiterin.

Indes: Subjektiv gesehen überwog bei den Müttern zweifellos der Eindruck, nach dem Krieg und mit dem Verlust ihrer Männer hätten sie keine Zukunft mehr, was sich auch in den Wahrnehmungen der Töchter widerspiegelte. Die Mütter waren vor diesem tiefen biografischen Einschnitt mehrheitlich lebenszugewandte, unkomplizierte junge Frauen gewesen, die hoffnungsvolle Pläne für ihre private Zukunft gehabt hatten und diese an der Seite eines Mannes verwirklichen wollten. Sie hatten sich kaum vorstellen können, dass das Leben einer Frau anders als im Rahmen einer Ehe »glücklich« verlaufen konnte. Als für sie die Welt zusammenbrach, zogen sie schwarze Kleider an, ihre unbeschwerten Mäd-

chenjahre verblassten schnell, wurden perspektivisch unbedeutend. Lediglich die Erinnerung an ein zumeist kurzes Eheglück gab den Witwen die Kraft, sich auf ihr Überleben und das ihrer Kinder zu konzentrieren. Fortan lebten die meisten ausschließlich für ihre Kinder. Für Sehnsüchte und Perspektiven der Mädchen und jungen Frauen, die sie ja auch einmal gewesen waren, bot ihr Leben nach dem Krieg zumeist keinen Raum mehr. Ihren Töchtern war, abgesehen von Hochzeitsbildern (siehe Foto oben) und, wenn überhaupt, oft erst durch spätere Einblicke in Briefwechsel der Eltern als Verlobte und junge Eheleute, wenig darüber bekannt, dass die Mütter ein Leben vor ihrer Witwenzeit gehabt hatten.

6.2 Bildungs- und Berufsprofile der Töchter

Die Schulbildung und die Ausbildung der befragten vaterlosen Töchter unterscheiden sich erheblich von den soeben (in Kapitel 6.1) umrissenen »Startbedingungen« ihrer Mütter. Die Töchter besuchten, obwohl nur die wenigsten in gesicherten Lebensverhältnissen, die meisten vielmehr eher »kärglich« aufwuchsen, bis auf wenige Ausnahmen eine weiterführende Schule, mindestens 60 Prozent sogar das Gymnasium. Im Durchschnitt der Gesamtbevölkerung machten in den 1950er Jahren etwa 6 Prozent der Schüler eines Geburtsjahrgangs das Abitur, deren weiblicher Anteil wiederum etwa 45 Prozent betrug.[158] Während im bundesdeutschen Gesamtdurchschnitt 40 Prozent aller Gymnasiastinnen mit der Mittleren Reife ihre Schulzeit beendeten (obwohl sie oft gute Leistungen vorzuweisen hatten), schloss die überwiegende Mehrheit der Befragten ihre Gymnasialzeit mit dem Abitur ab. Ein Grund liegt natürlich darin, dass sich zur Mitarbeit an unserer Befragung Frauen meldeten, die mit solchen Kultur- und Bildungseinrichtungen vertraut sind, zu deren Programm eine zeitgeschichtliche und psychologische Themenvielfalt und etwa auch Biografiearbeit im weitesten Sinne gehören. Diese Rückmeldungen ermöglichen also in erster Linie einen Einblick in die Bildungswege sozial und gesellschaftlich »erfolgreicher« Frauen aus der Kriegskindergeneration, doch lassen die Schulkarrieren der Befragten durchaus auch Rückschlüsse auf allgemeinere Entwicklungen zu.

Die vaterlosen Töchter gehörten zu jener großen Gruppe Heranwachsender aus unvollständigen Familien, die »in Schule und Berufsausbildung besonders anpassungsbereit und aufstiegsmotiviert« war, wenngleich ihnen nach dem Krieg weniger zugetraut wurde als Kindern aus vollständigen Familien.[159] Mit ähnlichen Vorurteilen wie die vaterlosen Mädchen hatten Flüchtlingskinder zu kämpfen, von denen oft angenommen wurde, sie seien »minderbegabt«, obwohl vielfach das Gegenteil der Fall war.[160] Letztere galten – was auch für die vaterlosen Mädchen angenommen wurde – nicht deshalb als ehrgeizig, »weil«, sondern »obwohl« sie »in hohem Maße in beengten […] Verhältnissen aufwuchsen.«[161]

Zu den Aufstiegsorientierten gehörten ausdrücklich auch Mädchen der unteren und mittleren sozialen Schichten, die in der Endphase des Krieges oder unmittelbar nach Kriegsende geboren wurden. Auch sie versuchten erfolgreich, über Bildung und Weiterbildung zu einem »familienunabhängigen beruflichen Leben« zu gelangen.[162] Ein Blick in diese sozialen Milieuzusammenhänge zeigt, dass »vaterverwaiste Mädchen« mit Volksschulabschluss, deren Berufswünsche und -pläne über Schülerkarten von Arbeitsämtern erfasst wurden, zu Beginn der 1950er Jahre, etwa im Alter von 14 Jahren also (die meisten somit 1936 bis 1938 geboren), in hohem Maße ausbildungsorientiert waren.[163] Ungelernte Tätigkeiten, vor allem Hausarbeit, kamen, wie sich aus zeitnahen Beratungsgesprächen ergab, für die meisten nicht infrage. Erstrebenswert erschienen bei insgesamt realistischen Einschätzungen der eigenen Möglichkeiten und Aussichten vor allem Büroberufe.

Die Soziologin, die in einer Untersuchung zur »Berufswahl vaterverwaister Mädchen« zu diesen Ergebnissen kam, war zunächst davon ausgegangen, dass anwesende Väter die Berufsorientierung ihrer Töchter positiv beeinflusst hätten und den vaterlos aufwachsenden Mädchen in rein weiblichen Familienumgebungen deshalb möglicherweise Orientierung, Ermutigung und der Anstoß fehlten, um sich zu qualifizieren. Nach Überprüfung dieser Hypothese ergab sich indes ein ganz anderes Bild: Aus damaliger Sicht überraschend erschien nicht zuletzt, wie intensiv die Mütter ihre Töchter förderten. Die folgende Formulierung in der erwähnten Studie zeigt, wie schwer es fiel anzuerkennen, dass Witwen und ihre Töchter nicht so unfähig waren, ihr Leben perspektivisch zu gestalten wie allgemein angenommen wurde. Festzuhalten sei, so lautete die Bilanz wörtlich, »dass eine durch den Ausfall des Vaters in ihrem Rollen- und Funktionsinventar gestörte Familie trotz allen Schwierigkeiten voll und ganz ihrer Aufgabe gewachsen sein« könne, »den jungen Menschen den Weg in die gesamtgesellschaftlichen Bezüge zu ebnen, zu deren wichtigsten Arbeit und Beruf« gehörten.[164]

Ihren Töchtern einen Aufstieg zu ermöglichen war insgesamt gesehen zweifellos eines der Hauptanliegen der Mütter. Die Anstrengungen, die damit verbunden waren, werden in rückblickenden Beschreibungen betroffener Töchter wie folgender besonders deutlich. Zwei Schwestern erinnerten sich, es habe ja noch Schulgeld bezahlt werden müssen, und auch Schulbücher hätten sie selbst anschaffen müssen. Darüber sei in der Familie regelrecht verhandelt worden; schließlich habe eine Tante sich bereit erklärt, die Kosten zu übernehmen.

Es war aus mütterlicher Perspektive wohl oft ein schwieriger Balanceakt zwischen dem intensiven Bemühen, ihren Töchtern gute schulische und berufliche Startvoraussetzungen ins Leben zu ermöglichen, und der Angst, sie nicht hinreichend behüten und vor möglichen Gefahren bewahren zu können, sobald sich die jungen Mädchen aufgrund des Besuchs einer weiterführenden Schule oder im Zuge einer Ausbildung aus der Familie zu lösen begannen. In Familien, die auf dem Lande lebten, war der Besuch einer Realschule, eines Gymnasiums oder – nach dem Abschluss der Volksschule – einer Berufsschule für die Mädchen mit erheblichen Strapazen verbunden, nach der Schilderung einer Beteiligten etwa in folgender Weise:

»*Der Bahnhof war fünf Kilometer weg, die Zugfahrt dauerte noch mal dreiviertel Stunden und bis zur Schule in Bocholt hätte es noch mal solange gedauert. Als ich 14 war, haben sie mir das zugetraut. Ich bin ja dann da zur Handelsschule gegangen nach Bocholt. Aber ich musste jeden Morgen bei Wind und Wetter diese fünf Kilometer mit dem Fahrrad fahren, und da gab's noch keine langen Hosen und keine warmen, wie heißen sie, Leggins und so was. Es war wirklich schlimm und ganz hart auch.*«

Inwieweit sich die Mütter gegenüber ihren Töchtern anders verhielten als gegenüber ihren Söhnen, kann hier nur ansatzweise beantwortet werden; einiges weist darauf hin, dass sie im Zweifelsfall der Ausbildung der Söhne den Vorzug gaben, wohl auch mit dem Argument, die Mädchen würden ohnehin heiraten. Die Mehrheit der Mütter lebte unbestreitbar in traditionellen Denkhorizonten, aus denen heraus sie ohne großes Nachdenken für ihre Söhne andere Lebenspläne entwickelten als für ihre Töchter.

Dass die Töchter in ihr Selbständigkeitsstreben den intensiven Wunsch einschlossen, von den Müttern unabhängig zu werden, ist in der soeben erwähnten Untersuchung zur »Berufswahl vaterverwaister Mädchen« nicht berücksichtigt worden. Dies ging jedoch aus den Antworten der von uns Befragten hervor. Die Frauen brachten deutlich zum Ausdruck, wie stark sie sich trotz mütterlicher Förderungsabsichten »beengt« fühlten. Eine Reihe von ihnen wollte »abhauen« oder »auswandern«, sich dem Zugriff und Einfluss ihrer Mütter entziehen und ihren Verhältnissen buchstäblich entfliehen, indem sie sich beispielsweise als Au-Pair-Mädchen bewarben. Manche verbrachten tatsächlich einige Zeit im Ausland, wo sie ihre Sprachkenntnisse verbesserten und eine ihnen bisher fremde Umgebung kennenlernten. Sie bekamen zumeist ein Taschengeld und waren kostenlos untergebracht, konnten eine gewisse Selbständigkeit erproben und waren doch nicht völlig auf sich gestellt. Ihren Müttern dürfte ein solcher Schritt unter pragmatisch finanziellen Gesichtspunkten eingeleuchtet haben, und sie haben wohl auch deshalb den Plänen ihrer Töchter zugestimmt, weil diese sich ja in den Gastfamilien in weiblichen Tätigkeiten, d.h. in Hausarbeiten und im Umgang mit Kindern, übten.[165]

Teilweise konnten offenbar »soziale Väter« im weiteren Sinne, Großväter, Onkel, Lehrer oder Pfarrer, das Selbstvertrauen der Mädchen in einer Weise stärken, wie dies den Müttern nicht möglich war.[166] Während es, so Horst Petri, in der Kindheit ausreiche, durch »gefühlsmäßige Bindungen« an väterliche Männer Unterstützung zu beziehen, genüge dies in der Adoleszenz nicht mehr. Petri umreißt folgende Fähigkeiten sozialer Väter, die für Heranwachsende von entscheidender Bedeutung seien: »fachliche Kompetenz, Unbestechlichkeit, Zuverlässigkeit und menschliche Wärme.«[167] Offenbar haben die hier befragten Frauen in dieser Hinsicht weitaus weniger positive Erfahrungen gemacht als vaterlose Söhne. Letztere führten zahlreiche Beispiele dafür an, dass Lehrer oder Geistliche, besonders Kapläne, die sie in Jugendgruppen kennenlernten, ihren schulischen Bildungsgang und ihre Ausbildungsentscheidungen maßgeblich mitbeeinflussten. Hin und wieder erwähnten auch die vaterlosen Töchter zum Beispiel einen Religionslehrer oder einen Pfarrer, von dem sie sich ernst genommen und unterstützt fühlten; manchmal berichteten sie auch von dem Glück, von einer »sozialen Mutter«, einer Lehrerin in einer weiterführenden Schule oder während der Berufsausbildung zumeist, in besonderer Weise anerkannt und ermutigt worden zu sein. Doch die meisten Frauen hatten eine solche Unterstützung wohl kaum genossen; sie teilten davon jedenfalls wenig mit, obwohl ausdrücklich danach gefragt wurde.

Der Formel »Sozialer Aufstieg durch Bildung« waren die vaterlosen Töchter mehrheitlich bereits zu einem Zeitpunkt gefolgt, bevor sich die Bildungschancen für Frauen aller Bevölkerungsschichten erhöhten. Dies war erst seit Mitte der 1960er Jahre der Fall.[168] Von diesen bildungspolitischen Offensiven im Bereich der Mädchenbildung profitierten vor allem wesentlich jüngere, nach 1945 geborene Frauen. Es mögen wohl stärker die mit dem wirtschaftlichen Aufschwung der 1950er Jahre einhergehenden Ausweitungen des Dienstleistungsbereichs in der Wirtschaft etwa oder auch allgemeine zeitatmosphärische Veränderungen gewesen sein, die jungen Frauen aus der Kriegskindergeneration Anlass zu einem vorsichtigen Optimismus gaben.

Anders als ihre Mütter und anders auch als die vaterlosen Volksschülerinnen in der mehrfach in diesem Kapitel genannten Studie strebten die befragten Töchter kaum Büro- oder kaufmännische Berufe an. Attraktiv hingegen waren medizinische Ausbildungsberufe, ein Berufsfeld, in dem nach 1945 eine starke Ausdifferenzierung stattfand. Unter den angegebenen Berufen der Töchter finden sich etwa Physiotherapeutin, Zahntechnikerin, medizinisch-technische Assistentin, Arzthelferin und Krankenschwester. Diese Vielfalt hatte es in den Jugendjahren der Mütter nicht gegeben. Das Gesundheitswesen bot also zahlreiche Möglichkeiten für Frauen der Kriegskindergeneration, nach der Schule innerhalb einer überschaubaren Zeit zu einem qualifizierten beruflichen Abschluss zu kommen.

Während die Mütter mit Berufsausbildung, wie an anderer Stelle erwähnt, beispielsweise Kinderpflegerin, Fürsorgerin oder Kindergärtnerin gewesen waren, tauchten diese Berufe in den Angaben der Töchter seltener auf. Auch hier liegen die Gründe zum einen in der gegenüber den Müttern erheblich besseren Schulausbildung der Töchter, zum anderen in grundlegenden Veränderungen des gesamten Feldes sozialer und helfender Berufe nach dem Zweiten Weltkrieg. Dass aus der Fürsorgerin die Sozialarbeiterin wurde, mit deren Ausbildung ein Studium verbunden war, ist nur ein Beispiel für den besonders in den 1960er Jahren sich vollziehenden Professionalisierungsschub im Bereich von Sozialarbeit und Sozialpädagogik.

Lehrerin zu werden entsprach in gewisser Weise dem, was junge Frauen aus der Kriegskindergeneration mit guter Schulbildung sich einerseits zutrauten und andererseits auch als höchstes Ziel zu setzen wagten. Abgesehen von der langen Tradition als klassischer Frauenberuf entsprach der Beruf der Lehrerin in der deutschen Gesellschaft nach 1945 gesellschaftlichen Geschlechterbildern von »weiblichen« Stärken und Fähigkeiten, an denen sich Mütter wie heranwachsende Töchter in der Nachkriegszeit mehrheitlich orientierten. Nicht zuletzt sprachen auch pragmatische Gründe dafür, dass Abiturientinnen sich für diesen Beruf entschieden: Die Ausbildungszeit war kalkulierbar und die Tätigkeit schien recht gut mit dem Leben als Ehefrau und Mutter vereinbar zu sein.[169]

Es war nach 1945, wie ausdrücklich zu betonen ist, noch keineswegs üblich, dass Frauen »überhaupt einen Beruf« hatten. Umso schwerwiegender war deshalb eine Entscheidung wie die für ein Lehramtsstudium an einer Universität, weshalb sich eine Reihe der von uns befragten Frauen entschloss, Volksschullehrerin zu werden. Ein Universitätsstudium sei wohl häufig, so die Überlegung des Historikers Dieter Dowe, Jahrgang 1943, in einem Interview, in dem es um berufsbiografische Entscheidungen und Perspektiven seiner Jahrgangsgruppe ging, auch mit großen »Ungewissheiten« und sogar »Ängsten« für die jungen Frauen und ihre Familien verbunden gewesen, wie er mit Beispielen aus seiner eigenen Familie belegte. Woher auch, meint Dowe weiter, habe das Selbstvertrauen kommen sollen, sich auf Entscheidungen einzulassen, deren Folgen nicht absehbar waren? Es brauche mehr als nur eine Generation, um da die nötigen Voraussetzungen zu schaffen.[170] Den Beruf der Lehrerin ergriff in der Tat ein Großteil der Befragten und war – an Grund- wie an weiterführenden Schulen – oft bis zu ihrer Pensionierung pädagogisch tätig.

Dass Frauen über den Zweiten Bildungsweg zu einem PH- oder Universitätsstudium kamen und auf diese Weise Lehrerin wurden, war in den 1950er und 1960er Jahren eine große Ausnahme; Frauen waren in Abendgymnasien oder Kollegs, die auf die Hochschulreife vorbereiteten, eine Minderheit. Umso bemerkenswerter sind die wenigen Beispiele vaterloser Töchter, die diesen Weg beschritten hatten und erfolgreich waren: Eine Befragte legte ihr Abitur an einem Abendgymnasium ab, zwei absolvierten ein Kolleg, und einer weiterengelang es, Mitte der 1960er Jahre ihre Tätigkeit als Kaufmannsgehilfin – auf der Grundlage eines Volksschulabschlusses – aufzugeben und ihren Wunsch, Lehrerin zu werden, umzusetzen. Auf die Frage, wie viele Frauen es in ihrer Kollegklasse gegeben hatte, antwortete eine vaterlose Tochter: »Von 150 waren einmal 30 Frauen, nachher waren nur noch 15 Frauen da in Oberhausen. In der Klasse hatten wir fünf Mädchen, das war eine total starke Truppe.« Was die Frauen mit solch ungewöhnlichen Berufswegen hervorhoben war, dass sie sich allmählich »freigeschwommen« hätten, selbstbewusster geworden waren, sich getraut hätten, auch mal »eine Frage zu stellen«. Sie berichteten, dass trotz aller Anstrengungen eine Lebenslust in ihnen erwacht sei, die mit ihrer Ablösung aus der häuslichen Enge zusammenhing. Einige trampten sogar mit Freundinnen, vor allem aber seien sie entschieden »lockerer« geworden. Aus ihrer Kollegzeit im »Oberhausener Institut zur Erlangung der Hochschulreife«, heute »Niederrhein-Kolleg«, erzählte die soeben zitierte Befragte:

»*Das war für mich eine ganz wichtige Zeit, eben weil wir da so wenig Mädchen waren. Das war auch total schön, wenn wir eine Fete hatten, dann tanzten wir pausenlos. Die Musik kam einfach vom Band, aber da war sehr viel los. In den zwei Jahren hab ich mich wirklich ausgetanzt.*«

Nicht unerwähnt bleiben sollte, dass fünf befragte Frauen – darunter drei Ärztinnen – promoviert wurden, dass sie indes, soweit festzustellen, keine Universitätskarriere im engeren Sinne vorzuweisen oder überhaupt angestrebt hatten. Es ist in diesem Zusammenhang auch darauf hinzuweisen, dass um 1960 lediglich zwei Prozent des Lehrkörpers an Universitäten Frauen als Lehrenden gegenüber positiv eingestellt waren;[171] 40 Prozent bedingt negativ, und weitere 39 Prozent verhielten sich grundsätzlich ablehnend.[172] Doch nicht die Zahlen allein sind maßgeblich: »Wie qualitative Aussagen von Lehrenden und Studentinnen in zeitgenössischen Untersuchungen belegen, studierten Frauen damals in einer Umgebung, die ihnen abweisend bis gleichgültig gegenüberstand.«[173] Auf die damals gestellte Frage, warum es so wenige weibliche Hochschullehrer gebe, finden sich Antworten in einer Untersuchung zu Problemen der deutschen Universität aus dem Jahre 1960, die alle mit der »Natur der Frau« begründet sind. Wörtlich hieß es: »Weil Frauen nicht denken können. Oder schreiben Sie besser: weil das abstrakte Denken der Frau nicht so zueigen ist, und weil die Ausbildung erwachsener Männer ihr nicht liegt.«[174] Eine andere Antwort lautete: »Geistigkeit ist ein Privileg der Männer. Wenn die Frau Geistigkeit im gleichen Ausmaß besitzt, dann fehlt ihr etwas anderes. Sie ist dann keine Frau mehr.«[175]

Ungeachtet solcher Einschätzungen zu weiblichen Karrieren und vielleicht auch im Windschatten derartig krasser Wertungen erreichte der Studentinnen-Anteil an den Universitäten, der noch Mitte der 1960er Jahre bei 22,5 Prozent gelegen hatte, im Studienjahr 1969/70 bereits 30 Prozent. Beeindruckender als die prozentualen Angaben sind hier wohl die absoluten Zahlen: Zu Beginn der 1960er Jahre studierten circa 40.000 Frauen, gegen Ende des Jahrzehnts waren es fast drei Mal so viele. Es deutete sich also »eine Entwicklung an, die für die Geschlechterverhältnisse der Republik von großer Bedeutung sein würde.«[176] Die vaterlosen Töchter gehörten einer weiblichen Altersgruppe an, die von diesem »Trend« noch kaum profitierte und – um es noch einmal zusammenzufassen – erwachsen wurde, als die Bildungsoffensive der 1960er Jahre allenfalls erste Auswirkungen für Mädchen und junge Frauen zeitigte, während vaterlose Söhne aus Aufsteigerfamilien schon eher von bildungspolitischen Initiativen profitiert hatten.

6.3 Generationengeschichte weiblich?

Wie schon gesagt: Die Biografien der vaterlosen Töchter, mehrheitlich zwischen 1939 und 1943 geboren, unterscheiden sich grundlegend von denen ihrer Mütter, die zumeist den Geburtsjahrgängen 1903 bis 1920 angehörten. Dies gilt im Zusammenhang mit ihren lebens- und zeitgeschichtlichen Erfahrungen, ihren Lebensverläufen und Lebensentwürfen. Es wäre deshalb zweifellos reizvoll, der Frage nachzugehen, ob sich am Beispiel von Töchtern und Müttern exemplarisch »weibliche Generationengeschichte« beschreiben lässt. Was unter letzterer zu verstehen ist, sei hier auf folgende Annahmen beschränkt: Menschen, die im selben oder in einander benachbarten Jahren geboren sind, gehören einer »Geburts-Generation« an. Einer »Zeit-Generation« sind dagegen diejenigen zuzurechnen, die darüber hinaus in ähnlicher Weise von historischen Ereignissen oder sozialen und gesellschaftlichen Entwicklungen geprägt wurden.[177] Während die Forschung bislang zumeist männliche Generationenerfahrungen in den Blick nahm, sich etwa mit Geburtsjahrgängen beschäftigte, deren Angehörige von ihren Erfahrungen als junge Soldaten im Ersten oder Zweiten Weltkrieg nachhaltig beeinflusst wurden, sind weibliche »Zeit-Generationen« bisher weniger untersucht worden. Diese werden im Folgenden – da es sich hier nur um eine erste Annäherung handeln kann – an zwei Aspekten veranschaulicht, die sich weniger auf tiefgreifende Ereignisse als vielmehr auf einen allmählichen, über mehrere »Zeit-Generationen« sich erstreckenden Wandel beziehen. Zum einen geht es um den weiblichen Einstellungswandel gegenüber dem Leitbild Familie, zum anderen um Wandlungen im Hinblick auf die Bedeutung von Bildung, Ausbildung und Berufstätigkeit für ein »erfülltes« weibliches Leben.[178] Es handelt sich also um generationengeschichtlich bedeutsame Veränderungen, für die sich Beispiele im Vergleich zwischen vaterlosen Töchtern und ihren Müttern sowie auch zwischen vaterlosen Töchtern und deren Töchtern anführen lassen.

Die Mütter der vaterlosen Töchter hatten sich als junge Frauen zumeist auf ein Leben als Ehefrau und Mutter eingerichtet und sahen darin auch als Witwen weiterhin ihre eigentliche Bestimmung. Sie folgten dem Ideal der unauflöslichen Ehe und blieben mehrheitlich ihren gefallenen Männern auch über deren Tod hinaus treu. Während sie sich fast ausschließlich als Mütter fühlten und nach dem Verlust ihrer Männer ihre vorrangige Lebensaufgabe darin sahen, sich für ihre Kinder aufzuopfern, widmeten die Töchter sich mehrheitlich, in der Regel mit Unterstützung der Mütter, gründlich ihrer schulischen und beruflichen Ausbildung. Die Töchter wuchsen zwar mit Vorstellungen von weiblicher Rollenzuweisung und entsprechenden Lebensentwürfen auf, die denen ihrer Mütter durchaus noch nahe waren – auch sie sahen mehrheitlich in Ehe und Familie das erstrebenswerte weibliche Lebensmodell – aber sie verstanden ihre Berufstätigkeit anders als ihre Mütter, d.h. nicht nur oder kaum noch ausschließlich als eine Doppelbelastung, sondern vielmehr als grundlegende Möglichkeit, ihre Entscheidungs- und Handlungsspielräume zu erweitern.

Gesellschaftliche Veränderungen seit den 1960er und 1970er Jahren haben selbstverständlich nicht nur auf das Leben von Frauen einen Einfluss gehabt, die sich in den jeweiligen »Bewegungsmilieus« aktiv engagierten: Sie haben atmosphärisch und im Sinne eines allmählichen Wandels von Einstellungen und »Mentalitäten« auch Spuren bei breiteren Mehrheiten der Bevölkerung hinterlassen.[179] Dass etwa die Frauenbewegung der 1970er Jahre auch von den vaterlosen Töchtern wahrgenommen wurde, bestätigten die Reflexionen, die die Befragten in diesem Zusammenhang anstellten. Als Feministin würde sich so gut wie keine dieser Frauen verstehen wollen, aber die Frauenbewegung habe viele zumindest ansatzweise »erreicht«. Sie erinnerten sich zum Beispiel daran, wie Männer »in die Kritik gerieten«. Sie hätten, so berichteten sie, an Frauengesprächskreisen und Selbsterfahrungsgruppen teilgenommen und die Debatten um weibliche Emanzipation interessiert verfolgt, auch wenn sie sich eher zu den Beobachterinnen als zu den Akteurinnen der Frauenbewegung zählten.

Eines habe sie den bewegten Frauen der 1970er Jahre jedoch vorausgehabt, meinte eine Befragte: Da sie ohne Vater aufgewachsen sei, habe sie sich auch nicht von ihm zu befreien brauchen. Sie habe sich nun, inmitten der vielfältigen »Besichtigung der Mannsbilder«,[180] nicht mehr in derselben Weise so »defizitär« gefühlt wie in ihrer Jugend, sondern sich auf ihre frühe weibliche Eigenständigkeit berufen können. Kritisch sollte allerdings hinzugefügt werden: Die Vaterlosen konnten weiter an ihrem Vaterideal festhalten, während ein solches den bewegten Frauen der 1970er Jahre, die ihre Väter als Patriarchen demontierten, wohl gänzlich abhanden kam. (Übrigens: Unter bekennenden 68erinnen, die überwiegend den Kriegskinderjahrgängen angehören, befinden sich keine Vaterlosen, wie zumindest die 14 Frauenporträts von Ute Kätzel nahelegen.[181])

Es sei seit den bewegten 1960er Jahren einiges zusammengekommen, erinnerten sich die Befragten: die Studenten, die gegen ihre Väter auf die Straße gegangen waren, die Kinderläden, die »Revolution der antiautoritären Erziehung«, Oswalt Kolles Aufklärungskampagnen, die Forderung nach dem Recht der Frauen auf die Bestimmung über ihren Körper, die Pille ... Das zunehmend selbstsichere Auftreten von Frauen in der Öffentlichkeit sei beeindruckend gewesen. »Ich habe mich immer gewundert, woher andere Frauen ihr Selbstbewusstsein« hatten, bemerkte eine Beteiligte und gab damit einen verbreiteten Eindruck unter den Befragten wieder: Unabhängigkeit und Selbständigkeit beeindruckten manche der vaterlosen Töchter, die sich mehrheitlich zwar anerkennend gegenüber der Frauenbewegung äußerten, sich aber eher als beobachtend und nicht als frauenbewegt engagiert beschrieben. Wer verheiratet gewesen war, habe ja als »spießig« gegolten, kommentierte eine Befragte. Eine andere meinte, die Frauenbewegung habe keine positive Sicht auf die Kriegerwitwen gehabt – womit sie insofern zweifellos recht hat,als zwar die Trümmerfrauen als weibliche Nachkriegsikonen galten, aber eben nicht die Kriegerwitwen, die ihre Selbständigkeit wieder aufgaben, indem sie heirateten, oder die ihre alleinige Verantwortlichkeit für die Familie als schweres Schicksal ansahen.

Wenn die vaterlosen Töchter zurückblicken, sehen sie die Unterschiede zwischen ihren eigenen Handlungsspielräumen und denen ihrer Mütter, die solche nicht hatten: Die Töchter hatten oft mehrfach die Chance, zunächst eingeschlagene und vorgezeichnete Pfade wieder zu verlassen: Insbesondere nach dem Ende der klassischen weiblichen Familienphase und dann noch ein weiteres Mal im oder nach dem Übergang vom Berufs- ins Rentenalter ergriff eine Reihe von Frauen solche Chancen. Da Verallgemeinerungen jedoch kaum möglich sind, seien an dieser Stelle lediglich einige Beispiele angeführt. Eine kaufmännische Angestellte wurde Mitte der 1970er Jahre Museumsmitarbeiterin, eine Industriekauffrau wurde nach mehreren Jahren Familienarbeit Schulsekretärin, eine Arzthelferin wandte sich einem nicht näher bezeichneten »kreativen Beruf« zu, eine Erzieherin und eine Töpferin wurden Lehrerinnen, eine Lehrerin entschied sich um 1980, Heilpraktikerin zu werden. Dass sie bereits in ihrer Jugend aus eigener Kraft, mit Disziplin und Ausdauer etwas geleistet und entsprechende Erfahrungen gesammelt hatten, war bei ihren späteren Aufbrüchen sicher ebenso hilfreich wie die Tatsache, dass ihr Leben von Kindheit und Jugend an in einem ganz allgemeinen Sinne davon bestimmt war, Aufgaben zu übernehmen und sich auf Herausforderungen einzulassen.

Als die Historikerin Ursula Becher 2003 in einem Aufsatz die Frage nach weiblichen Generationen in der Geschichte stellte, machte sie auf einen auch für die vaterlosen Töchter des Zweiten Weltkriegs wichtigen Aspekt aufmerksam. »Tiefreichende Veränderungen im Bewusstsein« vollzogen sich »eher langsam über die Jahrzehnte hinweg und prägten Mentalitäten in langfristigen Prozessen, die über die Generationen hinausweisen.«[182] Die »Familienbezogenheit« von Frauen gehört sicher zu solchen längerfristigen weiblichen Prägungen, die sich über mehrere weibliche »Geburts-Generationen« erstrecken. Weibliche Bildungs- und Ausbildungsbiografien hingegen und sich über Bildungswege und Qualifikationen ergebende Voraussetzungen dafür, neben Ehe und Familie auch weitere Perspektiven entwickeln zu können, unterscheiden sich dagegen bereits deutlicher, wie der direkte Vergleich zwischen den vaterlosen Töchtern und ihren Müttern zeigte.

Die Frage nach ihrer möglichen generationellen Selbstverortung wurde den vaterlosen Töchtern so zwar nicht gestellt, aber es gibt bereits einige Hinweise, die generationelle Abgrenzungsmöglichkeiten der befragten Frauen sowohl von der Mütter- als auch von einer noch einmal jüngeren, in den 1950er und 1960er Jahren geborenen Frauengeneration nahelegen. Die vaterlosen Töchter der Kriegsgeneration hatten sich zwar auf ein Leben mit Familie und Beruf eingestellt; die Familie hatte für sie aber immer noch eine deutlich größere Priorität als bei den Kriegsenkelinnen, den Töchtern der vaterlosen Töchter.[183] Letztere wuchsen – anders als ihre Mütter – nicht nur mit der »Pille« auf und profitierten von Errungenschaften weiblicher Förderung und Gleichstellung im Bereich von Erziehung und Bildung, sondern erlebten auch den allmählichen Wandel des Bildes von »Männlichkeit« als prägend. Während die Mehrheit der Kriegsenkelinnen als Kinder und Heranwachsende aus den 1970er Jahren kaum Väter in Erinnerung haben dürfte, die ein Kind auf dem Arm hielten,[184] haben sie dann als Mütter wohl bereits Erfahrungen mit einem neuen Vaterleitbild gesammelt. Letzteres beschreibt einen »engagierten, gefühlvollen, partnerschaftlichen und kompetenten Vater«,[185] ein Ideal, über das Kriegsenkelinnen mit ihren vaterlosen Müttern ins Gespräch kommen könnten, nicht zuletzt mit Blick auf die Frage nach weiblichen Generationenerfahrungen und möglicherweise auch nach einem generationenübergreifenden weiblichen Vaterideal. Die »neuen Väter« heute entsprechen in Grundzügen ziemlich genau dem Vaterbild, das vaterlose Frauen der Kriegsgeneration in ihrer Kindheit als Sehnsuchtsbild entworfen hatten ...

7 PARTNER UND KINDER

7.1 Männer, das unbekannte Geschlecht

In kulturgeschichtlichen Darstellungen der frühen Bundesrepublik wurde der Umgang von heranwachsenden Mädchen und Jungen miteinander oft unter Hinweis auf die Tanzstunde veranschaulicht, in der strenge Regeln galten, wo junge Männer im Anzug sich verbeugten, die jungen Frauen »aufforderten« und beide Geschlechter lernten, sich auf »gesellschaftlichem Parkett« zu bewegen. Weibliche Begegnungen mit jungen Männern standen unter einem hohen Erwartungsdruck und wurden von beiderseitiger »Scheu« vor körperlichen Berührungen mitbestimmt. Jungen und Mädchen waren vor allem aus folgenden Gründen unsicher: Es gab noch kaum Koedukation in den Schulen; auch in Jugendgruppen, mehrheitlich unter kirchlichem Dach, blieben heranwachsende Jungen und Mädchen getrennt. Festliche Ereignisse in der Familie oder Gemeinde, bei denen ein unkomplizierterer Umgang möglich war, blieben eher die Ausnahme. Das galt auch für gelegentliche Freizeittreffen, bei denen männliche und weibliche Heranwachsende nicht unter der Aufsicht Erwachsener standen.

Erica Pappritz, in den 1950er Jahren stellvertretende Protokollchefin im Auswärtigen Amt, schrieb zum Beispiel, die Mütter sollten die Töchter »mit der starken Kraft des mütterlichen Herzens« kontrollieren; sie hätten es mit ihnen damit allerdings leichter als mit Söhnen. Für Pappritz, die nicht zuletzt wegen ihrer Beteiligung an dem 1956 erschienenen Buch »Etikette« in die Kritik geriet, aber insgesamt einen nicht zu unterschätzenden gesellschaftlichen Einfluss hatte, stand fest, worauf Mütter achten sollten und worauf es für Töchter ankomme. Sie appellierte an die Mütter: »Und wenn ihr sie (die Töchter) hinausgehen lasst zu Sport, Spiel und Tanz, dann tut es nicht, ohne ihnen eine Erkenntnis vermittelt zu haben: dass guter Ruf und die aus natürlicher Zurückhaltung geborene mangelnde Erfahrung mit Männern keineswegs ein Manko, sondern, heute wie einst, wertvollstes Kapital eines jungen Mädchens sind.«[186]

Wie stark heranwachsende Mädchen kontrolliert wurden, wie sehr auf Wohlerzogenheit und Anständigkeit Wert gelegt wurde, schilderten die vaterlosen Töchter in Gesprächen wiederholt: Ihre Mütter hätten strengstens darauf geachtet, dass sie nicht zu spät nach Hause kamen, dass sie nicht unbeaufsichtigt mit jungen Männern zusammen waren u.a. mehr. In Studien und Überblicksdarstellungen zu den 1950er Jahren wurde jedoch auch beschrieben, wie sich allmählich in Musik und Kleidung Einflüsse einer weitreichenden Westorientierung bemerkbar machten, die mit einem sich lockernden Umgang der Geschlechter einhergingen. Davon konnten die Befragten kaum etwas berichten, wenngleich zumindest die Jüngeren zu den Geburtsjahrgängen derjenigen »Teenager« mit Pferdeschwanz, schwingenden Röcken und Petticoats zählten, die vielleicht auch schon intensiv Radio hörten und so von Bill Haleys Auftritten gewusst oder die Begeisterung für Elvis Presley geteilt haben konnten. Die Illustrierten der 1950er Jahre warnten allerdings: Ein Faible für modische Kleidung, Jazz und Rock 'n' Roll könnten der Anfang vom Ende weiblicher Unbescholtenheit sein. Solche »Gefährdungen« charakterisieren indes keineswegs die Wahrnehmung der 1950er Jahre in der Erinnerung der vaterlosen Töchter. Ihre Äußerungen werfen weniger ein Licht auf sich abzeichnende Veränderungen als vielmehr auf die beharrlich wirkenden, rigiden und einengenden Moralvorstellungen in Nachkriegszeit und Aufbaujahren. »Verklemmt«, »verkrustet«, »lustfeindlich« waren nur einige der Stichworte, die in diesem Zusammenhang in den Fragebogenantworten wiederholt genannt wurden, um die allgemeine Zeitatmosphäre zu umreißen. »Heimlich« – durchs Schlüsselloch – habe sie mal gesehen, wie die Mutter die Hand eines Mannes gehalten habe, teilte eine der Frauen mit. Ebenfalls »heimlich« hätten eigene Begegnungen mit einem Freund stattgefunden, erinnerten sich andere. Man sei »von ferne« verliebt gewesen, habe »platonische« Beziehungen gepflegt, allenfalls füreinander »geschwärmt«, sei »verschämt« mit der ersten Liebe umgegangen. Im Gespräch erinnerte sich eine Befragte:

»Also voreheliches Zusammenleben war nicht möglich. Ich weiß noch gut, ich war mal mit meinem späteren Mann und noch mit einem anderen befreundeten Pärchen zelten. Was das für ein Dilemma gegeben hat, als meine Mutter herausbekam, dass wir zusammen in einem Zelt geschlafen haben. Dabei waren wir zu viert. Im nächsten Jahr mussten wir, obwohl mein Mann nicht dabei war, das zweite Zelt extra noch holen, und dann haben wir die Fotos eben so gemacht, dass wir zwei Zelte hatten. Es war ja auch wirklich so, ich habe mit meinem Mann vor der Hochzeit nicht zusammen geschlafen.«

Eine andere vaterlose Tochter, 1935 geboren, meinte, 1955 habe sie durch eine Tante erfahren, dass »ein Kuss und ein bisschen Schmusen nicht zu einem unehelichen Kind führen konnten.« Es hatte sie, wie viele andere Frauen, niemand in der Familie irgendwie aufgeklärt, geschweige denn über Empfängnisverhütung informiert. Sie habe »keine Ahnung gehabt«, hieß es in einer Antwort; eine andere lautete, die Angst, in »sexueller Hinsicht unter die Räder zu kommen«, sei verbreitet gewesen. Die Befürchtung, es könne »Gerede« geben, war wohl ebenso groß wie die, eine voreheliche Beziehung könne ihre Zukunftsaussichten unwiederbringlich zerstören. »Sich hinzugeben« sei etwas Schreckliches gewesen, und ein »gefallenes Mädchen« zu sein, habe als das schlimmste Schicksal einer jungen Frau gegolten. Tatsächlich wurden in den 1950er Jahren weit mehr als die Hälfte aller

Ehen geschlossen, weil bereits ein Kind unterwegs war – dies sicher mit dadurch bedingt, dass die jungen Paare über Verhütung kaum Bescheid wussten.[187]

Dass Moral und Sittenreinheit auch öffentlich streng bewacht wurden, verdeutlichen damalige Gesetze ebenso wie die »Freiwillige Selbstkontrolle« der Filmwirtschaft, deren kirchliche Kontrolleure etwa zum Boykott des Filmes »Die Sünderin« (1951) mit Hildegard Knef aufgerufen hatten, der dann auch tatsächlich in vielen Städten nicht gezeigt wurde. Nicht nur um Bilder sexueller Freizügigkeit, sondern um ein ganzes Bündel angeblich moralischer Gefahren ging es auch in dem 1953 in Kraft tretenden »Gesetz über den Vertrieb jugendgefährdender Schriften«, das auf weitreichende zeittypische sittliche Kontrollansprüche verweist.[188] Nicht zuletzt drohte nach dem aus dem 19. Jahrhundert stammenden sogenannten »Kuppeleiparagraphen«, der noch bis in die frühen 1970er Jahre gültig war, Untermietern und Eltern, die sexuelle Beziehungen von Minderjährigen – d. h. unter 21-Jährigen – duldeten, bis zu fünf Jahre Haft. Jede Form von sexueller Annäherung außerhalb der Ehe galt mithin als »Unzucht«. Ähnlich stellte eine vaterlose Tochter im Rückblick denn auch fest – sicher stellvertretend für viele andere: Bekanntschaften mit jungen Männern hätten »eben nicht weit geführt«, schließlich habe es ja die Pille noch nicht gegeben. Diese war zwar bereits 1961 auf dem Markt, es dauerte jedoch noch Jahre, bis sie sich als Verhütungsmittel durchsetzte. 1965, zu einem Zeitpunkt, als bereits eine große Gruppe der vaterlosen Töchter verheiratet und auch selbst schon Mutter war, lag der Anteil der Frauen zwischen 15 und 44 Jahren, die die Pille nahmen, noch bei kaum mehr als 2 Prozent.[189]

Eine vaterlose Tochter verwies auf den beliebten Poesiealbum-Eintrag: »Sei bescheiden, sittsam und rein«. »Plötzliche Intimitäten«, so schrieben andere Frauen, hätten sie erschreckt, von Sexualität hätten sie sich »überrumpelt« und »überfordert« gefühlt, Männer seien »etwas Besonderes« gewesen, fremd und manchmal bedrohlich. Diskussionen um Nacktheit und Sexualität fanden zunehmend erst seit Mitte der 1960er Jahre statt, als viele der Befragten bereits verheiratet und damit beschäftigt waren, Haushalt und Kinder zu bewältigen, oft auch damit, Familie und Beruf miteinander zu vereinbaren. Als 1970 Oswalt Kolles »Dein Mann das unbekannte Wesen« in die Kinos kam, profitierten nicht sie, sondern eine wesentlich jüngere Altersgruppe von Frauen von den befreienden Wirkungen der gesellschaftlichen, sozial-, bildungs- und geschlechterpolitischen Umbrüche der 1960er Jahre.

Die befragten vaterlosen Töchter waren also in ihren Vorstellungen davon, wie »moralische« junge Frauen sich zu verhalten hätten, noch ebenso geprägt von der Zeit vor den sich allmählich wandelnden Geschlechterverhältnissen wie die Mehrheit heranwachsender Mädchen und junger Frauen ihrer Jahrgänge insgesamt. Der Eindruck scheint jedoch nicht unbegründet, dass besonders die vaterlos aufgewachsenen Frauen, die überwiegend in Frauenhaushalten groß wurden, wohl oft noch gehemmter, noch stärker von ihren Müttern kontrolliert und noch unsicherer im Umgang mit Männern waren als diejenigen, die in Familien mit einer oder mehreren männlichen Bezugspersonen aufwuchsen. Zwar hätten ihre Väter, wenn sie aus dem Krieg zurückgekehrt wären, wohl kaum einen Beitrag zur Aufklärung ihrer Töchter geleistet oder sie ermuntert, mit einem jungen Mann allein zu verreisen, geschweige denn diesem gestattet, sich den Töchtern vor einer offiziellen Verlobung körperlich anzunähern, dennoch: Die väterliche Anwesenheit hätte für die Entwicklung der Töchter eine prägende Rolle gespielt. Idealerweise bestätige nämlich ein Vater seine heranwachsende Tochter »in ihrer weiblichen Identität«, wie Horst Petri aus psychologischer Sicht betont, und die Tochter könne dann auch »beim Eintritt in die Gesellschaft über eine angstfreie Sexualität und ein stabiles Frauenbild in sich verfügen.«[190] Anders gewendet:

Als die vaterlosen Töchter in die Tanzstunde gingen oder bei anderen Gelegenheiten junge Männer trafen, waren sie in der Regel noch keinem Mann begegnet, der »bewiesen« hatte, dass sie sich eine liebevolle und respektvolle Haltung »von einem Mann nicht nur erhoffen« durften, sondern dass sie »einen Anspruch darauf« hatten.[191] In der zeitgenössischen Literatur der 1950er Jahre jedoch lasen sich diese entwicklungspsychologischen Einsichten noch anders. In der renommierten pädagogischen Zeitschrift »Die Sammlung« wies Luise Lampert, eine in der Familienbildung engagierte Pädagogin, etwa darauf hin, dass der Vater seiner Tochter »den Maßstab für das andere Geschlecht« vermittle, er lehre sie, »was ein ›rechter‹ Mann« sei, sie lerne durch ihn »männliche Haltung und Leistung« kennen und schätzen. Dabei kam sie vor allem auf die Gefahren zu sprechen, die weiblichen »Vaterwaisen« drohten: Vor moralischen Verfehlungen seien kriegsbedingt vaterlose Töchter und Mädchen aus unehelichen Verhältnissen in besonderer Weise zu schützen: »Leichtfertige Verführungen oberflächlicher Männer« seien für vaterlose Töchter ein sehr ernstes Problem, denn sie könnten sich ihr »Bild des Mannes« nur »aus Romanen und Kinostücken zurechtträumen.«[192] Aus der Rückschau haben alle befragten Frauen solche »Gefährdungen« und auch andere, weiter oben angesprochene wie beispielsweise Einflüsse amerikanischer Musik- und Tanzkultur als ausgesprochen überzogen bezeichnet. Ihnen sind offenbar weder ›leichtfertige‹ Männer begegnet noch waren sie Situationen ausgesetzt, die die soeben zitierten Warnungen als gerechtfertigt hätten erscheinen lassen. Letztere sind also in erster Linie Teil jener nicht zutreffenden Urteile über unvollständige Familien. Sie werfen außerdem insgesamt ein Licht auf die damaligen Ängste einer moralisch höchst rigiden Gesellschaft.

7.2 Märchenprinzen und Traumpartner

Während Erinnerungen an ihre Kindheitslektüre bei den vaterlosen Töchtern stark von Identifikationen mit Waisenkindern und Märchen wie »Hänsel und Gretel« bestimmt wurden, konnten sie als Kinder mit Märchen über Prinzessinnen, die von einem Königsohn gerettet werden oder die einen Prinzen aus seiner Verzauberung befreien, offenbar kaum etwas anfangen: Dass junge Männer ihre Partnerinnen prinzessinnengleich in die Ehe führen, ist in der klassischen Mädchenlektüre, die in der Altersgruppe der vaterlosen Töchter noch eine ausgesprochen wichtige Rolle spielte, eher ein randständiges Thema. In der »Pucki«-Serie der Schriftstellerin und Frauenrechtlerin Magda Trott, in der – entgegen zahlreicher anderer Veröffentlichungen der Autorin – die Frau keineswegs neben dem Mann eine gleichberechtigte Rolle übernimmt, entwickelt sich die Hauptdarstellerin bekanntlich vom »Backfisch« zur »vorbildlichen« Ehefrau, die sich ihrem Mann unterordnet.[193] In Serien wie »Nesthäkchen« oder »Trotzkopf« finden sich zwar Belege für weibliche Eigenständigkeit mit dem zentralen entwicklungspsychologischen Thema der Ablösung vom Elternhaus, einer »Übergangszeit« also, in der besonders Mädchenfreundschaften einen breiten Raum einnehmen,[194] doch auch hier wirkten weit zurückreichende Traditionen lange fort, die eine Grundlage bildeten für die Mädchenlektüre bis in die 1950er Jahre: Was Mädchen und jungen Frauen nicht zugestanden wurde, war eine ausgedehnte Übergangsphase zwischen Jugend und Erwachsenenleben.[195] Annemarie Braun, der Heldin der Nesthäkchen-Reihe, wird zum Beispiel nur zwischen ihrer Kindheit und ihrem Erwachsensein als verheiratete Frau und Mutter eine sehr kurze »Übergangszeit« zugestanden, die als »Wilde-Hummel-Phase« im Elternhaus beginnt und ihren Höhepunkt während ihres einjährigen Studiums in Tübingen und der romantischen Beziehung zu einem »Märchenprinzen« erreicht, bevor die Protagonistin die traditionellen weiblichen Pflichten erwarten.

Darüber, wie sich die Vorstellung vom Traumprinzen über Lektüre vermitteln konnte, schrieb eine Befragte Folgendes:

»Und als ich etwa zehn war, kamen ›Lore-Romane‹ dazu. Die Mutter eines anderen Flüchtlingsmädchens las die und verwahrte sie in einem Karton auf dem Speicher. […] Mein Bild von Liebe, Ehe und Familie – und von Männern – war absolut auf dem Niveau von Küchenballaden. Armes Mädchen – und das war ich ja nun mal – trifft reichen, schönen, intelligenten, gütigen Mann, sie verlieben sich, nach einigen Komplikationen heiraten sie, bekommen viele Kinder und leben glücklich bis an ihr Ende. Dieses Lore-Roman-Gedankengut, verbrämt mit überhöhten und idealisierten Vorstellungen von Mutterschaft, fiel bei mir auf sehr fruchtbaren Boden, ich hatte ja absolut nichts entgegenzusetzen. Eigentlich fing ich schon zu dem Zeitpunkt an, auf den Traumprinzen zu warten, der mich aus meinem vaterlosen Elend erlösen würde.«

Die vaterlosen Söhne hingegen führten eine große Zahl männlicher Helden an, deren Geschichten sie über Lektüre kennengelernt hatten: vielfach Seefahrer, Abenteurer, Entdecker, die oft in frauenfreien Räumen handeln. Die vaterlosen Töchter lasen zwar auch intensiv, aber offenbar anderes und vor allem: Männliche Romanfiguren etwa, die sie als »Traummänner« etwa hätten bezeichnen können, benannten sie kaum, von Dr. Schiwago abgesehen, den sie aber nur aus dem Film kannten. Überhaupt nahmen Erinnerungen an Filme und hier wiederum an die Darsteller, einen breiteren Raum ein als bei den Männern.

Dass Kinobesuche für die vaterlosen Töchter – entweder, weil sie in ländlichen Regionen lebten oder weil die finanziellen Mittel nicht reichten – keineswegs selbstverständlich waren, machte sie wohl besonders reizvoll. So erinnerten sich die Frauen gerne an Filme, für deren männliche Hauptdarsteller sie als Heranwachsende geschwärmt hatten. Die Rückblicke der vaterlosen Töchter auf bleibende Kinoerinnerungen ihrer Jugend reichten vom Ende der 1940er bis zur Mitte der 1960er Jahre, genannt sei hier der Piratenfilm »Der rote Korsar« (1952), der Westernklassiker »Vera Cruz« (1954) oder aus der Reihe sogenannter Mantel- und Degenfilme nicht zuletzt »Zorro« (seit 1920 mehrfach neu verfilmt).[196] Zu den mehrmals erwähnten Filmen gehörte ferner der US-amerikanische Kriegsfilm »Verdammt in alle Ewigkeit« (1953). Die »Halbstarken« (1956) fanden ebenfalls Erwähnung, scheinen aber – ebenso wie US-amerikanische Produktionen mit James Dean – nicht nachhaltig beeindruckend gewesen zu sein. »Denn sie wissen nicht was sie tun« (1955) oder »Giganten« (1956) wurden gar nicht genannt. Möglicherweise gehörten weder die Sujets dieser Filme zu den Vorlieben der Befragten, noch verkörperten Horst Buchholz und James Dean ihr Männerideal. Junge, rebellische, ungezähmte Helden in Lederjacken und -hosen oder Röhrenjeans fanden eher in der männlichen Jugend Anklang.

Ein ausgesprochen kritischer Blick aus heutiger Perspektive auf die einstigen Jugend-Filmfavoriten findet sich in Äußerungen der Frauen im Zusammenhang mit ihrer, wie sie sich erinnerten, in der Pubertät einsetzenden Begeisterung für »Herz-Schmerz-Liebesfilme« oder »Liebesfilme mit einem guten Ende«, mit Schauspielerinnen wie Ruth Leuwerik (z. B. in: »Königliche Hoheit« nach dem Roman von Thomas Mann), Lieselotte Pulver (beispielsweise in: »Ich denke oft an Piroschka«), Heidi Brühl (in: »Die Mädels vom Immenhof«[197]), Audrey Hepburn (u. a. in: »Ein Herz und eine Krone«, 1954) oder Romy Schneider (»Mädchenjahre einer Königin«, 1954, »Sissi«, 1955, etc.), um nur einige zu nennen. Viele weibliche Hauptdarstellerinnen waren sympathisch, bescheiden, natürlich und adrett, womit sie das weitverbreitete deutsche Frauenideal der Aufbauzeit und des beginnenden Wirtschaftswunders verkörperten – sowohl aus männlicher als auch aus weiblicher Sicht.

Die männlichen Schauspieleridole der vaterlosen Töchter repräsentieren ein breites Spektrum von »Männlichkeiten«: Eine Gruppe gehört zweifellos vom Alter her zur Generation der Väter der Befragten, von denen die meisten zwischen 1901 und 1914 geboren wurden. Namentlich in den Fragebogenantworten genannt wurden etwa: Gary Cooper und Clark Gable, beide Jahrgang 1901, gefolgt nach Geburtsjahren von Cary Grant (1904), James Mason (1909), Burt Lancaster und Jean Marais (beide 1913), O. W. Fischer (1915) oder Gregory Peck (1916). Hinzu kamen in den 1920er und 1930er Jahren Geborene: Gérard Philippe (1922), Rock Hudson (1925), Hardy Krüger (1928) und Omar Sharif (1932).

Eine der Frauen versuchte, diese höchst unterschiedlichen Männer ausdrücklich unter dem Gesichtspunkt ihres vaterlosen Aufwachsens und ihres mit diesem Defizit belasteten weiblichen Erwachsenwerdens zu deuten: Einige der Genannten verkörperten ihr Vater-Idol, andere den Helden und Traumprinzen, an dessen Seite sie sich zumindest ein wenig als Prinzessinnen vorstellen konnten – eine Rolle, in der sich die vaterlosen Töchter insgesamt gesehen, wie bereits erwähnt, jedoch äußerst selten sahen. Die Begeisterung für starke und zugleich einfühlsame Helden, die der Sehnsucht nach Schutz und Anlehnung entsprochen haben dürfte, erklärt sicher auch die Beliebtheit der Mantel- und Degenfilme und ihrer literarischen Vorlagen, zu denen »Zorro« ebenso gehört wie Alexandre Dumas' »Graf von Monte Christo«, der mehrfach verfilmt wurde, 1953 etwa in einer Version mit Jean Marais in der Hauptrolle, die 1954 in deutsche Kinos kam.

Der Chronologie ihres Erscheinens nach endet die Reihe der gern gesehenen und als besonders eindrücklich wahrgenommenen Filme mit »Doktor Schiwago« (1965), mit dem Omar Sharif bekanntlich zu einem der beliebtesten Leinwand-Frauenhelden wurde. Die vaterlosen Männer, die sich an dem »Söhne-Buch« beteiligten, äußerten sich so gut wie gar nicht zu Lieblingsfilmen, das sei zumindest angemerkt. Tapfere und ritterlich edle Männer hätten sein Herz »höher schlagen lassen«, meinte lediglich einer von ihnen. Andere erwähnten fast ausschließlich Western, in denen Frauen allenfalls Randfiguren spielen. In den Fragebogenantworten der Männer findet sich auch, was für ihr Lieblingsgenre bezeichnend sein mag, an keiner Stelle ein Hinweis auf Traumfrauen. Manche der Fragen, so vielleicht die einfachste Erklärung, mögen für vaterlose Töchter und vaterlose Söhne jeweils unterschiedlich spannend gewesen sein; vielleicht werfen die Antworten aber auch ein Licht darauf, für wie bedeutsam bzw. für wie unbedeutend sie ihre Bezogenheit auf das andere Geschlecht für ihre Jugend einschätzen. Da, wie bereits an anderer Stelle betont, die Frauen sich offenbar mehrheitlich bereits während des Heranwachsens ausdrücklich ein Leben an der Seite eines männlichen Partners wünschten, überraschen jedenfalls die ausführlichen Berichte der Frauen über Filme, die ihre »romantischen« Phantasien beflügelten, kaum.

7.3 Ledige, Verheiratete, Krisen und neue Chancen

Die meisten befragten vaterlosen Frauen heirateten früh; sie waren zum Zeitpunkt ihrer Eheschließung kaum älter als zwanzig Jahre, einige sogar jünger. Die überwiegende Zahl ihrer Ehen wurde Mitte der 1950er bis Ende der 1960er Jahre geschlossen. 1950 lag das durchschnittliche Heiratsalter bei Frauen in Westdeutschland bei 25,4 Jahren, 1960 bis 1965 erreichte es mit 23,7 den niedrigsten Stand überhaupt in der Geschichte der Bundesrepublik (wobei Frauen rund drei Jahre früher eine Ehe eingingen als Männer).[198] Einige wenige Ehen der vaterlosen Töchter bestanden nur kurz, eine größere Zahl dagegen 20 und mehr Jahre, manche inzwischen mehr als fünfzig Jahre. Die Ehen von rund einem Fünftel der Befragten wurden geschieden; die Trennungen verteilen sich relativ gleichmäßig über die 1970er Jahre bis zum Jahre 2000. Die wenigsten vaterlosen Töchter heirateten nicht, einige sind verwitwet, einige weitere leben in einer zweiten oder dritten Partnerschaft.

Es dürfte nicht nur schwierig, sondern auch wenig sinnvoll sein, die nicht immer präzisen Angaben in den Fragebogenantworten in allgemeinen Statistiken wiederfinden zu wollen.[199] Unsere Befragung stellt ja keinen repräsentativen Querschnitt vaterloser Töchter dar; und es ist somit auch kaum möglich, weitreichende Schlussfolgerungen zu ziehen, wenn ihre Heirats-, Ehe- und Scheidungsdaten von statistischen Repräsentativwerten, beispielsweise in Heiratsstatistiken oder Scheidungsübersichten, abweichen. Vielmehr verweisen die »auszählbaren« Angaben der Befragten auf ein breites Spektrum von Beziehungserfahrungen, die sich in zwei Gruppen unterteilen lassen. Einige Frauen entschieden offenbar früh, dass sie keine Ehe eingehen wollten. Die zweite Gruppe favorisierte Ehe und Familie ganz klar als Lebensmodell, berichtete dann aber auch über höchst individuelle Lebensgeschichten, wobei die Frauen mit Eheerfahrung immer wieder auf sich allmählich gesellschaftlich wandelnde Lebens- und d.h. Partnerschaftsvorstellungen hinwiesen. Letztere beeinflussten, ohne dass sie sich statistisch abbilden lassen, das Leben der Frauen zweifellos mit. Zu der erstgenannten Gruppe, den langfristig und überzeugt Ledigen, zählten vor allem Frauen, die in ihrer Kindheit mehrfach höchsten Belastungen ausgesetzt waren, denen etwa auf der Flucht zeitweise zusätzlich Mutter und Geschwister abhanden gekommen oder die vorübergehend in Heimen aufgewachsen waren. Diejenigen, die unehelich geboren wurden, bilden noch einmal eine besondere Erfahrungsgruppe. Einige beschreiben das Leben ihrer Mütter als in höchstem Maße desolat, mit kurzfristigen Partnerschaften, einer sozial prekären Gesamtsituation, unübersichtlichen Halbgeschwisterkonstellationen u.a. mehr.

Besonders beeindruckend waren Reflexionen derjenigen Unverheirateten, die sich ihren Müttern innig verbunden fühlten und die deren Verletzungen und Enttäuschungen aus Beziehungen mit Männern als so gravierend erlebt hatten, dass sie daraus für die eigene Lebensplanung den Schluss zogen, diese weitgehend ohne männliche »Ein- und Übergriffe«, wie einige Frauen sich ausdrückten, zu gestalten. Mit anderen Worten: Männer sollten in ihrem Leben, anders als in dem ihrer Mütter, eine eher zu vernachlässigende Größe darstellen. Die Wahrnehmung solcher Väter, die aus dem Krieg wiederkamen und keine vorbildlichen Väter sein konnten, mag bereits früh und auch noch aus dem Rückblick zusätzlich die Entscheidung, Männern eine eher randständige Rolle in ihrem Leben zuzugestehen, gefördert haben. Wie aus den hinter Fragebogenantworten und persönlichen Gesprächen natürlich nur ansatzweise sichtbar werdenden Biografien dieser vaterlosen Töchter zu erkennen ist, haben diese Frauen Unabhängigkeit in dem hier angedeuteten Sinne nicht nur angestrebt, sondern auch verwirklichen können. Und vor allem blicken diejenigen, die ein Leben ohne Ehe und Familie gewählt haben, offenbar zurück, ohne ihre Entscheidung zu bereuen. Sie möchten sich – wohl nicht zuletzt aufgrund ihrer bis heute als tiefe Wunden gefühlten Kindheitserfahrungen – keine Alternative zu dem Weg denken, den sie gewählt haben.

Eine derjenigen Frauen, die sich so entschied und heute in einem Stift lebt, in dem der Tradition dieser Einrichtung gemäß »Eigenständigkeit von Frauen« erwartet wird, schrieb, sie habe sich immer eine große Verwandtschaft gewünscht, aber nicht gehabt. Sie sei mit ihrer Mutter »sehr glücklich« gewesen, habe sich geborgen und behütet gefühlt. Männervorbilder habe sie keine gesucht und die verbreiteten Vorstellungen, wie Frauen und Männer zu sein hätten, stets mit einer gewissen Distanz betrachtet. Frauen seien eben Hausfrauen und Mütter, Männer gingen arbeiten. So »einfach« sei das für viele Frauen gewesen, doch es habe ja auch andere Möglichkeiten gegeben; sie habe sich jedenfalls in vielfacher Weise darin bestätigt gesehen, dass Frauen eigenständig sein und für sich allein sorgen könnten: »Danach habe ich mein Leben ausgerichtet und geführt. Nicht ›von einem Mann‹ oder anderweitig abhängig sein, war mein höchstes Ziel.«

Die Mehrheit der Befragten wurde jedoch, wie bereits angesprochen, Ehefrau und Mutter. Am Anfang ihrer Ehen hatten hohe Erwartungen gestanden. Diese richteten sich an den Mann, der – teilweise wohl unbewusst – dem vermissten und idealisierten Vater entsprechen sollte. »Zärtlich, aber stark« stellten sich die vaterlosen Töchter – ohne genau sagen zu können, was sie im Einzelnen mit einer solchen Vorstellung verbanden – einen Partner vor, der, wie Peter Riedesser in einem Interview formulierte, das »kompensierte«, was sie von ihrem Vater nicht hätten bekommen können.[200] Hohe Erwartungen an die Ehe bezogen sich darüber hinaus zweifellos auf ein Leben in Sicherheit und Geborgenheit, das den seit der Kindheit gehegten Träumen der Frauen entsprach. Große Ansprüche hatten die vaterlosen Töchter nicht zuletzt an sich selbst. So, wie sie versucht hatten, vor den Augen der Mütter als Mustertöchter anerkannt zu werden, versuchten sie auch in ihrer Ehe alles »richtig« zu machen: ihrem Mann eine verständnis- und liebevolle Frau zu sein, sich als perfekte Hausfrau zu bewähren und ihren Kindern all die Entbehrungen zu ersparen, die sie selbst erlebt hatten. Sie wollten ebenso wie sie es als Kinder und heranwachsende Mädchen gewesen waren, auch als erwachsene verheiratete Frauen »tüchtig« sein und waren dann auch im starkem Maße pflichtbewusst und leistungsorientiert. Zusammen mit ihren Männern sorgten sie für die materielle Absicherung ihrer Familien, indem sie sparsam waren und nur selten Wünsche nach Entlastung bei der Hausarbeit und Kindererziehung äußerten. Viele Frauen arbeiteten nach der Heirat zunächst weiter, einige bis das erste, manche auch bis das zweite Kind kam; viele gaben ihren Beruf nie auf.

Obwohl sie also keineswegs mehrheitlich »zu Hause blieben«, hatten für die meisten Frauen Mann und Kinder für viele Jahre absolute Priorität; ihrer Familie widmeten sie sich mit einem Großteil der ihnen zur Verfügung stehenden Kraft. Die Mehrfachbelastungen der Frauen hatten zweifellos erhebliche Auswirkungen darauf, aus welcher Perspektive sie die 1960er Jahre erlebten. Die Feststellung einer vaterlosen Tochter trifft sicher auch für andere zu: Sie habe »mit der Geburt ihrer drei Kinder und deren Erziehung, mit Kindergärten und Schulen, mit Umzügen, neuen Wohnungen und Ämtern« und dem Versuch, ihrem Idealbild als Ehefrau und Mutter gerecht zu werden, so viel zu tun gehabt, dass die bewegten 1960er Jahre »spurlos« an ihr vorübergegangen seien. Eine andere erinnerte sich, sie habe nach ihrer Ausbildung zur Volksschullehrerin dreißig Stunden unterrichtet, sei frisch verheiratet gewesen und habe Zwillinge erwartet. Muße oder Zeit, sich gesellschaftlich zu interessieren und zu engagieren, habe es nicht gegeben. D. h. allerdings nicht, dass die Frauen den Bau der Mauer, die Kuba-Krise, die Ermordung John F. Kennedys, den Vietnam-Krieg usw. nicht wahrgenommen hätten. Auch die Tatsache, dass die 1960er Jahre in Westdeutschland wie kein anderes Jahrzehnt nach 1945 so sehr von Stichworten wie Kritik, Protest, Rebellion und Unruhe gekennzeichnet waren, erschloss sich ihnen durchaus. Aus ihren Lebenserzählungen wird jedoch deutlich, dass offenbar weder die Angst vor einem neuen Krieg noch die gesellschaftlichen und moralischen Provokationen einer rebellischen Minderheit Jugendlicher und junger Erwachsener im Mittelpunkt dessen standen, was für sie persönlich wichtig war.

Sowohl öffentlich als auch in ihren Familien begehrten die vaterlosen Töchter nicht auf. Sie betonten häufig, sie hätten ein großes Harmoniebedürfnis gehabt und seien auf eine angemessene Austragung von Konflikten nicht vorbereitet gewesen. Sie hätten Auseinandersetzungen gescheut und wenn irgend möglich vermieden. Diesem pflichteten auch diejenigen Frauen bei, deren Mütter sich in ihre Ehen eingemischt hatten oder in ihren Partnerschaften sogar zeitweise »das Regiment übernommen« hatten. Die Töchter meinten, sie seien eben weiterhin »brav« gewesen: Sie hätten weder gegen Zumutungen vonseiten ihrer Mütter rebelliert noch gegen die – aus rückblickender Sicht (allzu) selbstverständliche – traditionelle Rollenverteilung in ihrer Ehe,[201] die dieser den familienrechtlichen Bestimmungen gemäß bis in die 1970er Jahre hinein ein festes Fundament gab. Im Bundesgesetzbuch hieß es bis 1977 wörtlich: »Die Frau führt den Haushalt in eigener Verantwortung. Sie ist berechtigt, erwerbstätig zu sein, soweit dies mit ihren Pflichten in Ehe und Familie vereinbar ist.«[202]

Eine stärker partnerschaftliche Ehe begannen die Frauen sich indes zunehmend zu wünschen. Nach Mittlerer Reife, Lehre und Berufstätigkeit sei sie, so eine der Befragten, »mit Traumbildern in die Ehe« gegangen und dann zwei Jahrzehnte »nur noch dienende Hausfrau und Mutter« gewesen, eine Rolle, in der sie sich allmählich ausgesprochen unzufrieden gefühlt habe. Eine andere stellte fest, sie habe trotz ihres Sicherheitsbedürfnisses bei ihrem Mann eben doch nicht ausschließlich eine »starke Schulter zum Anlehnen« gesucht, es sei in ihrer Ehe um mehr gegangen, nämlich um Nähe und Halt in einer wirklichen Partnerschaft.

Mit dem allmählichen Heranwachsen der Kinder, und damit auch größer werdenden individuellen Spielräumen, gewann die Frage nach Substanz und Gestaltung der Partnerschaft an Bedeutung. Zudem zeigten die von der Frauenbewegung in den 1970er Jahren aufgeworfenen kritischen Fragen und angestoßenen Debatten ohne Zweifel eine gewisse Breitenwirkung und trugen mit dazu bei, dass viele Frauen festgeschriebene weibliche Rollen und Lebensentwürfe zu überdenken begannen. Die 1970er und frühen 1980er Jahre waren daher für die vaterlosen Töchter in mehrfacher Hinsicht mit Umbrucherfahrungen verbunden. Ihre Kinder wurden erwachsen – die meisten waren in den 1960ern geboren –, die materiell schwierigsten Jahre waren überstanden, die Ehemänner hatten sich beruflich etabliert, und die Frauen begannen allmählich, über weitere Perspektiven nachzudenken. Das gilt sowohl für diejenigen, die sich über Jahre ausschließlich der Familie gewidmet hatten, als auch für die während der Erziehungsjahre Berufstätigen.

Dass einige der Frauen sich nach oft bereits langjährigen Ehen seit Ende der 1970er Jahre von ihren Männern trennten, lässt sich abgesehen von individuellen Gründen sicher teilweise auch mit gesellschaftlichen Entwicklungen erklären. Das steigende Ausbildungsniveau, die Erwerbstätigkeit und das damit wachsende Selbstbewusstsein von Frauen sind hier ebenso zu nennen wie die allgemein, sowohl bei Protestanten wie Katholiken, rückläufige Auffassung, Ehen seien grundsätzlich nicht lösbar.[203] Umfragen ergaben, dass Frauen seit den 1950er Jahren bis zum Ende der 1970er mit ihrer Ehe allmählich unzufriedener wurden und eine ebenfalls zunehmend kritischere Haltung gegenüber ihrem Ehepartner einnahmen.[204] Und manche zogen aus ihren Auffassungen von Partnerschaftlichkeit in der Ehe auch Konsequenzen.[205] Diejenigen Befragten, die sich scheiden ließen, blickten allerdings weniger auf gesellschaftliche Hintergründe, wenn sie versuchten, Krisen in ihren Ehen zu begründen. Auch das Ende der Erziehungszeit, mit dem in vielen Ehen die Grundlage für Gemeinsamkeiten noch einmal überdacht wird, sei – so hieß es – nicht maßgeblich für eine Scheidung gewesen. Vielmehr habe ihre Kindheit einen Schatten auf ihre Partnerschaften geworfen, aus dem sie nicht hätten heraustreten können. Davon waren besonders die Frauen überzeugt, die mit Männern verheiratet waren, die wie sie selbst ohne Vater aufgewachsen waren.

Etwa ein Sechstel der Befragten gab an, sie hätten vaterlose Söhne geheiratet. Diese Männer hatten ihre Väter ebenfalls im Krieg verloren oder diese waren aus der Gefangenschaft nicht mehr zurückgekehrt; einer hatte seinen Vater als physisch und psychisch versehrt als Spätheimkehrer erlebt. Zwei vaterlos aufgewachsene Ehemänner waren Söhne aus deutsch-niederländischen Kriegsbeziehungen; einer der beiden, der Sohn einer Deutschen und eines Holländers, habe nichts von seinem Vater gewusst, wie seine Ehefrau mitteilte: Seine Mutter habe ihr Leben lang über die Umstände ihrer Schwangerschaft Stillschweigen gewahrt. Die Ehen beidseits vaterloser Partner hoben sich allerdings nicht etwa dadurch von der Gruppe der Verheirateten ab, dass sie besonders häufig geschieden wurden. Cornelia Staudacher geht auf Basis ihrer Befragung von 12 vaterlosen Töchtern, die im Alter mehrheitlich allein lebten, davon aus, dass vaterlose Töchter wohl insgesamt gesehen aufgrund ihres vaterlosen Aufwachsens lebenslang Partnerschaftsprobleme gehabt hätten. Diese Annahme lässt sich jedoch anhand unserer Befragung nicht bestätigen.[206] Man sollte sicher mit solchen Vermutungen vorsichtig sein. Gleichwohl ist der subjektive Eindruck einer Reihe vaterloser Töchter, das beidseitige Vaterdefizit in ihrer Partnerschaft habe fast unüberwindliche Probleme mit sich gebracht, ernst zu nehmen.

Im Folgenden soll also noch einmal ein differenzierender Blick auf die vaterlosen Paare gerichtet werden: Die Gruppe der Befragten, die vaterlose Söhne geheiratet hatte, umfasst zwei Witwen, von denen eine wenige Jahre vor dem Tod ihres Mannes von diesem verlassen wurde, eine Ehe wurde nach sechs Jahren geschieden; zwei Frauen gingen ein zweites Mal eine Beziehung mit vaterlosen Männern ein, die beide scheiterten, einige Paare trennten sich nach langjährigem Zusammenleben, nach 20, 30 oder fast 40 Jahren. Daneben gibt es aber auch bis heute bestehende Ehen beidseits vaterloser Ehepartner, die als ausgesprochen gelungen und stabil bezeichnet wurden. Diejenigen, die sich zudem beraten ließen und gemeinsam an der Lösung ihrer Probleme mit fachlicher Unterstützung gearbeitet hatten, besaßen offenbar gute Chancen, ihre Krisen zu überwinden, ohne sich zu trennen.

Interessant ist vor allem, wie die Frauen das Scheitern ihrer Partnerschaften mit vaterlosen Männern sahen. In einer Äußerung hieß es, die Ehe habe nicht gut gehen können, sie »musste fehlschlagen.« Sie und ihr Mann hätten nicht über ihre Wünsche und über Schwierigkeiten in der Paarbeziehung sprechen können. Beiden Partnern habe wohl ein Vatervorbild gefehlt, hieß es wiederholt, oder: »Wir waren beide vaterlose Kinder«. Über Gefühle habe nicht gesprochen werden können, betonte eine andere Frau, die sich nach langjähriger Ehe von ihrem vaterlosen Ehemann getrennt hatte. Die Frauen sahen sich und ihre Männer als gleichermaßen harmoniebedürftig, ungeübt darin, Probleme auszusprechen und unerfahren darin, Konflikte auszutragen. Sie hätten nicht gelernt, »wie man Zuneigung zeigt, sich lieb hat, Krisen angeht, Streit hat und sich versöhnt«. Sie hätten sich schwer wirklich »aufeinander einlassen« können, obwohl sie hohe Erwartungen gehabt hätten. Ihr Mann, meinte eine Beteiligte, habe es wohl als selbstverständlich betrachtet, dass ihre Mutter auch in der Ehe »das Heft in die Hand« genommen habe: Er sei es von Kindheit an so gewohnt gewesen.

Zweite bzw. spätere Partnerschaften, von denen ebenfalls eine Reihe von Frauen sprach, wurden als oft ganz anders fundiert beschrieben als die ersten. Entweder hatten sich die Erwartungen der Frauen verändert oder sie hatten sich als Partnerinnen neu und anders definiert. So stellte etwa eine vaterlose Tochter fest, sie sei nun mit einem Mann verheiratet, der sie so nehme, wie sie sei und bei dem sie sich nicht –

wie sie es von Kindheit an gewohnt gewesen war – stets angepasst »wohlverhalten« müsse, um sich angenommen zu fühlen. Folgender Eindruck, den Hartmut Radebold folgendermaßen formulierte, scheint zumindest nicht unberechtigt: Manchen Frauen sei es, häufiger übrigens als vaterlos aufgewachsenen Männern, gelungen,

»sich dauerhaft von ihren Vätern zu verabschieden. Ihre fortbestehenden Wünsche und Bedürfnisse gegenüber einem Mann konnten sie nun in ihren Partnerbeziehungen verwirklichen: teils in einer neuen, aufgrund ihrer Erkenntnisse weitgehend anders gestalteten oder in einer umgestalteten bisherigen Beziehung.«[207]

Einige Frauen, die sich von ihren Männern trennten, konnten sich offenbar auch gut in einem Leben ohne Partner, mit einem tragfähigen Netz von Freundschaften und Aufgaben, beruflich, im Ehrenamt oder als engagierte Großmütter, einrichten.

7.4 Weitergabe von Erfahrungen und Haltungen

Studien zur nachhaltigen Wirkung historischer Erfahrungen haben ergeben, dass Spuren belastender Kindheitserfahrungen einer Generation sich zumeist noch in der zweiten und dritten, wenn nicht gar in der vierten Folgegeneration nachweisen lassen. Bahnbrechend waren zunächst Ergebnisse aus Untersuchungen zu Auswirkungen der grauenvollen Erfahrungen auf Holocaust-Überlebende und ihre Nachkommen.[208] Ihre Leiderfahrungen sind natürlich nicht denen von Menschen mit Flucht- und Bombenerfahrung undifferenziert an die Seite zu stellen – worum es im Folgenden vielmehr gehen soll ist die These: Traumatische und im weitesten Sinne stark belastende Erfahrungen enden nicht mit dem Tod derjenigen, die sie erlebt haben; sie hinterlassen vielmehr auch weitreichende Spuren in den Familien der Nachgeborenen. Aus einem umfangreichen Projekt über Folgen des Hamburger Feuersturms für Menschen, die diesen mit- und überlebt haben, und dann auch auf ihre Kinder und Kindeskinder übertragen haben, wissen wir, dass das Thema der transgenerationalen Weitergabe noch weitreichender Forschungen bedarf.[209]

Seit Sabine Bodes Buch über die »Kriegsenkel«,[210] Anne Ev Ustorfs »Wir Kinder der Kriegskinder«[211] und weitere mehr oder weniger populäre Literatur für ein breiteres Publikum zugänglich ist, scheint auch für Kriegskinder die Frage an Bedeutung zu gewinnen, was sie ihren Kindern und Enkeln möglicherweise weitergegeben haben.[212] Die Enkel wagen starke Thesen: »Viele Kriegskinder konnten ihren Kindern das ›Fühlen‹ nicht gut beibringen«, schreibt etwa die 1974 geborene Ustorf. Es bestehe sogar die Gefahr, dass die Kinder der Kriegskinder ebenso wie ihre Eltern »emotionale Analphabeten« würden; Ustorf spitzt damit zu, was Kinder der Kriegskinder nicht selten empfinden und berichten.[213] Zunächst wenden sich die Kriegskinder, wie unser Beispiel der vaterlosen Töchter zeigt, ihren eigenen Erinnerungen an ihre Kindheit und Jugend zu – allerdings beginnen sie sich auch zu fragen, was für Erbschaften sie wohl unbewusst weitergegeben haben könnten. Sie entwickeln dabei auch Vermutungen und Fragen zu ihren Kindern, den »Kriegsenkeln«. So vermuteten einige befragte vaterlose Frauen, sie hätten aufgrund ihrer Erziehung nicht gelernt, Emotionen zu zeigen und damit möglicherweise schwerwiegende eigene Defizite an ihre Kinder weitergegeben. Eine Befragte stellte folgende weitreichende Überlegung an:

»Das konnten wir uns in unserer Jugend nicht leisten … (Kleidung, Essen, Reisen, Vergnügen), vielleicht wurden die Kinder dadurch unnötig mit einem schlechten Gewissen belastet, dass sie es jetzt besser hatten als ihre Eltern.«

Hat vielleicht die Kriegsgeneration ihre physische und psychische Mangelerfahrung den Kindern als lustfeindliche Moral vererbt? Diese Frage oder mehr noch: diese Befürchtung vonseiten vaterloser Töchter findet sich auch in zahlreichen nachdenklichen Überlegungen der Beteiligten an dem »Söhne-Buch«, und sie stimmt überdies mit der anderer Erfahrungsgruppen der Geburtsjahrgänge 1930 bis 1945 überein, nämlich denjenigen, die Flucht und Vertreibung oder ganz allgemein in höchstem Maße kriegsbedingt entbehrungsreiche Kindheits- und Jugendjahre erlebt hatten. Es wäre also noch einmal zu differenzieren zwischen Aspekten der Erfahrungsweitergabe, die in einem ganz allgemeinen Sinne kriegskinderspezifisch sein dürften, und solchen, die sich ausdrücklich auf den Vaterverlust beziehen.

Zu den Erbschaften, die für eine Mehrheit von Kriegskindern – männlich und weiblich, mit und ohne Väter – kennzeichnend sind, gehören sicher die bereits an anderer Stelle ausführlicher angesprochenen Erziehungsnormen von Disziplin und Härte gegen sich selbst, die ja nicht erst diese Altersgruppe stark verinnerlicht hatte, sondern bereits die ihnen vorangehende Generation (siehe Kapitel 4.3). Verallgemeinerbar ist wohl ferner die Aussage zahlreicher vaterloser Töchter, über ihrer Kindheit und Jugend habe ein »tiefer Ernst« aller sie umgebenden Menschen gelegen. Das habe für die Erwachsenen gegolten, und auch sie selbst seien keine unbeschwerten oder unkompliziert ausgelassenen fröhlichen Mädchen gewesen. Ähnlich äußerten sich vaterlose Söhne. Es hatte wenig Anlässe gegeben, locker und unbeschwert zu sein; wie sollten sie also eine solche Haltung anderen, etwa ihren Kindern, vermitteln?

Charakteristisch für den Blick Vaterloser darauf, was sie auf keinen Fall an ihre Kinder weitergeben wollten, mögen folgende Äußerungen der befragten Töchter sein: Die Mehrzahl der Frauen möchte sich nicht in der Weise in das Leben ihrer erwachsenen Kinder einmischen, wie dies teilweise ihre Mütter getan haben. Sie wollen keine überbeschützenden »Glucken« sein. Sie hoffen, dass sich ihre Töchter besser von ihnen lösen konnten, als ihnen selbst dies gegenüber ihren Müttern gelungen war. Zugleich freuen sie sich, wenn sie großmütterlich gebraucht werden und in den Familien ihrer Kinder unterstützend tätig sein können.[214] Sie hoffen, dass ihre Söhne und Töchter mit größerer Leichtigkeit und Selbstverständlichkeit, weniger angestrengt als sie selbst dies getan haben, Herausforderungen der Partner- und Elternschaft annehmen und meistern. Sie erschrecken bei dem Gedanken, das Scheitern einer Partnerschaft der Kinder könne – wie auch immer – einen Grund in ihrer eigenen Vaterlosigkeit haben.

Erst in der Beschäftigung mit der eigenen Kindheit und Jugend wurde den Betroffenen deutlich, dass bereits im Ersten Weltkrieg etwa der Großvater väter- oder mütterlicherseits und weitere männliche Familienangehörige umgekommen waren. So hieß es etwa wörtlich in einer Fragebogenantwort: »Meine Großmutter väterlicherseits hat ihren Mann und zwei Söhne im Krieg verloren. Meine Mutter ihren Mann und meine Tante, die mit in ihrem Hause lebte, ihren Verlobten.« Besonders diejenigen Frauen, die sich von ihren Männern getrennt hatten, und einige, die ihre Enkel ohne Vater aufwachsen sehen, stellen sich die Frage, inwieweit Vaterlosigkeit ein Mehrgenerationenthema in ihren Familien ist, dem sie bislang nicht genügend Aufmerksamkeit gewidmet haben. Die gedankliche Spurensuche nach einer daraus resultierenden Dominanz weiblicher Prägung über mehrere Generationen führt dann zumeist zu einer für die Betroffenen überraschenden Einsicht einer »defizitären« Männlichkeit und Väterlichkeit bereits in ihrer Elterngeneration. Diese war in ihren Familien bislang kaum ein Gesprächsgegenstand gewesen, obwohl sowohl die Facetten als auch die generationellen Tiefendimensionen unübersehbar waren, angefangen bei den vaterlos aufgewachsenen Partnern und deren vielleicht ebenfalls schon vaterlosen Müttern und Großmüttern bis hin zu vaterlosen Verwandten im weiteren familiären Umfeld. Die Auswirkungen solch ausgesprochen dichter Spuren fehlender Männlichkeitsvorbilder und abwesender Vaterfiguren scheinen sich geradezu zu einem neuen Themenfeld für Familienrecherchen auszuweiten.

Häufig sind die Befürchtungen über mögliche familiäre Erbschaften indes nach wie vor ausgesprochen diffus und finden in der Wahrnehmung ihren Ausdruck, dass ganz allgemein gesehen »Unausgesprochenes« in den Familien das Leben von Kindern und Enkeln belasten könne. Betroffene fühlen sich hilflos und unglücklich, wenn sie kaum oder keinen Kontakt zu ihren Kindern und Enkeln haben und auch davon ausgehen, dass Gespräche unerwünscht seien. Nachvollziehbar ist natürlich der geäußerte Wunsch, Eltern und Kinder sollten in einen Dialog miteinander kommen. So könnten dann die Kinder besser verstehen, was die Eltern beunruhigt, und die Eltern könnten sich mit den Fragen der Kinder beschäftigen. Eltern wie Kinder könnten – mehr sollte vielleicht zunächst gar nicht angestrebt werden – ihre Vermutungen über familien- und zeittypische psychische »Erbschaften« äußern und etwa die von Ustorf formulierten Thesen aufnehmen und in einem Familiengespräch an eigenen Wahrnehmungen überprüfen: Die Eltern hätten ein starkes Bedürfnis nach materieller Absicherung ihrer Familien gehabt. Oder: Mit ihrer hohen Anerkennung von Werten wie Disziplin und Ordnung hätten sie eigene Unsicherheiten zu kompensieren versucht und deshalb psychische Bedürfnisse der Kinder – nach liebevoller Zuwendung etwa – kaum wahrgenommen.[215] Gewissheit vermittelnde Antworten könnten allerdings, soweit dies überhaupt möglich ist, wohl nur »Profis«, d.h. Psychoanalytiker nach längeren Behandlungen, geben, um die es im Familiengespräch natürlich nicht gehen kann; hier sollte es zunächst bei dem Versuch bleiben, »Geheimspuren« komplizierter Familienbiografien nachzugehen, nicht zuletzt im Sinne eines rücksichtsvollen Miteinanders.

8 BILANZIERENDE LEBENSERZÄHLUNGEN

8.1 Später Abschied vom Vater

Die Tatsache, dass der Abschied von einem geliebten Menschen kaum ohne Trauer gelingen kann, schien vielen vaterlosen Töchtern aus der Kriegsgeneration mit Blick auf ihre Väter erst seit wenigen Jahren bewusst geworden zu sein. Die Frauen spürten die Traurigkeit des »Kindes in sich« mit zunehmendem Älterwerden zwar deutlicher, wandten sich aber oft erst, nachdem ihr Berufsleben zu Ende war oder nachdem ihre Mütter gestorben waren, ihren Vätern zu. Sie haben bewusst begonnen, ihre Trauer um den Vater nachzuholen – inzwischen wohl teilweise von professioneller psychologischer Beratung und Begleitung unterstützt. Einigen Befragten mag es so ähnlich gegangen sein wie Rebeka Lange, der Protagonistin in Arno Surminskis Roman »Vaterland ohne Väter«, die zu Beginn ihres Ruhestandes feststellt, dass sie exakt an dem Tag geboren wurde, an dem ihr Vater bei Stalingrad starb.[216] Der Autor beschreibt, wie sich die vaterlose Tochter Rebeka Lange der Jugend ihres Vaters in Ostpreußen zuwendet und seine Kriegserfahrungen anhand von Tagebucheintragungen und Briefen lebendig werden lässt; sie gibt außerdem eine Todesanzeige zur Erinnerung an ihren Vater auf, wie dies tatsächlich – verspätet – viele Kriegskinder in jüngster Zeit getan haben.[217] Rebeka Lange hat Fragen, die sie nicht mehr loslassen und die sie buchstäblich umtreiben. »Bis ich ihn finde« könnte als das Motto über ihrer Spurensuche stehen – dieser Titel eines weltweit erfolgreichen Romans über eine Vatersuche umreißt treffend vor allem die Tatkraft und Ausdauer, mit der vaterlose Töchter manchmal »unterwegs« sind, bevor es ihnen dann endlich doch gelingt, Abschied von ihren Vätern zu nehmen.[218]

Im Zusammenhang mit dem Tod der Mütter, von denen viele ein hohes Alter erreichten, intensivierten die Töchter oft ihre Beschäftigung mit dem Vater. Wenn sie die Wohnungen oder Häuser ihrer Mütter ausräumen mussten, konnten sie zwischen der Möglichkeit, die Räume mit all den Erinnerungen auch an den Vater buchstäblich zu leeren, und der Möglichkeit, bewusst und langsam Abschied zu nehmen, wählen.[219] Bildhaft verstanden konnten die Töchter mit dem Wunsch, ihre Kindheit mitzubeerdigen, die mütterliche Wohnung rigoros leeren, um sich damit von einer Last zu befreien. Oder aber sie konnten sichten und ordnen und jeweils entscheiden, was sie wegwerfen, verschenken oder behalten wollten. Die Frauen, die sich an der Töchter-Befragung beteiligten, wollten mehrheitlich zu einem »friedlichen Erinnern« gelangen und entschieden sich deshalb dagegen, die Erinnerungsbrücken in ihre Kindheit und ihre Herkunft abzubrechen.

Das Bedürfnis zu trauern jedenfalls brach sich bei den Betroffenen zunehmend Bahn. Während einer Veranstaltung berichtete eine Teilnehmerin, sie habe im Garten ein Licht für ihren Vater aufgestellt und denke auf diese Weise oft an ihn. Eine andere schrieb: »Bei der Beerdigung meiner Mutter hatte ich ein Foto meines Vaters mit in den Sarg gelegt, um wenigstens symbolisch auch meinen Vater zu ›beerdigen‹ und bewusst Abschied zu nehmen, da er als vermisst gilt und keine Beerdigung hatte.« Der Tod der Mutter erscheint nicht selten als Anlass, um Mutter *und* Vater zu trauern.

Einige vaterlose Töchter begaben sich inzwischen auf die Reise: zu einstigen Schauplätzen des Zweiten Weltkriegs, in Afrika, Frankreich und Russland beispielsweise. Sie brachen zu Orten auf, an denen sie ihren Vätern noch einmal anders als bisher nachtrauern konnten und ihnen damit näher zu kommen glaubten. In einer Fragebogenantwort hieß es beispielsweise:

»Ich las am 8. September 2006 in unserer Tageszeitung, dass auf dem Soldatenfriedhof von Rossoschka, nahe dem heutigen Wolgograd, eine Gedenkstätte bestehend aus 107 Granitwürfeln für 103.234 in Stalingrad vermisste Soldaten am 9. September 2006 vom Volksbund Deutscher Kriegsgräberfürsorge eingeweiht werden sollte. In die 107 Granitwürfel hatte man die Namen der 103.234 vermissten Soldaten eingemeißelt. Dieser kurze Bericht mit einem Farbfoto durchfuhr mich wie ein Schlag. Sofort rief ich beim Volksbund an, um etwas Näheres darüber zu erfahren. Ich fragte gleich, ob mein Vater [...] eventuell in dieser Gedenkstätte berücksichtigt worden sei. Ich wurde mehrere Male weiter verbunden, bis mir ein Sachbearbeiter erklärte: ›Ja, Ihr Vater wird geehrt. Er steht auf dem Würfel Nr. 46‹. Diese Auskunft hat mich so berührt, dass ich kein Wort hervorbringen konnte. Nach kurzer Pause fragte mein Gesprächspartner, ob ich noch am Telefon sei. Ich konnte nur: ›Ja – danke‹ sagen und musste auflegen, obwohl noch sehr viele Fragen offen waren. Was sich jahrelang aufgestaut hatte, brach plötzlich aus mir heraus, und ich weinte haltlos – zu meiner eigenen Bestürzung.«

Einer Reise ans Grab des Vaters gingen teilweise aber auch mehrjährige Recherchen und Anfragen, das Sammeln von Informationen über die Geschichte des Zweiten Weltkriegs und in Einzelfällen sogar Archivbesuche voran. Den Töchtern waren zum einen der Vater als Soldat, zum anderen aber auch dessen grauenvolle Erfahrungen wichtig, vielleicht auch seine Verstrickungen in Verbrechen, oder aber sein Erleben »glücklicher Momente« im Krieg, die einem für die Frauen nur schemenhaft erahnbaren Lebensabschnitt angehörten. Zum anderen wollten sie sich ihrem Vater anders als nur über die eigene Erinnerung an Abschiedsszenen auf einem Bahnhof oder über die Erzählungen ihrer Mütter verbunden wissen, die ihnen bislang bereits gegenwärtig waren. Sie wollten ihrem Vater einen Platz in ihrem Leben einräumen, an dem sie ihn »finden« konnten, wenn sie das Bedürfnis hatten, mit ihm gedanklich in Kontakt zu kommen.[220] So hofften sie, ihn nicht mehr ständig unterschwellig anwesend zu fühlen, sondern eben an einem »Ort«, den sie aufsuchen, aber auch wieder verlassen konnten.

Im Frühjahr 2010 schrieb eine Betroffene, sie wolle jetzt eine Reise zum Grab ihres Vaters unternehmen. Sie hatte, 1936 geboren, im Alter von fünf Jahren erfahren, dass ihr Vater in der Ukraine gefallen war. Als Kind habe sie kaum eine Träne vergossen, sondern in erster Linie ihre Mutter und ihre ältere Schwester zu trösten versucht. Sie war – ohne mitzuteilen, wann – zunächst mit ihrer Mutter auf den Spuren ihres Vaters unterwegs gewesen, und zwar auf der Suche nach Anhaltspunkten zu seinem Leben aus einer Zeit, als der Vater noch nicht Soldat war. Dabei stand das Erinnerungsbedürfnis der Mutter an eine »glückliche Zeit« im Mittelpunkt. Sie war dann 1997 in Frankreich an den Ort gereist, von dem aus ihr Vater ihr seinerzeit liebevolle Grüße geschickt hatte. Hier war sie, wie sie betonte, ihrem Vater erstmals in ihrem Leben »›auf Augenhöhe‹ als erwachsene Frau« begegnet. Die öffentlich zunehmende »Aufarbeitung des Kriegsgeschehens im Zweiten Weltkrieg« habe in den Folgejahren jedoch immer wieder neue Fragen aufgeworfen: 2008 erfuhr sie zum Beispiel vom Volksbund Deutsche Kriegsgräberfürsorge, dass die sterblichen Überreste ihres Vaters gefunden worden seien; man habe sie anhand seiner Erkennungsmarke identifizieren können und auf einem Soldatenfriedhof in der Ukraine beigesetzt. Die Tochter beschloss daraufhin, nunmehr schon circa zehn Jahre auf Spurensuche, sein Grab zu besuchen, wohl auch dazu ermutigt, weil sie wusste, dass es keine Reise ins Ungewisse war. Ihre Eindrücke und Gefühle fasste sie nach ihrer Rückkehr in folgende Zeilen zusammen, innerlich erleichtert, dass ihr Vater »seine Ruhe in dieser fremden Erde« hatte:

»Für die Stunde des Besuches konnte ich das Grab mit Pfingstrosen schmücken, im ›Gespräch‹ mit dem Vater sein, mit Blick nach Westen, zur Heimat hin. Einen Stein ließ ich auf der Stelle zurück, auf der sein Name eingraviert ist. Einen kleinen Granitstein brachte ich von dort mit, um ihn als eine Art Verbindung auf das Grab meiner Mutter zu legen. Dies war dann der Moment, als ein großer Friede in mich einzog. Jetzt war etwas, was mein Leben sehr beschwert hatte, versöhnt, befriedet.«

Nicht selten berichteten Frauen, wie beunruhigend und erleichternd zugleich es gewesen sei, eine Reise zum Grab ihres Vaters anzutreten, um sich zu vergewissern – so könnte man es vielleicht vorsichtig umschreiben –, dass ihre Trauer einen »sicheren Ort« gefunden habe.[221] In einer Antwort hieß es etwa: »Ich habe das Gefühl, endlich angekommen zu sein. Es schließt sich für mich ein Kreis.«

Am Grab konnten die Frauen ihre Trauer ganz unmittelbar zulassen und diese nicht selten mit ihren Familien und Freunden teilen. Der für die meisten lediglich einmalige Besuch des Grabes scheint in der Regel kein Problem gewesen zu sein. Eine der Frauen, die bereits das Grab ihres Vaters gefunden und besucht hatte, teilte im Frühjahr 2011 mit, sie werde ein zweites Mal nach Russland fahren, einen Gedenkstein für ihren Vater und weitere Kriegsgefangene aufstellen, und werde sich mit den Kriegstagebüchern ihres Vaters in diesem konkreten Zusammenhang erneut befassen.

Eine bereits zitierte vaterlose Tochter erfuhr 2006 aus einem Zeitungsbericht, dass ihr Vater in einer Gedenkstätte auf einem Soldatenfriedhof in der Nähe von Wolgograd »eine letzte Ruhestätte« gefunden habe; die Nachricht kam unerwartet, die Tochter war erschüttert, weinte und konnte erst allmählich daran denken, ein Foto des Gedenksteins zu bestellen: Sie betrachtete es als »wertvolles Erinnerungsstück«. Es stellte für sie eine Möglichkeit dar, mit ihrem Vater in

Beziehung zu treten. Nicht der Besuch am Grab selbst, sondern bereits das Foto eines Grabsteins konnte in diesem Beispiel also hilfreich sein und erleichterte den Umgang mit der Trauer. Und nicht zuletzt gab es auch die Möglichkeit, sich einen Ort der Trauer zu erfinden, wenn es ihn als realen Ort nicht gab, wie folgende Geschichte belegt:

»*Als jüngstes von sechs Kindern 1944 geboren, verlor ich 1945 auf der Flucht die Mutter durch Tod und wurde von den Geschwistern getrennt. Mein Vater starb 1947 an Hungertuberkulose. Erinnerung habe ich an beide nicht, es gab auch kein Grab. Ich kannte Kinder, die nur ein Elternteil hatten – und ein Grab. Da ich weder Eltern noch Erinnerung noch ein Grab hatte, war ich als Kind davon überzeugt, nicht wie üblich ›geboren‹ zu sein – allerdings ohne konkrete Vorstellung, wie ich sonst auf diese Welt gekommen sein könnte. Kinder mit Eltern beneidete ich und bedauerte sie zugleich, denn Eltern zu haben und sie zu verlieren, erschien mir unüberlebbar und ich beglückwünschte mich insgeheim, dass mir diese Katastrophe nicht zustoßen konnte [...]. 1985 habe ich mit meinem zehn Jahre älteren Bruder den Fluchtweg von 1945 zurückgelegt und den Baum wiedergefunden, unter dem meine Mutter – wie mein Bruder genau erinnerte – begraben wurde. Ein Ableger von diesem Ahorn steht heute als inzwischen kräftiger Baum in einem Klostergarten, wo er vom Klostergärtner gehütet wird, so dass zu erwarten ist, dass er uns überlebt. Bis heute bedeutet mir der ›Mutterbaum‹ Wurzel und Trost. Den Grabplatz des Vaters in Polen habe ich 2008 zum ersten Mal besucht, das Grab existiert nicht mehr.*«

Darüber hinaus war es für einige Frauen ebenso wichtig, Orte der Kindheit aufzusuchen, wie aus folgender Äußerung hervorgeht:

»Ich habe Fotos von meinem Vater in meinem Zimmer stehen – es ist diese grenzenlose Sehnsucht, ihn zu sehen, zu berühren, zu wissen, dass es ihn gibt; für mich von großer existenzieller Bedeutung. […] 1993 war ich zum ersten Mal in meinem Leben in meinem Heimatdorf und hatte das Glück, dass die Menschen, die jetzt in meinem Vaterhaus leben (Eger/Sudentenland), mich hereinbaten. Sie zeigten mir den Herd, auf dem meine Großmutter einst kochte, die vielen schönen Zimmer, das große Anwesen mit Pferdeställen, Koppeln, einem See und Wald […] Inzwischen fahren mein Bruder und ich jedes Jahr einmal zu unserem Vaterhaus, werden dort freundlich begrüßt und zu einem Kaffee eingeladen. Es fühlt sich immer weniger schmerzvoll an, wird mehr und mehr leichter, und ich spüre immer stärker meine Wurzeln, meine Existenzberechtigung und überhaupt, dass ich bin.«

Die Möglichkeiten des späten Abschied-Nehmens, die vaterlose Töchter beschrieben, unterscheiden sich grundlegend von Abschiedserfahrungen anderer Frauen dieser Altersgruppe mit ihren alt gewordenen Vätern, über die bereits Veröffentlichungen, Erfahrungsberichte zum Beispiel, vorliegen. Zu erwähnen ist etwa ein Buch Dorothee Schmitz-Kösters, die ihre Vater-Tochter-Geschichte buchstäblich »zu Ende erzählen« konnte. Sie kam mit ihrem Vater, als dieser 78 Jahre alt war und einen Herzinfarkt erlitten hatte, noch einmal über sein Leben ins Gespräch, auch über schwierige Kapitel seiner Biografie, zu denen der Krieg gehörte. Schmitz-Köster schrieb über diese Art später Begegnung mit ihrem zwar anwesenden, gleichwohl lange kaum gekannten Vater ein Buch, in dem sie sich – durchaus ähnlich wie die befragten vaterlosen Töchter – auf die Suche begibt. Die Autorin berichtet über eine ungeahnte Nähe zu ihrem kaum gekannten Vater durch Reisen in seine Vergangenheit, besonders nach Norwegen, wo er während des Zweiten Weltkriegs stationiert war. Sie schreibt, beim Lesen seiner Feldpostbriefe habe sie das

Gefühl gehabt, »in das Herz dieses jungen Mannes zu schauen, der später mein Vater wurde.« Im Gegensatz zu den vielen vaterlos aufgewachsenen Töchtern konnte Schmitz-Kösters ihren Vater kurz vor seinem Tod nach nach seinen Erinnerungen befragen, mit ihm reden, sich mit dem alten Mann, hinter dem für die Tochter der junge sichtbar wurde, direkt auseinandersetzen. Und der Vater schien darauf gewartet zu haben, gefragt zu werden.[222] In den Gesprächen ging es um seine Männlichkeitsvorstellungen, seine Mutterbindung und nicht zuletzt um seine Vaterlosigkeit. Er war als uneheliches Kind geboren worden, und in der Familie wurde die – freilich nicht zutreffende – Information transportiert, sein Vater sei im Ersten Weltkrieg gefallen.

Was die Töchter mit den Vätern möglicherweise verbindet, ist die nach dem kurzen oder langen Leben der Väter oft nicht geklärte Frage nach politischen Verstrickungen und Irrtümern, nach Faszination durch die Propaganda und nach den Versprechungen eines verbrecherischen Regimes, die in der Trauer um die geliebte Person als dunkler Schatten gegenwärtig ist. Es gab zudem Gefühlsseiten im Leben mancher Väter und der Eltern, die dem Zugriff der Kinder grundsätzlich verborgen blieben, denn auch die Mütter nahmen, wie die Töchter feststellten, Geheimnisse mit ins Grab. Das gilt für vaterlos Aufgewachsene wie auch für die Gruppe, die ihre Väter noch als alte Männer erlebt hatten. Hatten sie während des Krieges, wie Schmitz-Köster herausfand, eine Beziehung zu einer anderen Frau? Hätte die Ehe der Eltern eine Chance gehabt, wenn die Väter zurückgekommen wären? Was haben die Mütter vielleicht verschwiegen? Und welches Interesse könnten die Enkel an den Großvätern haben?[223] 2010 hat der Schriftsteller Johannes Gelich (Jahrgang 1969) in der FAZ über seine Reise auf der Suche nach seinem 1945 in einem Gefangenenlager an der Wolga-Mündung verstorbenen Großvater berichtet und darin seine Einsicht am Ende der Reise betont, es gehe nicht nur darum, Bescheid zu wissen, wo der Großvater beerdigt sei oder überhaupt ein Grab zu finden, sondern sich beispielsweise unterwegs auch die Dimensionen von Leid und der Trauer im Zusammenhang mit den Grauen des Zweiten Weltkriegs zu vergegenwärtigen.[224]

8.2 Aussöhnung mit der Mutter

Der späte Abschied von den Vätern ist für eine große Zahl vaterloser Töchter auch mit einem nachträglich von Versöhnung geprägten Blick auf die oft zeitlebens als streng, kontrollierend und einengend erlebten Mütter verbunden. In einem langen Brief einer Tochter, den sie ihren Fragebogenantworten beilegte, heißt es in diesem Zusammenhang:

»*Meine Mutter hat nur für meinen Bruder und mich gelebt, sie hatte keine anderen Freuden. Sie hat uns bis an ihr Lebensende unendlich geliebt. Noch einen Tag vor ihrem Tod hat sie laut gebetet: Lieber Gott, lass mich bei meinen Kindern. Wenn sie mich auch oft zum Weinen brachte, meinen Bruder in Zorn versetzte, so tat sie dies nicht vorsätzlich. […] Denn im Grunde war sie ein sehr guter Mensch.*«

Die Ausschließlichkeit, mit der die Mütter für ihre Kinder und – wie es in vielen Geschichten durchklang – für eine »ewige«, und d. h. unverbrüchliche Liebe zu ihren gefallenen Männern gelebt hatten, beschäftigte die Töchter sehr. Sie waren über die an Selbstaufgabe grenzende Aufopferung der Mütter erschüttert, in deren Denken und Handeln das Streben, ihren Kindern eine gute Mutter zu sein, bestimmend gewesen war.

Die Selbstaufopferung der Mütter schien manche Töchter jahrelang derart belastet zu haben, dass sie sich deshalb ihrerseits zutiefst verpflichtet fühlten, sich um ihre Mütter zu kümmern, und ihr eigenes Leben dabei teilweise ganz der Mutter unterordneten. In Tina Solimans Film »Sei froh, dass du lebst. Kriegskinder erinnern sich« (2005) berichtet eine Tochter weinend und vollkommen erschöpft: Nach dem Tod der Mutter, für die sie sich zeitlebens verantwortlich gefühlt hatte, habe sie langsam lernen müssen, sich selbst zu finden. Sobald sich in ihr der Wunsch nach Abgrenzung von der Mutter geregt habe, habe sie sich dafür geschämt, meinte eine Reihe Betroffener.

Der Konflikt zwischen dem Bedürfnis, die Mutter beschützen zu wollen, und der Einsicht, dass an deren Selbstverständnis als Kriegerwitwe nun einmal nichts mehr zu ändern war, erschütterte die Töchter also gegen Ende des Lebens der Mütter in besonders intensiver Weise. Dies war der Zeitpunkt, sich noch einmal vor Augen zu führen, wie wenig Zärtlichkeit und liebevolle Nähe ihre Mütter selbst erfahren hatten. Die Frauen vergegenwärtigten sich, wie einsam sich ihre Mütter über weite Strecken ihres Lebens gefühlt haben mussten. Einige Töchter schilderten die letzten Tage und Stunden ihrer Mutter, der sie ein anderes Leben gewünscht hätten, wie etwa zwei Schwestern im Interview betonten. Eine Befragte glaubte, ihre Mutter habe unbedingt noch die Geburt ihrer Zwillingsenkel erleben wollen; dieses Abschiedsgeschenk sei ihr zwar leider nicht vergönnt gewesen, aber die Mutter habe immerhin zum Zeitpunkt ihres Todes ihre Kinder um sich gehabt, sei also so gestorben, wie sie gelebt habe: inmitten ihrer Familie.

Vor dem Hintergrund einer so gefühlten lebenslangen Verantwortung der Töchter ist nachvollziehbar, dass sich die Frauen den alten Müttern oft noch einmal besonders verpflichtet fühlten und versuchten, diesen schließlich doch noch »zu einem Leben zu verhelfen, das mehr sein sollte, als vielfach schweigend auf das Ende zuzugehen.«[225] Einige Frauen mögen Ähnliches erlebt haben wie die Schwester des Journalisten und Diplomaten Uwe-Karsten Heye, der es offenbar nicht gelang, an die abgekapselten Gefühle ihrer alten Mutter »heranzukommen« und darunter litt, dass ein liebevoll versöhnliches Miteinander von Mutter und Tochter nicht mehr zustande kam. Ihm sei, so auch Uwe-Karsten Heye, erst spät bewusst geworden, wie wenig er sich mit dem ungelebten Leben seiner Mutter beschäftigt habe. Heye wörtlich: »Als die Verantwortung für Kinder und Eltern sich aufgebraucht hatte«, sei die Lebenskraft seiner Mutter »fast erloschen.« Sie habe wenig von sich erzählt, habe sich kaum um sich gekümmert, sei gleichsam versteinert: »Was ihr blieb, war die Erinnerung an ein Leben im Schatten des Glücks.«[226] Heye glaubt, seine Mutter sei geradezu heiter in der Gewissheit gestorben, ihrem Ehemann wiederzubegegnen, der sie, nachdem er gefallen war, ein Leben lang begleitet habe und für den sie sich bestimmt geglaubt habe.

Die Mehrheit der Mütter, so auch einige befragte Frauen, sprach nur hin und wieder über die kurze glückliche Zeit, die sie als junge Frauen mit ihren Ehemännern verbracht hatten. Die Töchter haben die Mütter eben fast ausschließlich als »Nur-Mutter« wahrgenommen und nicht als weibliche Wesen, die einmal jung und hoffnungsvoll gewesen waren. Ein solcher Perspektivenwechsel konnte dann dazu führen, dass eine Tochter mit »Liebe und Neugier« in ihrer Mutter die einst unverheiratete junge Frau entdeckte.[227] Marianne Krüll versuchte in Seminaren, Impulse für einen solchen Perspektivenwechsel zu geben. Sie forderte Frauen aus der Kriegskindergeneration, die sich mit ihren ambivalenten Mutter-Tochter-Beziehungen auseinandergesetzt haben, u.a. dazu auf, die Lebensgeschichte ihrer eigenen Mutter in der Ichform zu erzählen. Auf diese Weise gelang es den Töchtern, sich die Mütter als Heranwachsende und junge Frauen vorzustellen, auch als Verlobte oder Jungverheiratete.[228] Und sie begannen so auch zu verstehen, dass das Leben ihrer Mütter buchstäblich zweigeteilt war: Die erste Hälfte war gleichsam mit dem Ehemann gestorben.

In einem längeren Gespräch erinnerten sich zwei Schwestern an ihre Mutter im Alter und an die junge Frau, die sie einmal gewesen war. Die letzten Gedanken der Mutter hätten dem Vater gegolten. Sie habe sich auf das Sofa gelegt, über dem immer das Bild ihres Mannes gehangen habe, und mit ihm gesprochen, dann sei sie gestorben. Die eine Tochter aus heutiger Sicht wörtlich: »Ich muss sagen, in dem Moment hab' ich ihr den Frieden gegönnt, keine Krankheiten mehr, keine Schmerzen mehr, nicht mehr die Sehnsucht nach Vater.« Und die andere fügte nachdenklich hinzu:

»Und dann sag ich auch, sie ist auch an gebrochenem Herzen gestorben. Kann man auch so sagen, nicht wahr? Das ist mir aber erst jetzt so in der letzten Zeit deutlich geworden, weil man das ja öfter mal so sagt, wenn einer ganz viel Kummer hat, ist er an gebrochenem Herzen gestorben, dann dachte ich: Sie hat auch viel Freude mit uns gehabt, aber sie hat ja auch diesen Kummer gehabt und diese Trauer, dass sie ihren Mann nicht hatte.«

Beide Töchter fühlten sich ihrer Mutter verbunden, sprachen von ihren Leistungen, waren ihr dankbar und begannen zu erzählen: In ihrer Kindheit hätten sie viel gesungen, das habe ihnen die Mutter vermittelt, die als Mädchen in der Jugendbewegung aktiv gewesen sei. Sie habe selber eine Gruppe geleitet und sei ja überhaupt sehr selbständig gewesen: »Also Mutter war sehr fortschrittlich [...] und in diese Richtung hat sie uns auch geleitet.« Es gab offenbar Spuren in die Vergangenheit der Mütter, deren Entdeckung die Töchter zunächst überraschte. Wenn die Töchter über ihre Mütter als junge unverheiratete Frauen nachzudenken begannen, stellten sie also häufig fest, dass zwischen Müttern und Töchtern noch keineswegs alles gesagt war.

8.3 »Vom guten Spiel mit schlechten Karten«

Über vielen Äußerungen der vaterlosen Töchter könnte das im angelsächsischen Raum verbreitete Motto stehen: »A Thursday's Child has far to go« – mit anderen Worten: Ein Kind, das nicht am Sonntag, sondern an einem Donnerstag geboren wird, hat einen langen Weg vor sich.[229] Auf einen Lebensweg, der nicht mit einer unbeschwerten Kindheit begann und an den sie doch auch positive Erinnerungen bewahrt haben, blickten die rund 120 befragten Frauen zurück. Sie empfanden die Beschäftigung mit ihrer Biografie als anstrengend und beunruhigend, aber auch befreiend. Endlich konnten sie nach Erklärungen für lebenslange Ängste fragen. Vor allem haben viele mittlerweile das »damalige Kind« in sich zugelassen und ihre Kindheit als »untrennbaren Anteil der eigenen Geschichte« angenommen.[230]

Zahlreiche vaterlose Töchter stellten dabei vielleicht erstmals fest, dass sie nicht allein mit ihren Erfahrungen sind. Sie müssen sich nicht mehr als »irgendwie besonders und anders« erleben, sondern können sich mit anderen Betroffenen nicht zuletzt über das von allen geteilte Grundgefühl verständigen, auf unsicherem Grund zu stehen, für das außer dem – an erster Stelle genannten – Vaterverlust weitere einschneidende existenzielle kriegsbedingte Erfahrungen wie Flucht und insgesamt höchst unsichere Lebensumstände mit ursächlich waren. Eine vaterlose Tochter fragte: »Wer war ich denn eigentlich?« Sie habe keine angemessene Bekleidung besessen, habe nicht gut ausgesehen (jedenfalls habe sie das damals geglaubt), keinen Vater gehabt, ihre Familie habe nichts dargestellt, sei arm gewesen und habe in einer Flüchtlingsbaracke gewohnt. »Wie konnte ich da jemand sein?«, fasste sie ihre Empfindungen zusammen.

Eine andere Befragte fand sich in folgender Selbstbeschreibung Mascha Kalèkos wieder: »Ein Auf-der Flucht-Sein von

Kind an also; und diese Heimatlosigkeit gepaart mit Vaterlosigkeit prägte das existenzielle und lebenslängliche Gefühl von Verlorenheit. Jedenfalls blieb das Verlangen nach väterlichem Schutz, die Sehnsucht nach Bindung, Führung und Zugehörigkeit ungestillt. Und das erzeugt ein lebenslanges Heimweh.« Es überrascht keineswegs, dass eine weitere Befragte darauf hinwies, wie sehr sie sich mit Mascha Kalèko identifizieren könne, deren Biografin Jutta Rosenkranz auch pointiert beschreibt, was vaterlose Töchter auch für sich sagen könnten: »Heimatlosigkeit, Verlassenheit und Vaterlosigkeit sind Eindrücke, die das Mädchen früh geprägt haben und sein weiteres Leben bestimmen werden.« Der Verlust ihres Vaters bilde, wie die Töchter fast ausnahmslos annahmen, den maßgeblichen Grund ihrer fehlenden Selbstgewissheit, ein Gefühl, das sie, wie bereits mehrfach betont, ein Leben lang begleitet habe.

Trotz der belastenden Erinnerungen war ein positiver Grundtenor in vielen Äußerungen erkennbar: Prinzipiell komme es nicht darauf an, ob man im Leben »schlechte Karten« habe, vielmehr könnte »mit schlechten Karten gut spielen« geradezu als Lebensmotto über den Selbstäußerungen vieler Befragter stehen.[231] Vor allem: Selbstmitleidig berichtete keine der Frauen. Therapeutische Hilfe hatte eine Reihe in Anspruch genommen, was jedoch eher am Rande erwähnt wurde. Von Traumata sprachen die allerwenigsten[232] – eine Beobachtung, die ganz eindeutig gegen die in jüngster Zeit recht forsch vertretene These spricht, der Gebrauch eines laienhaft verwendeten Trauma-Begriffs in der Kriegskindergeneration sei inflationär.[233] Sofern die Befragten ihn verwendeten, gingen sie sehr vorsichtig mit dem um, was zweifellos als traumatische Erfahrung anzusehen ist.[234] Wenngleich eine große Gruppe Befragter sogar sequenziellen Traumatisierungen, d. h. in verschiedenen Zusammenhängen und überdies über einen längeren Zeitraum, ausgesetzt gewesen war, vermieden die meisten, von Traumata zu sprechen, oder sie machten deutlich, dass sie mit ihren zutiefst belastenden Kindheitserlebnissen zu leben gelernt hatten. Die im Folgenden zitierte vaterlose Tochter schrieb hierzu:

»Ich weiß: Jeder Verlust einer wichtigen Person in meinem Leben rührt an dieses Trauma (den Vater als Kind verloren zu haben, Anmerkung der Autorin) und gibt ihm hohe Brisanz, die jemand anders nicht verstehen kann. Mit zunehmendem Alter und höherer Bewusstheit dieser Zusammenhänge kann ich Beziehungen besser gestalten, indem ich die Ängste offen einbringe.«

Viele Frauen brachten in ihren Formulierungen klar auf den Punkt, dass sie nicht nur in der Kindheit, sondern auch auf dem Weg ins Erwachsenenleben keinen Vater an ihrer Seite hatten; eine Beteiligte resümierte zum Beispiel: »Noch heute berührt es mich sehr, wenn Väter sich für ihre Töchter einsetzen, sie fördern, beschützen. Natürlich wird dabei bewusst, was mir völlig abgegangen war.« Und die Mehrheit war sich darüber im Klaren, dass sie von ihren verwitweten, als Frauen buchstäblich »grauen«, und d. h. unscheinbaren Müttern kaum Orientierungsmöglichkeiten für die Entwicklung einer selbstbewussten Weiblichkeit hatten erwarten können.

Eine Reihe vaterloser Töchter hatte den Eindruck, dass sie seit ihrer recht intensiven Beschäftigung mit ihren abwesenden Vätern und anwesenden Müttern »weitergekommen« waren, um es umgangssprachlich zu formulieren, und zwar im Sinne einer Entwicklung, wie sie der Psychologe Hans Thomae beschrieben hat. Er verwies auf die grundsätzliche Chance, bis ins Alter schwerwiegende Ereignisse und Erfahrungen, zu denen zweifellos der Vaterverlust in der Kindheit zählt, in die eigene Biografie zu »integrieren«. Dies scheint geradezu ein Schlüssel für einen »gelungenen« Lebensentwurf im Alter zu sein; deshalb sei Thomae mit seinen Überlegungen an dieser Stelle ausführlich zitiert:

»So könnte man etwa als Maßstab der Reife die Art nehmen, wie der Tod integriert oder desintegriert wird, wie das Dasein im ganzen eingeschätzt und empfunden wird, als gerundetes oder unerfüllt und Fragment gebliebenes, wie Versagungen, Fehlschläge und Enttäuschungen, die sich auf einmal als endgültige abzeichnen, abgefangen oder ertragen werden. [...] Güte, Gefasstheit, Abgeklärtheit sind Endpunkte einer Entwicklung zur Reife hin [...]. Güte, Abgeklärtheit und Gefasstheit sind nämlich nicht einfach Gesinnungen oder Haltungen, die man diesen oder jenen Anlagen oder Umweltbedingungen zufolge erhält. Sie sind auch Anzeichen für das Maß, in dem eine Existenz geöffnet blieb, [...] dass sie selbst in der Bedrängnis und noch in der äußersten Düsternis des Daseins den Anreiz zu neuer Entwicklung empfindet.«[235]

Diesen Sätzen liegt eine Perspektive auf das Älterwerden und Alter zugrunde, die bis in die Zeit nach dem Zweiten Weltkrieg noch keineswegs selbstverständlich war: Das Bild aktiver, ihr Leben gestaltender »Senioren« gewann verstärkt sogar erst in den 1980er Jahren Konturen. Damit ist Altern nun nicht mehr in erster Linie durch »Verlust, Abbau und Gebrechlichkeit« gekennzeichnet,[236] sondern ein Lebensabschnitt mit neuen Entwicklungsmöglichkeiten. Diese beinhalten nicht zuletzt die Verwirklichung lange aufgeschobener Wünsche, etwa dem nach einem weniger leistungsbezogenen, gelasseneren Lebensrhythmus, auch um Zeit für lange Verdrängtes zu finden.[237]

Welche Faktoren könnten im Sinne der hier von Thomae formulierten Entwicklungschancen bei vaterlosen Töchtern zu positiven Lebensperspektiven im Alter beitragen? Psychoanalytiker und Altersforscher sprechen häufig von Entwicklungs-»Aufgaben«[238] und betonen damit vor allem, wie wichtig »aktives Altern« und wie problematisch die resignative Haltung sei, einfach alles »beim Alten« zu lassen, d. h. alte Wunden aus der Kindheit nicht ernst zu nehmen und zu glauben, die Kindheit sei nun, »im Alter«, endgültig erledigt. Eine Gruppe vaterloser Töchter ist, wie die Befragten gezeigt haben, dabei, solche Möglichkeiten, d. h. Entwicklungschancen und -aufgaben wahrzunehmen:

- indem sie ihre Kindheit als Teil ihres Lebens annehmen, anstatt mit den Bedingungen ihres Aufwachsens zu »hadern«,
- indem sie sich von ihrem kaum oder nicht gekannten Vater verabschieden und mit ihrer Mutter aussöhnen,
- wenn sie mit Kindern und Enkeln über das Kind, das sie gewesen sind, sprechen,
- wenn sie den Mut haben, sich – beispielsweise in kritischen Situationen in der Ehe bzw. Lebenspartnerschaft – professionell beraten lassen,
- indem sie ein den Mitmenschen und der Welt zugewandtes Leben im Alter anstreben, wobei die Mehrheit der Befragten auf »die frühe Übernahme von Verantwortung zum Wohl anderer« offenbar zurückgreifen kann.[239]

Rezepte für ein »gelingendes« Altern lassen sich ebenso wenig geben wie sich sagen lässt, was ein »gelungenes Leben« ausmacht. Eine maßgeblich menschliche Fähigkeit besteht sicher darin, auch in komplizierten Verhältnissen und angesichts schwerer Verluste dem eigenen Leben eine Sinnhaftigkeit zuzuschreiben und ihm positive Seiten abzugewinnen. Dies kann im Prozess des aktiven Älterwerdens eine ehrenamtliche Tätigkeit, dies können menschliche Beziehungen überhaupt, zu Freunden, Geschwistern und Enkelkindern, auch zu »Vizeenkeln« sein, d. h., Enkelkindern, die nicht unbedingt die leiblichen sein müssen, sondern die ihnen in der einen oder anderen Weise ans Herz gewachsen sind. Frauen und Männer der Kriegsgeneration, nicht zuletzt vaterlose Töchter und Söhne, haben möglicherweise unterschiedliche Voraussetzungen, das Altern nicht nur hin-, sondern vielmehr anzunehmen und aktiv zu gestalten. Dazu abschließend hier einige – zugestandenermaßen vorsichtig formulierte, nicht auf gründlichen Untersuchungen aufbauende – Überlegungen, die sich bei der Lektüre des 2011 erschienenen Buches von Katja Thimm »Vatertage« ergeben haben.[240] Die Journalistin Katja Thimm, 1969 in Köln geboren, gehört zu den Kindern der »Generation der Kinder des Zweiten Weltkriegs«, die sich zunehmend mit ihren Vätern auseinandersetzen (mehr offenbar als mit ihren Müttern, wie beispielsweise auch Arno Geigers »Der alte König in seinem Exil« belegt![241]): In »Vatertage« werden dem Leser eindringlich und zugleich kritisch reflektierend das Leben und Altwerden des 1931 geborenen Vaters der Autorin, Horst Thimm, vergegenwärtigt. Horst Thimms Leben ist geprägt von Krieg und Flucht, vom frühen Verlust des Vaters sowie der ebenfalls frühen Übernahme von Verantwortung, nicht zuletzt für die Mutter und eine jüngere Schwester. Horst Thimm hat – typisch für viele Angehörige seiner Generation, den zwischen 1930 und 1945 geborenen Kriegskindern – lange Zeit kaum über seine Kindheit und Jugend gesprochen. Genauso wenig hat er sich über weitere belastende Erfahrungen geäußert. Die Tochter Katja erlebt, wie ihr Vater erst spät, etwa bei einer Familienreise nach Masuren, seinen Erinnerungen Raum zu geben beginnt. Sie wendet sich zunehmend dem Vater zu, den sie bis dahin nicht wirklich kennengelernt hatte.

Die Autorin beschreibt ihre langsame – oft sehr anstrengende und beunruhigende – Annäherung an die Erlebnis- und Gefühlswelt des Vaters, sein Ignorieren des eigenen Älterwerdens und seine Angst vor Abhängigkeit und Hilflosigkeit im Alter im weitesten Sinne. Sie beschreibt, wie ihr die oft harsche, bisweilen auch absonderlich anmutende Sturheit ihres Vaters allmählich verständlich wird. Vor allem beschreibt Katja Thimm, in welchem Umfang die sich entwickelnde Demenz ihres Vaters durch eine traumatisierende Kriegskindheit geprägt und beeinflusst wird. Horst Thimm kann das Kind, das er einst gewesen ist, im Alter nicht mehr zum Schweigen bringen. Seine frühen traumatischen Erfahrungen gewinnen unkontrollierbar und in verstörender Weise die Oberhand über sein Leben, als er zum Pflegefall wird: All die Ängste, die der Junge damals hatte, das, was er sah und hörte – sich selbst überlassen und allein zu sein beispielsweise – werden in dem alten Mann wieder lebendig.

Ein vergleichbares Buch könnte auch die Tochter einer vaterlos aufgewachsenen Mutter schreiben. Worin – und da beginnt die Spekulation – könnte sich das Vaterschicksal, bezogen auf das Altern, von einem weiblichen, dem einer vaterlosen Tochter unterscheiden? Frauen erleben den Übergang vom Beruf ins Rentenalter wohl nicht in der Weise als Einschnitt wie dies bei Männern häufig der Fall ist. Das wäre sicher ein Unterscheidungsmerkmal. Damit einhergehend brechen für Männer mit dem Ende ihres Berufslebens zumeist auch Beziehungsnetzwerke zusammen, worauf sie nicht vorbereitet sind, während Frauen oft zeitlebens Kontakte pflegen und neu herstellen, also flexibler und bewusster mit diesen umgehen als Männer – ein »Training«, das sich im Alter durchaus als positiv erweisen kann. Frauen – so Hartmut Radebold – reagierten zudem weitaus früher als Männer aus der Kriegskindergeneration auf »Belastungen, Krisen und Konflikte«, während Männer dazu neigten, »zu verleugnen, zu verharmlosen oder sogar zu verdrängen.«[242] Zu wünschen wäre es jedenfalls, dass die vaterlosen Kinder von einst, die ja häufig auch Flüchtlingskinder und noch manch anderen kriegsbedingten Belastungen ausgesetzt waren, früh geübte »Überlebensstrategien« noch einmal überdenken, die kriegskindertypisch sind: nicht auffallen, nicht zimperlich sein, nicht klagen, die Zähne zusammenbeißen. Wenn sie sich zudem, wie oben bereits angesprochen, »in die Karten sehen« lassen, werden auch Kinder und Enkel sich den Erlebnis- und Gefühlswelten ihrer Mütter (und Väter) annähern und beispielsweise deren Angst vor Abhängigkeit und Hilflosigkeit im Alter besser verstehen können.

9 WEITERE PERSPEKTIVEN

9.1 Sichtbare und unsichtbare Geschichte(n)

Vaterlose Söhne haben, wie der zeitliche Abstand zwischen dem Erscheinen des »Söhne-Buches« 2004 und dem nun 2012 vorliegenden »Frauen-Buch« unschwer erkennen lässt, wesentlich früher als vaterlose Töchter in Forschungszusammenhängen ausführlich über ihr Leben gesprochen. Sie haben mit der Verfilmung des Buches »Söhne ohne Väter« zu erkennen gegeben, dass sie bereit sind, öffentlich Gefühle zu zeigen, ja sogar den Verlust des Vaters öffentlich zu beweinen, und sie haben damit zweifellos Aufmerksamkeit gefunden. Breiteren Bevölkerungskreisen dürfte mittlerweile bekannt sein, dass die Bundesrepublik Deutschland von zwei vaterlosen Bundeskanzlern regiert wurde, Willy Brandt (1913–1992) und Gerhard Schröder, aus dessen Altersgruppe sich weitere vaterlos aufgewachsene Politiker aus der Kriegskindergeneration, beispielsweise Oskar Lafontaine (geboren 1943), benennen ließen. Neben dem Altkanzler Gerhard Schröder (geboren 1944) hat sich eine Reihe prominenter vaterloser Söhne, unter ihnen der Wirtschaftsmanager Hans-Olaf Henkel (1940), der ehemalige Generalinspekteur der Bundeswehr Harald Kujat (1942) oder der bereits zitierte Uwe-Karsten Heye (1940) zu ihrer Vaterlosigkeit entweder ausgiebig schriftlich oder zumindest medienwirksam geäußert.

Es ist also eine Reihe vaterloser Söhne bekannt, deren Lebensgeschichte Teil der Erfolgsgeschichte der Bundesrepublik ist. Der »Erzählung« dieses Erfolgs zufolge, in der Geschichtswissenschaft auch als »Meistererzählung« bezeichnet, haben vor allem männliche Kriegskinder angepackt, aufgebaut und sich gesellschaftlich und politisch in hohem Maße engagiert. Zu dieser Gruppe gehören auch die meisten Beteiligten an dem Buch »Söhne ohne Väter« und dessen Herausgeber: beruflich erfolgreiche, überwiegend akademisch und langjährig wissenschaftlich und publizistisch tätige Männer.[243]

Die Frage nach den Frauen drängt sich angesichts der massiven Sichtbarkeit männlicher Vaterloser auf: Wo sind die vaterlos aufgewachsenen Politikerinnen, Journalistinnen, Publizistinnen, Wissenschaftlerinnen, Hochschullehrerinnen oder Verlegerinnen, d. h. vaterlose Töchter aus der Gruppe der Kriegskinder des Zweiten Weltkriegs in Tätigkeitsbereichen, in denen es ausdrücklich um gesellschaftliche Macht und öffentlichen Einfluss geht? Vielleicht haben Frauen, die sich angesprochen fühlen könnten, sich noch nicht geäußert? Vielleicht gehören die kriegsbedingt vaterlos aufgewachsenen Töchter aber auch Altersgruppen an, in denen Frauen – in der Politik etwa – weniger präsent waren oder sind als in anderen? Beispielsweise weniger als in älteren, zu denen Elisabeth Selbert (1896–1986) oder Elisabeth Schwarzhaupt (1901–1986) gehören?[244]

Es kann indes nicht nur darum gehen, hier nach Frauen zu fragen, die politische oder auch akademische Karrieren gemacht und/oder gesellschaftliche Spitzenpositionen bekleidet haben. Frauen aus den vom Krieg und der Nachkriegszeit geprägten Jahrgängen scheinen sich ihrer Biografie gegenüber anders zu verhalten als ihre männlichen Altersgenossen: Sie lassen sich zwar befragen und äußern sich in Veranstaltungen zu ihren Kindheits- und Jugenderfahrungen, aber sie tun das mehrheitlich eher diskret, möchten anonym bleiben oder jedenfalls nicht öffentlich auftreten, schon gar nicht gefilmt werden, geschweige denn, ihre Gefühle zu deutlich vor einem Publikum zum Ausdruck bringen.

Unter den Kriegskindheitsforschern und -forscherinnen gibt es bislang nur wenige, die sich weiblicher Aspekte von Kriegskindheit annehmen, unter ihnen die Entwicklungspsychologin Insa Fooken und die Historikerin Lu Seegers, nicht zu vergessen Margarete Dörr, die zunächst das Schicksal der

Kriegsmütter und dann das von Kriegskindern, darunter auch einer Reihe vaterloser, dokumentiert hat. Wenngleich unbestritten ist, dass der Vaterverlust für eine Tochter ebenso schwerwiegend wie für einen Sohn ist und dass seine Anwesenheit »für die Entfaltung ihrer Persönlichkeit, ihrer geistigen Gesundheit und ihrer beruflichen Leistungen und Möglichkeiten unerlässlich ist«,[245] wird die lebensgeschichtliche Bedeutsamkeit des kriegsbedingten Vaterverlusts nach wie vor zumeist an männlichen Beispielen erläutert. Dies zeigt nicht zuletzt der Blick in psychoanalytische Fallstudien, in denen weibliche Kriegskinder-Lebensgeschichten eine weitaus geringere Rolle spielen als männliche.[246]

Auch aktuellen Debatten und Forschungen zufolge gelten Jungen als Hauptverlierer desolater Familienverhältnisse: Mit alleinerziehenden Müttern aufgewachsen, in Kindergarten und Schule von vorwiegend weiblichem Personal umgeben, würden ihnen männliche Vorbilder und Orientierungen fehlen. Solche Befunde sind zwar nicht infrage zu stellen, doch das Karussell scheint sich weiter zu drehen, was die Geschlechterwahrnehmungen betrifft, die sich in Forschung und öffentlichen Debatten weit zurückverfolgen lassen. Schon nach dem Ersten Weltkrieg widmeten sich bereits Studien den Folgen kriegsbedingten vaterlosen Aufwachsens für Mütter und Söhne, ohne die Töchter zu berücksichtigen. In Forschungen nach 1945 wurden Väter ebenfalls meist nur mit Blick auf die Bedeutung für Jungen untersucht, ohne nach den Mädchen zu fragen. Besonderen Problemen von Mädchen aus unvollständigen Familien wandte sich nur eine kleine Zahl von Forschern und Forscherinnen zu. Die sich in den Kulturwissenschaften etablierende Frauen- und Geschlechtergeschichte schenkte Kriegerwitwen und deren »wenig emanzipativen« Lebenswegen ebenfalls lange vergleichsweise wenig Aufmerksamkeit. Erst seit wenigen Jahren werden sie in von Töchtern geschriebenen biografischen Porträts etwa als beachtenswert erkannt.[247] Als verdienstvoller

Versuch zu verstehen, »warum die Mütter so waren«, und nicht die Tatsache moralisch zu be- und verurteilen, dass sie sich ausdrücklich nach »heilen« Familien sehnten und diese jederzeit einem »selbständigen« Leben vorgezogen hätten, kann etwa das von Marianne Krüll 2007 herausgegebene Buch »Die Mutter in mir« mit Vorschlägen zur Annäherung von Töchtern an ihre Mütter angesehen werden.[248]

9.2 Anmerkungen und offene Fragen

Nachdem die Arbeit an dem Thema »Vaterlose Töchter« begonnen hatte, und vor allem, als sie Konturen gewann, wurde recht schnell deutlich, dass es neben den Aspekten, die in dem nun vorliegenden Buch zur Sprache kommen sollten, weitere geben würde, die wohl erst zu einem späteren Zeitpunkt intensiver bearbeitet und vertieft werden können. Es ergeben sich also mancherlei selbstkritische Anmerkungen und vor allem einige weiterführende Überlegungen.

Es sollte noch einmal deutlicher zwischen jenen Frauen unterschieden werden, die bereits vor Ausbruch des Zweiten Weltkriegs geboren wurden und ihren Vater noch gekannt haben, und anderen, die, nach 1939 auf die Welt gekommen, diesen kaum oder gar nicht mehr erlebt haben. Das Stichwort »Differenzierung« ist ohnehin für weitere Perspektiven zweifellos zentral, müssen doch immer wieder Einzelschicksale und individuell höchst unterschiedliche Lebenswege sowie unterschiedliche Erfahrungsgruppen berücksichtigt werden. Um noch einmal einige Beispiele aus einem insgesamt sehr weiten Spektrum zu nennen: Natürlich unterscheidet sich die Vatersehnsucht und die Verlusterfahrung einer Frau, die ihren Vater mit zehn Jahren verlor und in einer haltgebenden Großfamilie aufwuchs, von einer anderen, die etwa ihren »Besatzervater« nie kennengelernt hat und als uneheliches und Einzelkind mit ihrer Mutter, aber immerhin in einem funktionierenden Familiennetzwerk aufwuchs. Auch die Geschichte der Lebensborn-Kinder, die ohne Vater aufwuchsen und oft lange mit dem Makel lebten, dass sich ihre Mütter von der NS-Rassenideologie hatten beeindrucken lassen, beleuchtet einen Sonderaspekt von Vaterlosigkeit, wenngleich nicht im engeren Sinne kriegsbedingt.[249]

Ferner: Es leuchtet sicher ein, dass eine Tochter, deren ihr kaum bekannter Vater zwar aus dem Krieg heimkehrte, sich aber wenige Jahre später aus bis heute ungeklärten oder nur vermuteten Gründen das Leben nahm, eine ganz andere Lebensgeschichte hat als eine, deren Vater auf der Flucht starb und die dann vorübergehend von der Mutter und auch von den Geschwistern getrennt wurde. Ferner ist davon auszugehen, dass im Rahmen der Befragung, die meiner Arbeit zugrunde lag, zahlreiche weitere Betroffene aus besonderen Gründen nicht zu Wort kamen. Gemeint sind diejenigen, die beispielsweise aus gesundheitlichen und finanziellen Gründen kaum über Möglichkeiten gesellschaftlicher Anteilnahme verfügen, zu der etwa der Besuch von Vorträgen und Veranstaltungen oder die Wahrnehmung weiterer Kommunikations- sowie auch Hilfsangebote gehören. Zu denken ist hier etwa an jene Gruppe von rund 500 Familien, die die Soziologin Hilde Thurnwald in der Nachkriesgzeit untersucht hatte, deren weitere Schicksale dann jedoch »unsichtbar« geblieben sind.[250]

Am leichtesten gelang es, die »Vatersehnsucht« der Töchter und deren Grundgefühl, auf unsicherem Grund zu stehen, als exemplarisch für diese »Erfahrungsgruppe« unter den Kriegskindern zu beschreiben. Schwieriger war dann schon, stets zu berücksichtigen, dass es um ausschließlich subjektive Erinnerungen in Lebensrückblicken mit breiten Facetten ging und nicht, wie in zahlreichen weiter zurückliegenden Oral-History-Projekten, um konkretere bzw. ausschnitthafte lebensgeschichtliche Zusammenhänge, die das Alltagsleben im Krieg etwa betreffen. Dass über Schulerinnerungen oder Erinnerungen an Ausflüge mit anderen Jugendlichen im Nachkriegsdeutschland anders erzählt werden kann als über eine komplizierte und über Strecken schmerzhafte Reise in die Vergangenheit, die Kriegskinder antreten, wenn sie sich an ihre Kindheit erinnern, liegt auf der Hand.

Zu europäischen oder transnationalen Aspekten des Themas gab es in der Töchter-Befragung einige Anhaltspunkte, die indes nur am Rande erwähnt werden konnten. Vaterlose Töchter gab und gibt es natürlich in allen am Zweiten Weltkrieg beteiligten Ländern Europas;[251] ihre Schicksale sind ohne Zweifel zu differenzieren, ohne unzulässige Opferkonkurrenzen zu provozieren[252] oder überhaupt versuchen zu wollen, höchst belastende Leiderfahrungen von Kindern im Zweiten Weltkrieg, unter denen allen voran die jüdischen zu nennen sind,[253] zu hierarchisieren. Auf vergleichende Perspektiven, etwa zwischen vaterlos aufwachsenden Kindern in Ost- und Westdeutschland sowie in Polen, konnte hier ebenfalls nicht eingegangen werden.[254]

Die Untersuchungen, die dazu inzwischen vorliegen, zeigen, wie schwierig grundsätzliche Verallgemeinerungen sind. In den Beiträgen russischer Autoren und Autorinnen in einem Sammelband mit dem Titel »Deutsche und Russen blicken zurück«,[255] 2009 erschienen, war das »Vaterthema« ausgesprochen zentral, und zwar erstmals in vorsichtig vergleichender russisch-deutscher Perspektive. Was ist, so wäre zu fragen, bei einem solchen Vergleich zu berücksichtigen? Wo liegen die Grenzen der Vergleichbarkeit? In den russischen Lebensgeschichten vaterloser Töchter scheinen ähnlich wie in vielen deutschen die Mütter sehr jung gewesen zu sein, als sie ihre Männer verloren und mit den Kindern alleine zurückblieben. Sie hätten die alleinige Verantwortung für die Kinder getragen, aber sie hätten sich zugleich »nicht für berechtigt« gehalten, »sich der Verzweiflung hinzugeben, die sie ganz sicher nicht selten ergriff.«[256] Die russische Autorin dieser Sätze fügte hinzu, sie habe ihre Mutter nur einmal weinen gesehen. Eine solche Erinnerung könnte auch eine deutsche vaterlose Tochter geäußert haben, und es gibt sicher weitere überindividuelle Erfahrungen. Gleichwohl stoßen Versuche der Verallgemeinerung bei einem solchen Thema schnell an ihre Grenzen, denn die Lebensbedingungen in Westdeutschland unterschieden sich 1945 ja grundlegend von denen in der Sowjetunion nach dem Zweiten Weltkrieg. Es gilt also, spezifische zeitgeschichtliche Hintergründe, d.h. Lebensbedingungen und darüber hinaus auch Umgehensweisen mit dem Krieg nach 1945, zu berücksichtigen.[257] Woran wurde öffentlich erinnert? Was wurde verschwiegen?

Anregend, auch für europäische Kontexte, ist nicht zuletzt der Blick in die Belletristik. Er zeigt, dass kriegsbedingte Vaterlosigkeit seit Jahren in Romanen und Autobiografien Betroffener ebenso thematisiert wird wie in literarischen Texten Jüngerer, in Deutschland und in skandinavischen Ländern beispielsweise. Peter Härtling etwa ist auf seine vater- bzw. elternlose Kindheit in einer ganzen Reihe von Werken eingegangen.[258] Tanja Dückers gehört zu den jungen Autorinnen, die das Thema aufgegriffen hat: In »Der längste Tag des Jahres« geht sie den Auswirkungen fehlender Väter in zwei Generationen nach und beschreibt eine Familie, in der eine melancholische Atmosphäre herrscht, die auch die Enkel erreicht, und in der es kaum jemandem gelingt, die Vaterrolle einzunehmen und ihr gerecht zu werden.[259]

Um zwei skandinavische Beispiele zu nennen: Im Mittelpunkt von Henning Mankells Roman »Daisy Sisters« stehen zwei vaterlos aufgewachsene Frauen, Mutter und Tochter, deren Geschichte im schwedisch-finnischen Grenzgebiet im Zweiten Weltkrieg beginnt.[260] Bekannt dürfte auch das »Kartengeheimnis« Jostein Gaarders sein, in dem ein vaterlos aufgewachsener Protagonist feststellt: »In meiner Familie hat immer irgendwer gefehlt. [...] Ich glaube, das ist ein Familienfluch«. Zwar handelt es sich hier nicht um vaterlose Töchter, aber es ist eben eine Geschichte vom »Suchen«

und »Sich-Verlieren« über mehrere Generationen, in denen natürlich auch Frauen eine Rolle spielen. Den Erzähler jedenfalls, den zwölfjährigen Hans-Thomas, lässt Gaarder sagen:

»*Zusammen fehlten meinem Vater und mir ein Vater und ein Großvater, eine Frau und eine Mutter. […] Als Großmutter noch klein war, wurde ihr Vater beim Holzfällen von einem umstürzenden Baum getroffen und starb. Auch sie ist also ohne richtigen Vater aufgewachsen. Vielleicht bekam sie deshalb ein Kind von einem deutschen Soldaten, der zum Sterben in den Krieg geschickt wurde. Und vielleicht heiratete dieses Kind deshalb eine Frau, die nach Athen ging, um sich selber zu finden,*«

die also ihrem Mann wieder keine Frau und ihrem Kind keine Mutter war – so ließe sich jedenfalls hinzufügen.[261]

In der Belletristik sind es übrigens mittlerweile Kinder und Enkel der Kriegskinder des Zweiten Weltkriegs – und dies über europäische Grenzen hinaus –, die sich mit dem Thema kriegsbedingt vaterlos aufgewachsener Frauen in weiteren Zusammenhängen befassen. Norbert Gstrein (Jahrgang 1961) bietet ein Beispiel mit seinem Roman »Die Sommer im Süden«,[262] und im Mittelpunkt des Bestsellers von Markus Zusak (Jahrgang 1975) »Die Bücherdiebin« steht eine erst vater-, dann gänzlich elternlose Tochter des Zweiten Weltkriegs.[263]

Ebenso wie solche Differenzierungsnotwendigkeiten des Themas in belletristischen Darstellungsformen seien im Folgenden nur kurz wichtige, bisher aber nicht hinreichend untersuchte Aspekte angesprochen. So besteht zweifellos ein Anreiz, nach prominenten vaterlosen Töchtern und ihren Selbstzeugnissen zum Thema Vaterlosigkeit Ausschau zu halten. Man wird dabei auf Hannah Arendt (1906–1975), Karen Blixen (1885–1962), Agatha Christie (1890-1976), Marguerites Duras (1914–1996), Anais Nin (1903–1977), Sylvia Plath (1932–

1962), George Sand (1804–1876), die bereits erwähnte Ina Seidel (1885–1975) und andere stoßen.[264] Sie gehören unterschiedlichen Altersgruppen an, wuchsen unter höchst unterschiedlichen gesellschaftlichen, sozialen und familiären Bedingungen auf, hatten unterschiedliche Begabungen – und verloren ihre Väter durch Krankheit, Unfall oder Selbstmord, im Kleinkindalter oder als Jugendliche.[265] Arendt war mit einem ebenfalls vaterlos aufgewachsenen Mann verheiratet. Hat ihre Vaterlosigkeit, die sie mehrfach betonte, eine Rolle in ihrer lebenslangen Freundschaft mit Karl Jaspers gespielt?[266] All das mag spannend sein und neugierig machen, sollte aber nicht zu vorschnellen Schlüssen führen. Und man sollte die »Sammlungen« Vaterloser prüfen: Auch Lou Andreas-Salomé (1861–1937) ist als vaterlos bezeichnet worden, doch ihr Vater starb erst 1879; ob sie als vaterlose Tochter aufgeführt werden kann, wäre also infrage zu stellen.[267]

Nicht zuletzt dürften die Umfelder, in denen Töchter vaterfern aufwuchsen, eine maßgebliche Rolle gespielt haben und spielen. Das gilt nicht zuletzt für Ausnahmefrauen wie Marion Gräfin Dönhoff (1909–2002), deren Vater 1919 starb, als die Tochter neun Jahre alt war; bekanntlich wuchs Dönhoff in einem weitverzweigten Netz vielfach von adliger Tradition und »Haltung« geprägter Familien auf, in denen es wohl mehr väterliche oder brüderliche Orientierungsmöglichkeiten gegeben hat als bei den Frauen, die unseren Fragebogen beantwortet haben. Fördernde Großväter, Onkel oder Lehrer, von denen sie berichtete, waren zwar außerordentlich bedeutsam, ihre Zahl indes hielt sich in Grenzen. Marion Dönhoffs Biografin Alice Schwarzer betonte höchst nachvollziehbar: »Vor allem ist sie das, was in der modernen Psychologie die ›Vatertochter‹ genannt wird: Die Frau, die ihr Leben lang […] den idealisierten, fernen, väterlichen und brüderlichen Vorbildern nacheifern wird.«[268] Was bedeutet es, in diesem Sinne die ›starke‹ Tochter eines ›stärkenden‹ und ›starken‹ Vaters zu sein, die sich etwa daran erinnern und davon schwärmen konnte, als Kind einen Vater gehabt zu haben, der ihr »die Sterne erklärte«, so, wie dies z.B. »Winnetou« Zuckmayer von sich sagte?[269]

Zugleich gilt es, sich der Gefahr, geschlechtsspezifische Klischees zu bedienen, bewusst zu sein. Die nicht zuletzt auf Schriftstellerinnen bezogene Annahme, sie gingen mit ihrer Vaterlosigkeit kreativer um als Männer, müsste wohl erst noch belegt werden. Inwiefern gibt es hier tatsächlich einen Unterschied zwischen Frauen und Männern?[270] Die weitergehende und anders akzentuierte These dagegen, vaterlose Söhne *und* Töchter seien möglicherweise hochgradig aktiver und leistungsbezogener, um ihr Selbst zu bestätigen, leuchtet in gewisser Weise ein: »Phantasie, Erfindungsgabe und Gestaltungswille« seien, schreibt Horst Petri, ein »›Reparationsversuch‹, um die frühen Verletzungen des Narzissmus und die Beschädigungen des Ich zu heilen und das Selbst zu einer neuen Ganzheit zusammenzufügen.«[271] Dass bei den prominenten Beispielen auch andere Aspekte wie etwa eine außergewöhnliche Begabung und etwas »Geniales« zu berücksichtigen wären, versteht sich gewissermaßen von selbst. Um noch eine weitere, nicht minder spannende Frage anzuschließen: Sind nicht vielleicht auch gerade Töchter und Söhne starker Väter leistungsbezogen und kreativ?

10 ZUSAMMENGEFASST: VERARBEITUNG DES VATERVERLUSTS

Der Historiker Reinhart Koselleck hat in einem Aufsatz über den Einfluss von Zäsuren in den Biografien von Menschen, wie sie der Zweite Weltkrieg und seine Folgen darstellen, pointiert darauf hingewiesen, dass mit solchen Einbrüchen stets auch »Erfahrungsschübe« verbunden seien, »die die Bahnen des Gewohnten, des Bisherigen zu verlassen nötigen« und dann auch »andere, neue Wege eröffnen«.[272] Den Verlust ihres Vaters sahen die befragten Töchter aus nachvollziehbaren Gründen als besonders tiefen Einschnitt in ihrem Leben an und zwar durchaus in der von Koselleck angedeuteten Weise. Die Mehrheit der Frauen verbindet mit dem Zweiten Weltkrieg und seinen Folgen in der Tat nicht nur das »Ereignis« des Vaterverlusts, sondern einen mit diesem verbundenen »bewusstseinsprägenden Erlebnisgehalt« sowie ferner sich im Laufe ihres Lebens wandelnde Verarbeitungsweisen.[273] Mit anderen Worten: Sie haben als Kinder bereits seinen Verlust schmerzlich empfunden, ihre seelischen Verletzungen dann zeitweise, oft über einen längeren Zeitraum eingekapselt und sind schließlich davon ausgegangen, diese Wunden seien verheilt oder würden jedenfalls nicht mehr aufbrechen. Ihre Vatersehnsucht jedoch ließ sich willentlich kaum kontrollieren, geschweige denn verdrängen; Erinnerungen, innere Bilder von Abschied und Wiedersehen begleiteten ihr Leben und gewannen bei vielen in zunehmendem Alter, nicht selten nach dem Tod ihrer Mütter, eine Bedeutung, mit der sie wohl kaum gerechnet hatten. Um noch einmal Koselleck zu zitieren: »Vieles wird vergessen, anderes bleibt hartnäckig wie ein Stachel im Bewusstsein stecken. Vieles wird verdrängt, anderes glorifiziert.«[274] Gleichsam »hartnäckig« und konstant scheint bei vielen betroffenen Vaterlosen ein Traum zu sein, den Arno Surminski in »Vaterland ohne Väter« folgendermaßen als inneres Sehnsuchtsbild der vaterlosen Tochter Rebeka Lange eindrücklich beschreibt. Lange, deren Vater 1943 vor Stalingrad fiel und die sich kurz nach ihrer Pensionierung, als sie 60 Jahre als ist, eine Karte von Russland und eine von Ostpreußen kauft, wo sie die erste Zeit ihres Lebens verbracht hat, stellt sich vor, sie sei wieder ein kleines Mädchen und wandere an der Hand des Vaters »nach Hause«. Sie träumt sich zurück in ihre Kindheit, und Surminski lässt sie, aus der Ich-Erzählerinnenperspektive, sagen:

»*Mein Vater [...] trägt mich über Pfützen, ich bin ja noch klein. Komm her, du kleiner Grashüpfer, sagt er. Auf Lichtungen bleibt er stehen, schaut zum Himmel, um die Sterne zu fragen. [...] Da ist der Rosensche Hof, sagt er und trägt mich kleinen Grashüpfer die letzten hundert Schritte. Vor der Haustür setzt er mich ab. Vorsichtig drückt er die Klinke herunter, um nicht zu stören, denn sie schlafen noch. Er legt den Finger auf die Lippen und bedeutet mir zu schweigen. Dann tritt er ein. Mich lässt er draußen vor der Tür. Ich warte und warte, aber mein Vater kommt nicht wieder.*«[275]

Ähnliche innere Sehnsuchtsbilder und mit diesen verbundene Gefühle finden sich in vielen Varianten in unserer Studie, nicht zuletzt auch in den Auszügen aus den Fragebogenantworten, die dem Textteil angefügt sind (Kapitel 11). Die Mehrheit der Frauen ist davon überzeugt, der Verlust ihres Vaters habe grundlegend »alles« verändert: Nach seinem Tod sei nichts mehr wie vorher gewesen. Ihr Leben wäre anders verlaufen, wenn sie mit einem Vater an ihrer Seite aufgewachsen wären. Ohne Vater erlebten sie ihre Kindheit und Adoleszenz als hochgradig »defizitär« im Sinne jenes »bewusstseinsprägenden Erlebnisgehalts«, von dem Koselleck gesprochen hat.

Der Vater hat den befragten Töchtern seit ihrer Kindheit

zweifellos in mehrfacher Hinsicht gefehlt. Zum einen haben diejenigen, denen die Väter bereits kurz vor ihrer Geburt oder im Säuglings- und Kleinkindalter »abhanden gekommen« waren, in erheblich engerer Bindung an ihre Müttern gelebt als dies bei Kindern der Fall war, die mit Vater *und* Mutter erwachsen wurden: Den Vaterlosen fehlte in einem frühen Entwicklungsstadium die männliche Hilfe, sich angstfrei aus der symbiotischen Bindung an die Mutter zu lösen. Sie blieben dann auch später oft stärker auf ihre Mutter fixiert als Kinder, denen die Gegenwart beider Eltern einen – in allen Facetten der Wortbedeutung gemeinten – »Grund legenderen« Start ins Leben ermöglichte. Der buchstäblich unsichere »Grund«, auf dem sich die Vaterlosen bereits als Kinder und dann auch als Heranwachsende bewegten, hatte überdies weitere Facetten, so dass sich bei der Mehrzahl der Befragten der Eindruck des »Defizitären« als wesentliche Kindheits- und Jugenderfahrung herausstellte. Oftmals fehlten ihnen der Vater *und* ein Geborgenheit vermittelndes Zuhause *sowie* ein Stabilität garantierendes weiteres soziales Umfeld.

Die befragten Frauen haben die Bedingungen beschrieben, unter denen sie aufwuchsen und sich nicht zuletzt zu ihrem – erinnerten – Umgang mit all dem, was ihnen fehlte, geäußert. Sie sprachen über seelische Verletzungen, Unsicherheit, Angst, verlassen zu werden und allein, d.h. ungeborgen zu sein, sowie einer ausgeprägten Sehnsucht nach »heilen« familiären Verhältnissen oder auch männlichem Halt und führten dabei immer wieder – nicht zuletzt für die Jahre ihres Heranwachsens – an, wie sehr ihnen ihr Vater gefehlt habe. In der Adoleszenz hat sich die Mehrheit noch einmal besonders intensiv einen Vater gewünscht, bei dem sie nicht nur Nähe und Wärme hätten erfahren, sondern durch den ihnen auch jene »Rückenstärkung« hätte zuteil werden können, die sozialen, also nicht nur leiblichen Vätern zugeschrieben wird. Dass ihre Väter diesem Ideal eines zuverlässigen, Kompetenz und emotionalen Rückhalt gleichermaßen garantierenden »Begleiters« ins Erwachsenwerden wohl in den meisten Fällen nicht oder nur unzureichend entsprochen hätten, war den Befragten allerdings mehrheitlich bewusst. Das dürfte für Töchter wie für Söhne gegolten haben, wenngleich die vaterlosen Töchter in anderer Weise als die Söhne ohne männlich-väterliches Vorbild aufwuchsen.

Insgesamt gesehen wurde vaterlosen Töchtern von den Müttern und auch gemäß gesellschaftlich weit verbreiteten Vorstellungen weniger zugetraut als ihren Brüdern und anderen Jungen ihrer Altersgruppe. Auch darin unterscheiden sich wohl die Bedingungen ihres Aufwachsens in der deutschen Nachkriegsgesellschaft recht deutlich von denen vaterloser Söhne. Die Töchter konnten in der Familie die Rolle des Vaters nicht so übernehmen wie das von den Jungen erwartet und wohl auch teilweise geleistet wurde. Wie stark sich Töchter indes mit dem Vater identifizierten, wird zum Beispiel in einem bereits erwähnten psychologischen Fallbericht aus den 1950er Jahren deutlich: Darin ging es um ein vaterlos aufwachsendes Mädchen, das sich grundsätzlich weigerte, Kleider und Röcke zu tragen, und ausschließlich Hosen angezogen haben soll. Das Mädchen hatte offenbar un- oder halbbewusst den männlichen Part in der Familie, die ausschließlich aus Frauen bestand, übernommen. Es habe, so die Psychologin, die dieses Beispiel einer Fachöffentlichkeit vorstellte, neben der Mutter im Bett des vermissten Vaters geschlafen. Dieses Kind habe sich – hier noch einmal wörtlich – »in übermächtiger Weise gezwungen gesehen, »Verkörperung des Fehlenden zu werden«.[276]

Alexandra Senfft schildert aus heutiger Sicht am Beispiel ihrer eigenen Mutter ebenfalls, wie intensiv der Identifikationswunsch einer Tochter mit ihrem schmerzlich vermissten Vater gehen konnte: Ihre Mutter sei in des Vaters Kleidung geschlüpft, zum einen wohl, um sich ihm körperlich nahe und in einem sehr unmittelbaren Sinne geborgen zu fühlen;

zum anderen hat Alexandra Senffts Mutter Erika aber vielleicht auch mit einer Rolle gespielt, die in ihrer Familie, in der nach dem Tod des Vaters drei Frauengenerationen dominierten, unausgefüllt blieb. Ihre Mutter, so Senfft, habe als Heranwachsende ihres Vaters »Ratschläge« befolgen und »Botschaften« in seinen Briefen entschlüsseln wollen, um sie sich anzueignen. Wörtlich schreibt sie:

»Sie will in seine Sätze schlüpfen, ihn durch und durch verstehen und Rückschlüsse für ihr eigenes Leben daraus ziehen. Aus dem alten Smoking ihres Papas lässt sie sich vom Schneider eine ›todschicke, schwarze lange Hose‹ machen, und sie bittet Erla (ihre Mutter, Anmerkung der Autorin) sogar um Teile seiner Diplomatenuniform, damit sie daraus etwas Neues für sich anfertigen und sich von seinen Stoffen umgarnen lassen könne […].«[277]

Die gesellschaftlichen »Botschaften« bezüglich unvollständiger Familien waren in der deutschen Nachkriegsgesellschaft eindeutig: Es handelte sich verbreiteten Vorstellungen der End-1940er und 1950er Jahre nach um Haushalte »ohne Ernährer«, »Notgemeinschaften«, um »zerstörte« oder »Halbfamilien« ohne die notwendige männliche, d.h. »bessere« Hälfte. Die vaterlosen Töchter und auch ihre Mütter mussten sich aus diesen Gründen in ihrer Selbstwahrnehmung als »defizitär« bestätigt sehen. Dass es sich keineswegs immer um sachlich begründete, teilweise sogar um kaum haltbare Wertungen, ja sogar »Unterstellungen« handelte, haben Soziologen wie beispielsweise René König damals bereits durchaus gesehen.[278] Die nachhaltige Wirkung solch negativer Einschätzungen gegenüber Familien ohne Väter wurde indes durch solche zumeist nur in Expertenkreisen geäußerten und kaum öffentlich wirksamen Einwände nicht relativiert: Kriegerwitwen mit ihren Töchtern wurde kaum zugetraut, den vielfältigen Belastungen und Herausforderungen der alltäglichen »Lebensbemeisterung« gewachsen zu sein, geschweige denn perspektivisch auf die Zukunft hin zu denken und sich etwa tatkräftig mit Fragen der beruflichen Ausbildung und des auf diesem Wege zu erreichenden gesellschaftlichen Aufstiegs sowie weiblicher Unabhängigkeit zu beschäftigen. Vaterlose Haushalte galten als bemitleidenswert, Frauen als »Mängelwesen«, die Mütter als überfordert und in gewisser Weise auch »unfähig« sowie die in diesen Familien aufwachsenden Töchter nicht zuletzt als moralisch labil und in höchstem Maße gefährdet. So überrascht es denn auch nicht, dass sich eine Reihe vaterloser Mädchen wünschte, ein Junge zu sein und nicht selten in dem Zwiespalt lebte, weder ein richtiges Mädchen noch ein richtiger Junge zu sein.

Ohne allzu pauschalen schwarz-weiß Kontrasten zu folgen, ist jedoch festzuhalten, dass Mädchen der Altersgruppen, denen die befragten vaterlosen Töchter angehören, insgesamt gesehen sozial, gesellschaftlich und moralisch wohl unter mindestens ebenso, wenn nicht teilweise noch weit problemreicheren Umständen und engeren, bzw. beengteren Verhältnissen aufwuchsen als viele vaterlose Söhne. Sie waren zwar in hohem Maße »vernünftig«, d.h. pragmatisch, verantwortungsbewusst und leistungsorientiert, profitierten aber als Mädchen und junge Frauen weniger von den sich allmählich erweiternden Bildungs- und Aufstiegschancen in der Bundesrepublik der 1950er und 1960er Jahre als männliche Heranwachsende gleichen Alters. Im Zweifelsfalle wurde oft ihren Brüdern eine bessere schulische Bildung und Ausbildung zugestanden. In moralischer Hinsicht wurden sie eindeutig strenger, nicht zuletzt von ihren Müttern, »bewacht« als ihre Brüder. Sie konnten sich der mütterlichen Kontrolle weniger entziehen und sich auf dem Weg in ein selbstbestimmtes Erwachsenenleben wohl auch seltener auf Ermutigungen von Seiten »sozialer Väter« stützen, denen gleichaltrige Jungen in Jugendgruppen etwa begegneten. Kontrollierter, unfreier und gegängelter als junge Männer erlebten die jungen Frauen schließlich die allmählich liberaler werdende Atmosphäre in den 1960er Jahren – und zwar auch im Vergleich mit jungen Frauen, die in vollständigen Familien aufwuchsen. Kriegerwitwen fürchteten hier besonders, dass über sie und ihre Töchter »geredet« würde und ihre Töchter »unter die Räder« kämen.

In solchen Erfahrungen des »Defizitären«, die in den Lebenserzählungen der vaterlosen Frauen einen durchaus breiten Raum einnehmen und – wie gesagt – auch durch geschichts- wie gesellschaftswissenschaftliche Untersuchungen bestätigt werden können, erschöpfen sich jedoch keineswegs die Lebenserzählungen der vaterlosen Töchter, im Gegenteil: Die vaterarmen und vaterverarmten Zeiten, in denen sie erwachsen wurden, ließen sie früh selbständig und »tüchtig« im weitesten Sinne werden, zweifellos ein Ergebnis jener teilweise prekären Lebensverhältnisse, aus denen ihnen auch Stärken erwuchsen. Festzustehen scheint, dass sie in ihren Lebensrückblicken zwei recht gegensätzliche Sichtweisen im Blick hatten: einerseits die bereits angesprochene Art der »Erzählung«, mit einer Reihe von »Defiziten« aufgewachsen zu sein und diese auch immer noch nachzuempfinden. Andererseits betonten sie, sie hätten schwierige Situationen auch im Sinne von Herausforderungen verstanden und notgedrungen zwar, aber recht erfolgreich »neue Wege« – wie Koselleck formuliert hat – beschritten.

Mittlerweile ist vielen vaterlosen Töchtern ein Abschied von ihren Vätern gelungen, der auch mit dazu führt, dass ihre Erinnerung zunehmend weniger von »Glorifizierung« überformt scheint. Kritische Fragen nach seiner Vergangenheit während der NS-Zeit haben die Befragten durchaus gestellt und sich auch zunehmend der Frage zugewandt, was sie ihren eigenen Kindern und teilweise auch bereits ihren Enkeln über deren Groß- bzw. Urgroßväter mitteilen möchten. In den Dialog der Generationen beziehen die Frauen allmählich auch die über Jahre für viele kaum aussprechbaren, zeitweise sehr spannungsreichen Verhältnisse in den Nachkriegsfrauenhaushalten mit ein, in denen vor allem die Mädchen buchstäblich um die Zuwendung ihrer Mütter gekämpft oder sich als ungeliebte Kinder abgelehnt gefühlt haben, wenn die Mutter sich noch einmal einem Mann zuwandte. Mittlerweile ebenfalls kaum noch »verdrängt« wurden auch andere belastende Themen wie etwa die lange »vermiedene Trauer« und die von einem Abwehr-Panzer buchstäblich eingekapselten Ängste aus Kinderjahren, allein gelassen zu werden sowie schutz- und hilflos zu sein und deshalb auch stets stumm und ohne zu klagen funktionieren zu müssen.

Mit Blick auf eine erst noch zu schreibende weibliche Generationengeschichte im 20. Jahrhundert wäre vor allem zu betonen, dass sich die Lebenswege der Befragten, nicht zuletzt ihre Bildungs- und Berufsprofile, deutlich von denen ihrer Mütter abheben, denen es weniger als den Töchtern gelang, über Ehe und Kinder hinausgehende Lebensperspektiven zu entwickeln, d.h. Familie und Beruf miteinander zu vereinbaren oder ein von Männern unabhängigeres Leben zu führen und sich nicht zuletzt um die Lebensmitte oder sogar später noch einmal beruflich und interessenperspektivisch neu zu orientieren. Zahlreiche vaterlose Töchter haben offenbar – noch ein letztes Mal auf Koselleck Bezug nehmend – »Prägungskräfte« positiv zu nutzen gewusst, die sie als »starke Frauen« ausweisen. Dazu gehören Disziplin und Verlässlichkeit, Selbständigkeit und Tatkraft, oft auch gepaart mit Strenge gegenüber sich selbst bzw. Nichtachtung von Überforderungs- und Erschöpfungsanzeichen nach dem Motto: »Sei nicht so zimperlich«. Während hier noch die Ambivalenz der Folgen ihrer Erfahrungen und ihrer Erziehung, also ein deutliches »sowohl als auch« durchklingt, könnte man auch – positiver formuliert – sagen: Viele vaterlose Töchter sind heute selbstkritisch *und* selbstbewusst, sensibel *und* tatkräftig, lebenszugewandt *und* gelassen, hin und wieder traurig oder erschöpft *und* dann auch wieder zuversichtlich und auf eigene Fähigkeiten und Einsichten vertrauend, zu denen nicht zuletzt das Wissen um die Brüchigkeit »heiler Welten« gehört. Ein Grundgefühl allerdings unterscheidet sic von anderen Frauen ihrer Altersgruppe, die manche soeben aufgeführte Selbstbeschreibungsaspekte für sich möglicherweise auch bejahen könnten: Mehrheitlich teilen vaterlose Töchter das in ihrer Lebenserzählung zentrale Gefühl –, es habe sie »niemand ins Leben geführt«, es habe ihnen niemand, das heißt kein Vater »die Sterne und die Welt erklärt«, weshalb sie sich trotz aller Stärken immer wieder als nur wenig selbstsicher erleben …

11 AUSZÜGE AUS DEN FRAGEBOGENANTWORTEN

11.1 Letzte Bilder – Verlust ohne Abschied

Wie alt waren Sie, als Sie Ihren Vater endgültig verloren haben? Wie lange und mit welcher Intensität konnten Sie ihn überhaupt kennenlernen bzw. er Sie? Aufgrund welcher (Kriegs-)Einwirkungen fehlte Ihr Vater dauerhaft? Gibt es so etwas wie eine »letzte Erinnerung«, ein Bild, das Sie von Ihrem Vater bewahrt haben?

Ich war zehneinhalb Jahre, als er am 20. April 1945 bei Berlin umgekommen ist, 14 Jahre, als wir auf Umwegen die Todesnachricht bekamen. Frühe Kindheitserinnerungen gibt es spärlich; in einer sitzt er am Klavier, spielt ein Kinderlied an, das ich nachsinge […]. Ich gehe an seiner Hand zu einer kleinen Operation (Mandeln kappen). (G. D.)

Ich war fast neun Jahre alt, als mein Vater fiel, jedoch erhielten wir erst zwei Jahre später die endgültige Benachrichtigung. Eingezogen wurde mein Vater kurz vor meiner Einschulung. Jährlich kam er ein Mal auf Urlaub. In dieser Zeit hat er viel mit mir unternommen. Er war ein fröhlicher Mensch, sang fast immer bei seiner Arbeit. Hauptsächlich Hans-Albers-Lieder. Bis zum heutigen Tag habe ich sehr wehmütige Gefühle, wenn ich diese Lieder oder nur die Melodien höre, lasse sogar Tränen zu. (M. S.)

Knapp acht Jahre war ich, als Vater gefallen ist. Da Vater als Landesbauernführer viel unterwegs war, bevor er Soldat wurde, hatte er wenig Zeit für uns. Aber wenn er da war, war er ganz Vater. Bei Glatteis nahm er mich auf seine Schultern und brachte mich zur Schule (gut vier Kilometer im Nachbarort); bei seinen Besorgungen und Besuchen nahm er mich auf dem Motorrad mit. (Annemarie Gerber)

Ich war sechs Jahre alt, als meine Tante die Nachricht vom Tod meines Vaters brachte. Er fiel am 10. Januar 1944. Ich hatte wie so oft eine Lungenentzündung. Mein Bett stand in der guten Stube neben dem Christbaum. Meine Tante blieb an der Tür stehen und sagte nur: »Liese, der Heinrich.« Dann war Gedächtnisfeier. Ich kann mich noch an die Worte des Pfarrers erinnern: »Ein Wunder, dass das Kind überlebt hat.« (R. H.)

Ich war fünf Jahre alt, als ich erfuhr, dass mein Vater an den Verletzungen des Russlandfeldzuges gestorben war. [...] Ein Bild habe ich immer noch vor mir, als er mich auf dem Arm hielt und mir den Nachthimmel mit Mond und Sternen zeigte. (S. S.)

Ich war eineinviertel Jahre alt, als mein Vater zuletzt auf Heimaturlaub war. Es gibt einige Fotos, auf denen wir gemeinsam zu sehen sind. Diese Bilder sind für mich sehr wichtig, denn sie bestätigen mir: Es gab eine Zeit mit meinem Vater. Er war bis Dezember 1944 in Norwegen stationiert und schickte außer Briefen viele Ansichtskarten (Landschaften, norwegische Trachten, Karten mit Illustrationen für Kinder). Zahlreiche dieser Karten sind direkt an mich gerichtet. Er schickte auch norwegische Bilderbücher, die Texte hat er ins Deutsche übersetzt. Außerdem einige silberne Löffel, einer hat eine unbeholfene Gravur mit meinen Initialen und meinem Geburtsdatum. Ich spüre, dass mein Vater mich sehr geliebt hat, das tröstet mich in meinem Schmerz über seinen Verlust, der bis heute lebendig ist. Anfang Januar 1945 wurde mein Vater an die Ostfront geschickt. Seit dem 25. Januar 1945 ist er in Dirschau bei Danzig vermisst – Eine »letzte Erinne-

Fotos wie dieses gehören oft zu den wenigen und letzten Erinnerungen, die den Töchtern von ihren Vätern geblieben sind.

rung« könnte vielleicht ein inneres Bild sein, das immer wieder auftaucht, wenn ich mich nachts einsam fühle: Es ist dunkel, Nacht, eine große schwarze schnaubende Lokomotive fährt in einen Bahnhof ein. Sie ist bedrohlich, riesig, macht großen Lärm. Mein Gefühl ist: Sie nimmt mir meinen Vater weg, sie nimmt ihn mit sich fort, er wird nie mehr zurückkommen. (C. F.)

Aus seinem letzten Urlaub im März 1944, dem Monat, in dem meine Schwester geboren wurde, sind mir verschiedene Bilder in Erinnerung geblieben. Eines davon: Er steht mit meiner hochschwangeren Mutter vor der Tür des Pferdestalls und die beiden unterhalten sich. Ich beobachte sie von der Haustür aus. Das andere muss am Abend vor seiner Abreise stattgefunden haben. Ich liege bereits im Bett, er sitzt auf der

Bettkante, spricht mit mir und macht eine Bleistiftzeichnung von mir, die ich allerdings nicht mehr habe. (H. H.)

Ich bin Besatzungskind und kenne meinen Vater nicht. (D. T.)

Ich hatte des Nachts Träume, dass der Briefträger mit dem entscheidenden Brief kam: Mein Papa kommt nun. (I. K.)

An meinen Vater erinnere ich mich nicht. Es gibt sieben Fotos von ihm mit mir allein/und meinem Bruder/und mit meiner Mutter und meinem Bruder. Selbst an die reale Situation 1944, als das Familienfoto gemacht wurde, sowie das siebente Foto im Garten im Winter 44/45, erinnere ich nicht real meinen Vater. Ich erinnere auch kein reales Erlebnis mit ihm, außer als er (vermutlich braun gebrannt) mit Licht von hinten als »schwarzer Mann« in der Haustür stand und ich mich fürchtete und wegrannte. (Margarete Schnibbe)

Mein Vater musste Koch lernen. Er lobte aber immer das Essen meiner Mutter. Ich sah ihn nur ein einziges Mal beim »Kochen«. Nämlich Eierkuchen: Wunderbar wirbelte jedes Mal das Omelette durch die Luft, klatschte in die Pfanne zurück – bis eins dann an der Küchendecke klebte und erst nach einer Weile langsam wieder im Tiegel landete. [...] Meine letzte Erinnerung ist für mich immer mit einem Schuldgefühl verbunden gewesen. Wir brachten meinen Vater zum Zug. Vor dem Einsteigen sagte er zu mir: »Du bist jetzt fünf Jahre alt. Es wird Zeit, dass du schwimmen kannst. Das nächste Mal bringe ich dir das Schwimmen bei.« Ich sagte plötzlich: »Du kommst ja nicht wieder!« Als es dann tatsächlich so kam, wollte ich es nicht glauben. (E. A.)

Meinen Vater kenne ich nur über Fotos und von dem Totenzettel. In meiner Erinnerung hat meine Mutter fast nie über ihn gesprochen. Ich erinnere mich nur an eine Aussage:

»Wenn dein Vater hier wäre, würdest du dir nicht so viel erlauben können.« Ich war ein sehr »eigenwilliges« und eigensinniges Kind. In meinen Gedanken hoffte ich immer wieder, er möge doch bei den Kriegsrückkehrern sein, obwohl ich wusste, dass er nicht mehr lebte, und mich aus der Situation zu Hause befreien. Ich wollte stolz auf meinen Vater sein und ihn als Retter betrachten. (G. C.)

Ich war vier Jahre alt, als mein Vater meiner Mutter aus dem Arm heraus in ein Lager (Pabianice bei Łódź) verschleppt wurde. Sechs Jahre war ich, als meine Mutter die Nachricht von einem Lagerinsassen auf einer Postkarte erhielt, dass mein Vater an Tuberkulose verstorben sei. Das Bild, das in meinem Gedächtnis eingebrannt ist: Ein freundlich mir zulächelnder Mann hinter Stacheldraht. Bin ich wirklich auf seinem Arm oder stelle ich es mir nur vor? Jedenfalls habe ich Stacheldraht und herzliche Zugewandtheit in Erinnerung. Mehr oder weniger als einziges Bild, und Sonnenschein. (R. B.)

Als uneheliche Kriegswaise habe ich meinen Vater nie persönlich gesehen; meine Mutter hat sich jedoch immer bemüht, mir ein lebendiges Bild von meinem »Papa« zu präsentieren. […] Beachtlich waren auch »entzückte« Bemerkungen wie: »Ist sie nicht ganz der Papa?« oder »Sie hat Fritz' Augen« etc. […] Ich war zur Zeit seines Todes schon drei Jahre alt. Darum hat es mich sehr getröstet, als ich vor gar nicht so vielen Jahre durch eine Tante ein Foto von mir erhielt, das er im Feld immer bei sich getragen hatte, und etwas später einen Brief an meine Mutter, in dem er seine Bewunderung darüber ausdrückt, dass ein Kind, sein Kind, für ihn betet, wie meine Mutter es ihm geschrieben hatte. (Monika)

Ich bin am 24. Februar 1948 geboren und mein Vater hat sich am 19. November 1949 das Leben genommen. Ich habe keinerlei Erinnerungen. Aber es wurde mir erzählt (ich weiß nicht wann), dass er bei meiner Geburt gesagt habe: »Ich höre das schönste Mädchen aus Westfalen«. Das hat sehr positive Gefühle zu meinem Vater bewirkt und ich erinnere das Bild, dass ich im Bett liege und das Gefühl habe, dass mein Vater von oben auf mich schaut und für mich sorgt. […] Es wurde in meiner Familie nie von meinem Vater geredet und wenn, dann habe ich davon zum Unbehagen aller angefangen. Mein Vater war Arzt und soll bei der Reiter-SS gewesen sein, weil er so gerne geritten ist. Mehr weiß ich nicht. (A. T.)

Letzte Bilder Januar 1945, da war ich fünfeinviertel Jahre alt. Vati musste sich bei den Russen melden. Intensive Erinnerungen: Reiten auf Vaters Knien (rechts und links ein Kind) an seinem Schreibtisch, auch Erinnerung, auf seinem Arm gehalten zu sein und in sein Frühstücksbrot reinbeißen zu dürfen. (E. B.)

Der fehlende Vater war ausschlaggebend für meine Entscheidung in der Berufswahl. Ich musste mich gegen das Gymnasium und das Studium entscheiden, um schnell Geld zu verdienen. Ich wollte aus der Nachkriegsarmut schnell heraus und menschenwürdig leben. Bei meiner Schwester drängte ich ebenfalls auf einen schnellen Berufsweg. Leider war meine Mutter durch die Kriegs- und Vertriebenensituationen in Depressionen und nicht fähig zu leiten. Meine Schwester wollte gerne Modezeichnerin werden und ich hätte gerne Ärztin sein wollen. Mit sechzehneinhalb Jahren hatte ich dann als Ostpreußenflüchtling die DDR verlassen, meine Schwester wurde von mir dazu überredet, sie war erst vierzehn Jahre alt. Meine Mutter und mein Großvater wurden von der Polizei aufgefordert, uns zur Rückkehr zu bewegen. (I. K.)

Als ich meinen Vater wohl endgültig verloren glaubte, war ich 13 Jahre alt. Es war im Jahre 1955, als es Adenauer gelang, die Freiheit der letzten Kriegsgefangenen zu erwirken. Aber trotzdem war da immer noch ein Funken Hoffnung den Vater wiederzusehen. Vielleicht hatte ich mich einfach daran gewöhnt, mit dieser Hoffnung zu leben, ich war ja damit aufgewachsen. Zehn Monate alt war ich, als Vater von seinem Heimaturlaub wieder an die Front musste und nicht wiederkehrte. Es war Hochsommer und alle waren im Garten. Meine Mutter erzählte, mein Vater habe sich schon verabschiedet und sei schon bestimmt zehn Minuten weggewesen, dann aber wiedergekommen, habe mich noch einmal aus dem Kinderwagen gehoben und fest an sich gedrückt. Ich habe mich später immer wieder in diese Szene hineingesteigert, um den Druck körperlich zu fühlen, es ist mir nie gelungen. Von da an fehlte er dauerhaft, er fehlte meiner Mutter und durch meine Mutter uns Kindern, meinem anderthalb Jahre älteren Bruder und mir. Meine Mutter sprach ständig von meinem Vater. Sie zeichnete das Bild eines vollkommenen Menschen, eines Mannes, der sehr belesen, ein ausgezeichneter Arzt, hochkommunikativ war und Klavier so gut spielte, dass er damit regelmäßig ganze Gesellschaften unterhielt. Er war sehr lebenslustig, witzig und menschlich. Nur ganz selten erzählte sie, dass er als Einzelkind aufgewachsen manchmal vergaß zu teilen. […] Das letzte, was man von ihm erzählte, war, dass er sich seinen vor dem Feind flüchtenden Kameraden nicht angeschlossen habe, mit der Begründung, er könne seine Verwundeten nicht alleinlassen. Das ist das Bild, das sich in mein Denken und Fühlen tief eingeprägt hat und das ich für immer bewahre. (H. D.)

Ich bin am 10. Juni 1943 geboren und mein Vater kam Ende des Monats auf Urlaub, wo er mich zum ersten und einzigen Mal gesehen hat. Ich habe deshalb keine Erinnerung an ihn. Allerdings gibt es Fotos über diese Begegnung. Aufgrund des allgemeinen Rückzugs nach der Einkesselung der 6. Armee erhielt mein Vater keinen Urlaub mehr. Die letzte Nachricht von ihm kam im August 1944. Danach nichts mehr! Meine

Mutter hat nie von ihm gesprochen, ihn totgeschwiegen und sich dann mit anderen Männern getröstet. Bereits 1948/49 hat sie ihn für tot erklären lassen und 1950 wieder geheiratet. (Rosemarie Killius)

11.2 Lebenslange Suche und Erinnerungen

Zu welchem Zeitpunkt Ihres Lebens haben Sie sich zum ersten Mal bewusst mit dem (fehlenden) Vater und seiner Bedeutung für Ihr Leben befasst? Gab es dazu einen wichtigen Anstoß? In welchen Lebenssituationen hat Sie der fehlende Vater erneut oder immer wieder beschäftigt?

[…] Die Erinnerung an die Beerdigung meines Vaters: Ein Zug von Menschen, dessen Ende ich nicht sehen konnte, und drei Mal wurde von Soldaten, die rechts neben mir standen, übers Grab geschossen. Das fand ich furchtbar laut und schrecklich. […] Es war ja allgemein üblich, dass die »Helden des Krieges« nicht beweint wurden. (E. M.)

Wann ich mich zum ersten Mal bewusst mit dem fehlenden Vater befasst habe, weiß ich nicht. Ich bin einfach in diese Situation hineingewachsen. Wir sprachen zusammen mit meiner Mutter jeden Abend ein Gebet, dann wurde der Satz angeschlossen: »Bring bald unseren lieben Papi wieder!« Aber ich wollte die Sache nicht dem lieben Gott allein überlassen, sondern selbst handeln. Ich war wohl vier Jahre alt. Da packte ich einen kleinen Koffer, machte mich reisefertig und sagte zu meiner Mutter: »So, jetzt fahre ich selbst nach Russland und hole den Papi.« (H. D.)

Durch abendliche Gebete für die Heimkehr meines Vaters ist mir als Kleinkind der Mangel fast täglich bewusst gemacht worden – die Enttäuschung natürlich auch. (U. H.)

Meinen Vater habe ich so sehr vermisst, dass ich sein Fehlen nicht an mich heranlassen, sondern dadurch verarbeiten konnte, dass ich mich als ältere Tochter (unbewusst) als Platzhalterin für ihn formte. Erst nach dem Scheitern meiner Ehe wurde mir das Defizit in seinen verschiedenen Auswirkungen deutlich, als existenzielles Grundgefühl: ungeschützt, unberaten. (G. D.)

Wir beteten jeden Abend: Lieber Gott, bringe unseren Papa wieder! Ansonsten wurde wenig darüber geredet und wir haben auch nicht gefragt. (Brigitte Pillardy)

Da der Stiefvater mich ablehnte, weil ich »nur« ein Mädchen war, fing ich an, als ich nach der Schule meine Freundinnen mit ihren Vätern sah, meinen Vater zu vermissen. Da der Stiefvater mich auch schlug, was ich schon als sechsjähriges Mädchen ungehörig fand, weil er nicht mein Vater war, fing ich an, abends im Bett zu beten, dass mein Vater kommen würde, um mich abzuholen. (Rosemarie Killius)

Zum ersten Mal habe ich mich erst vor zwei Jahren – im Rahmen einer Therapie – bewusst mit meinem Vater und seiner Bedeutung für mein Leben auseinandergesetzt bzw. darüber nachgedacht. Er war und ist mir ein Fremder. Durch meine Mutter, die mir nie etwas von ihm und mir als Vater und Tochter erzählt hat, weiß ich, dass er ein lebensfroher, optimistischer Mensch war, der gern getanzt und gesungen hat. (Gabi Lessnau)

Teilweise hatte ich meine ganze Erinnerung an die Kindheit verloren. In der Grundschule fiel mir auf, dass meine Grundschullehrerin sich vermehrt um Kinder kümmerte, deren Vater gefallen oder vermisst war (aus meiner heutigen Sicht). Damals habe ich es immer als Bestrafung aufgefasst, als ob sie Kinder ohne Vater hasste. Ich musste häufig mit in eine höhere Klasse kommen oder zu ihr nach Hause. Auf meinen Zeugnissen stand immer: »Du könntest mehr.« Wenn es mir schlecht ging und ich nicht mehr weiter wusste, habe ich an meinen Vater als Retter gedacht. [...] Nachdem meine Versuche, von zu Hause wegzukommen, zunächst gescheitert waren, habe ich es mit 13 Jahren geschafft, wenn auch nur in eine neue Abhängigkeit. Aber das habe ich erst Jahre später gemerkt. Ich habe in einem Kloster gelebt und bin von dort aus zur Schule gegangen. (G. C.)

Beschäftigt hat mich der fehlende Vater, wenn meine Mutter von den Ämtern zurückkam (Bewilligung von Erziehungsbeihilfe oder vom Versorgungsamt). Sie war dann immer traurig und wütend über das joviale und gönnerhafte Gehabe dieser Beamten: »So würden sie mit ihr nicht umgehen, wenn unser Vater da wäre.« (U. K.)

Meine Mutter kam von circa 1947 bis 1952 in eine schwere psychische Krise: vier Kinder und das ungewisse Schicksal des Mannes zehrten an ihren Kräften. Schon zu der Zeit, also mit circa fünf bis sechs Jahren, beschlichen mich Verlustängste – erst der Vater und dann vielleicht auch die Mutter?! Mit zunehmendem Alter entwickelte sich eine leichte tiefliegende Traurigkeit, verbunden mit der Sehnsucht nach meinem Vater, den ich nicht kannte. (M. B.)

1955 kam durch Adenauer noch eine große Zahl Kriegsgefangener zurück. Große Spannung lag über unserer Familie, meine Mutter hatte wieder Hoffnung. Ich war 15 Jahre und empfand Beklommenheit. Ein fremder Vater würde mein Leben total verändern, das wollte ich eigentlich nicht. Und ich schämte mich für diese Gefühle. (R. P.)

Viel später hatte ich manchmal Träume, die immer gleich waren: Ich sehe und erkenne meinen Vater in weiter Ferne. Wir gehen beide aufeinander zu, ich bin so glücklich, und ehe ich ihn berühren kann, dreht er sich um und geht weg. Ich bleibe alleine zurück. (Brigitte Pillardy)

Ich habe meine Mutter nie weinen gesehen. (A. H.)

Meine Mutter trug jahrelang Trauer und heiratete nie mehr. (D. H.)

Als Kind wurde mir ein sehr positives Bild von meinem Vater vermittelt, die Liebe meiner Mutter zu ihm übertrug sich auf mich. Ich hatte das Gefühl, er schaut mir vom Himmel zu. Zugleich war ich oft froh, nicht so einen schwierigen Vater zu haben wie meine beste Freundin. Als Jugendliche setzte ich mich sehr kritisch mit der NS-Zeit auseinander und natürlich auch mit ihm. Ich war eigentlich ganz froh, ihn nicht persönlich gekannt zu haben, da mich Schuldgefühle als Tochter eines Nazis sehr beutelten. Erst als junge Frau und Mutter habe ich den emotionalen Verlust zugelassen und habe dann im Alter von etwa 14 Jahren in einer Psychotherapie gelernt, die Ambivalenz auszuhalten zwischen einerseits der grausamen Tatsache, dass er Nazi war und ich ihn deshalb ablehne, und der Sehnsucht nach Liebe zu ihm. Zugleich wirken die alten, liebevollen Erzählungen meiner Mutter über ihn noch in mir und ich erkenne mich in vielen Eigenschaften von ihm. (I. B.)

Als Flüchtlingskind hätte ich einen leichteren Start ins neue Leben gehabt, wenn ein Vater da gewesen wäre. So war ich ein Nobody. Es dauerte lange, bis sich Schulerfolge einstellten und sich somit ein Selbstwertgefühl entwickelte. Später stellte ich fest, dass mir mein Vater trotzdem insofern eine Hilfe war, weil ich mich immer bemühte, in jeder Beziehung gut zu sein, um ihn nicht zu enttäuschen. (D. S.)

In der Schulzeit, wenn ich zu Besuch bei meinen Freundinnen war, sie lebten in normalen heilen Familien: Vater verdient das Geld, Mutter ist zu Hause. Meine Mutter arbeitete, ich sah sie abends um 19 Uhr. Damals fehlte sie mir noch mehr als mein abstrakter Vater. Sie tat mir leid. Erst später, als meine Ehe immer schlechter lief, habe ich wirklich um meinen Vater geweint. Ich hatte Sehnsucht nach ihm und dachte: »Hätte ich meinen Vater, er könnte mich in den Arm nehmen und mir sicher helfen.« Noch heute sehne ich mich nach ihm und trauere um ihn. (A. B.)

In der Pubertät, nach ersten Enttäuschungen mit Jungen, stellte sich mir ein Bild ein: Sand, der mir durch die Finger rinnt, den ich nicht festhalten kann, und dass es mir mit männlichen Bekanntschaften genauso ergeht. Ich konnte ja meinen Vater nicht festhalten: Er kam und ging wieder, um dann endgültig fortzubleiben. (H. H.)

Die Suche nach dem Vater hat mich lebenslang begleitet. Eine Ersatzfigur war für mich der Hausarzt, und der unerträglichen Sehnsucht nach Nähe versuchte ich dadurch zu begegnen, dass ich heimlich von einem Versteck aus seine Haustür observierte in der Hoffnung, ihn wenigstens von Ferne zu sehen – dabei immer auf der Hut, nicht ertappt zu werden und aus unerklärlichen Schuldgefühlen heraus immer auf dem Sprung zur Flucht. Umso glücklicher war ich über jede Grippe oder Impfung, die mir einen Arztbesuch »erlaubten«. (J. C.)

Ich bekam Tränen in die Augen, als ich das erste Mal die Handschrift meines Vaters in einem Gesangbuch im Nachlass meiner Mutter berührte. Ich war glücklich und stolz, ein diktiertes Gedicht (mein Vater muss zu der Zeit schon sehr schwach gewesen sein) an mich zu meinem Geburtstag auf einer Postkarte aus dem Lager zu finden. Ich möchte – wenn ich es möglich machen kann – herausbekommen, ob es ein Grab von ihm gibt. (R. B.)

Wenn es im Fernsehen Dokumentationen gab oder irgendwo Soldaten aufmarschierten, glaubte ich immer, meinen Vater vielleicht doch noch zu entdecken. Ich war sauer auf Hitler, weil er mir meinen Vater genommen hatte. (Renate Puschban)

Mit meinem Vater habe ich mich konkret erst sehr spät in meinem Leben befasst. Von allen Verwandten wusste ich nur, dass er ein außergewöhnlicher Mensch gewesen sein muss. Meine Großmutter gab mir 1975 seinen letzten Brief mit der Bemerkung, dass meine Mutter diesen Brief nie gesehen hätte. Der Brief datiert »Im Osten 11. Januar 1944«. Von meiner Mutter, die nie über die letzten Jahre meines Vaters sprach und jede Frage abgeblockt hat, wusste ich, dass mein Vater mit seinem U-Boot in der Ostsee untergegangen ist und dass er Weihnachten 1943 Urlaub bekommen hätte, wenn nicht sie mit Diphterie und ich mit Scharlach im Krankenhaus gewesen wären. Zu der Zeit, als ich den Brief bekam, war ich so mit meinem eigenen Leben, den kleinen Kindern usw. beschäftigt, dass ich ihn nur aufbewahrte. Viel später, im November 1979, erkundigte ich mich bei der Bundesmarine. Der Grund: Mein Vater war nicht aufgeführt im Ehrenmal für die U-Boot-Gefallenen in Möltenort. Meine konkreten Nachforschungen ergaben, dass mein Vater auf dem U-Boot in Italien ein halbes Pfund Butter und Kaffee in seinem Spind versteckt hatte, ein paar Tage vor seinem Heimaturlaub. Ein Gericht verurteilte ihn. Er kam nach Freiburg ins Gefängnis und von dort nach drei Monaten an die Ostfront zum »Bataillon zur besonderen Verfügung«. Das war 1942. [...] Zehn Jahre später brachte ich den Mut auf, weitere Erkundigungen einzuziehen. [...] Ich bin in Freiburg im Gefängnis gewesen. Über den Volksbund deutscher Kriegsgräberfürsorge machte ich 1998 eine Reise in das Kriegsgebiet, wo mein Vater gefallen ist. Ein

Grab gibt es nicht. Zu der Zeit lebte meine Mutter noch. Sie hat mit keinem Wort nach dieser Reise gefragt. Das macht mich heute noch ratlos. [...] Ich habe also gar nichts Persönliches von meinem Vater, außer seinem letzten Brief. Mir geht nur immer der Januar sehr nahe, wenn ich bedenke, was mein Vater wohl in seinen letzten Tagen durchgemacht hat. (G. D.)

Eigentlich beschäftigt mich erst nach dem Ende meiner Ehe die Frage, welche Bedeutung der fehlende Vater hierbei hatte. (R. P.)

Während der Pubertät gab es Versuche, ihn nachzuahmen, ich schrieb z. B. mit lila Tinte, die auch er in seinen Briefen häufig verwendet hatte. – Im Erwachsenenalter habe ich mich im Rahmen einer Psychoanalyse intensiv mit meinem fehlenden Vater auseinandergesetzt und zu meinem Psychoanalytiker eine intensive Übertragungsbeziehung aufgebaut. (C. F.)

Bei der Beerdigung meiner Mutter hatte ich ein Foto meines Vaters mit in den Sarg gelegt, um wenigstens symbolisch auch meinen Vater zu »beerdigen« und bewusst Abschied zu nehmen, da er als vermisst gilt und keine Beerdigung hatte. (I. K.)

Als Besatzungskind empfand ich Verachtung und Hass auf den Erzeuger, der die geliebte Mutter ins Unglück gestürzt hatte. Später kam Schamgefühl dazu, heute Gelassenheit des Alters. (D. T.)

Die Trauer um meinen Vater, dessen Grab wir nach der Wiedervereinigung mit viel Mühe und Anstrengung gefunden haben, begleitet mich vermutlich ein Leben lang. (Gisela Grenzemann)

Die Beschäftigung mit meinem Vater geriet eine Zeit lang noch in den Hintergrund, als andere Probleme mich beanspruchten, Scheidung, vorzeitiger Ausstieg aus meinem Lehrerberuf, Gestaltung einer neuen Lebenssituation. [...] Seit ein paar Jahren aber habe ich erneut die intensive Spurensuche aufgenommen, und sie hat mich nicht mehr losgelassen. Im letzten Sommer war ich in Russland und habe das Grab meines Vaters gesucht. Nach schwierigen Recherchen habe ich es gefunden. Ich habe das Gefühl, endlich angekommen zu sein. Es schließt sich für mich ein Kreis, der zu Beginn meines Lebens begonnen hat. (H. M.-P.)

11.3 Bücher und Filme als Orientierung

Spielte eine bestimmte (vielleicht typische Frauen-/Mädchen-)Literatur in Ihrer Kindheit oder Jugend für Sie eine Rolle? Können Sie Lieblingsbücher und Autoren nennen? Gab es Lieblingsfilme/Lieblingsschauspieler/-innen?

Bei Fliegeralarm gingen wir hin und wieder in unseren Keller. Meine Mutter meinte immer: »Bei einem Treffer hält dieser Keller sowieso nicht!« Also gingen wir nur, wenn es zu brenzlig wurde. Jedes Mal ging ich nur mit, wenn ich meinen kleinen Koffer mitnehmen durfte. In diesem Koffer waren: ein kleiner Stoffhund, den meine Eltern zusammen gekauft hatten und der auf unserem Sofa saß, eine zweibändige Ausgabe »Deutsche Malerei«, Eigentum meines Vaters, und eine dreibändige Ausgabe »Ein Kampf um Rom« von Felix Dahn. Diese Bücher gehörten zu den wenigen persönlichen Gegenständen, die wir außer der Kleidung von Vater hatten. [...] Eines der ersten Bücher, die ich las, als ich einigermaßen lesen konnte, war »Onkel Toms Hütte« nach Beecher-Stowe. Das Buch gehörte meiner Mutter, wie auch das später gelesene Buch »Die Waise von Lowood« nach C. Bell. Ich liebte natürlich auch Märchenbücher. Meine Großeltern förderten das. Sie starben, als ich zehn Jahre alt war. Bis dahin nutzten sie vor allem die Abendstunden, wenn der Strom weg war und nur Kerzen brannten. Das war dann unsere »blaue Stunde« – bis heute habe ich Freude an Märchen, besonders der Brüder Grimm, und habe auch meinem Sohn und Enkelsohn gern Märchen erzählt. Nach den Märchen kamen die Jahre, in denen ich mich auf Indianerbücher stürzte. (E. A.)

Besonders zu erwähnen sind Märchen [...] Das Brüder-Grimm-Märchen »Hänsel und Gretel« (mein Bruder und ich in unserer ganzen, manchmal verzweifelten, kindlichen Einsamkeit). (Gisela Grenzemann)

Besonders gern und leidenschaftlich las ich Grimms und andere Märchen, denn ich war ein verspieltes, träumerisches Kind. Vielleicht hoffte ich auch unbewusst, ähnlich wie im Märchen, auf ein anderes, besseres Leben. In der Jugend begeisterten mich z. B. Filme wie »Ich denke oft an Piroschka« oder »Dr. Schiwago«, aber auch edle Liebesfilme mit einem guten Ende. (Irmtraud Dummert)

Bücher über Russland – ich schrieb Referate dazu, denn dort war Vater seit 1945 vermisst. Ich verliebte mich in Schauspieler, die im Ausdruck etwas von meinem Vater hatten. Bergfilme (Vater war häufig dort), »Tagebuch der Anne Frank«, »Canaris« mit O. E. Hasse, »Das Licht der Berge«, »Stern auf hoher See« (Guy de Larigaudie), »Der kleine Prinz (Antoine de Saint-Exupéry), »Zwischen 15 und der Liebe« (Michel Quoist), »Das Gewissen steht auf« (Annedore Leber u. a.), »Hirtennovelle« (Ernst Wiechert), »Stern über der Grenze« (Edzart Schaper), »Wahn und Untergang, 39–45« (O. H. Kühner), »So lebt man heute in Russland« (Dominique Lapierre und Jean-Pierre Pedrazzini), »Deutsche Geschichte der jüngsten Vergangenheit«, »Der unbekannte Soldat« (hat Vater so Furchtbares erlebt?), Vorträge Überlebender aus KZs, »Haus ohne Hüter« (Heinrich Böll), Werner Bergengruen, »Dachau eine Welt ohne Gott« (Hess, P. Sales), »Wanderer zwischen zwei Welten« (Walter Flex) »Edith Stein« (Tagebücher und Briefe), »Peter Wust« (Philosoph in Münster), »Der Nationalsozialismus – Dokumente, 39.46«, »Ein Mann kam durch«, So weit die Füße tragen« (Josef Martin Bauer) (Film und Buch), »Der lange Weg« (Flucht eines Gefangenen). Aufsatz/Thema: Mein Lebensweg 1959 selbst geschrieben. (M.-T. S.)

Im Nachkriegs-Dresden, wo ich bis zum 18. Lebensjahr lebte, gab es weniger Filmerlebnisse – bis auf ein paar russische Märchen- und Liebesfilme (»Wenn die Kraniche ziehen«), Vorkriegsstreifen, »Pat und Patachon«, einige westliche B-Movies (Western, Charlie Chaplin, Shirley Temple, Dick und Doof). Filme aus dem Dritten Reich mit Moser, Lingen, Dagover, Harvey, Rökk, Rühmann, Knuth, Albers, Leander, Schroth. In Westdeutschland beeindruckten mich die eleganten Frauen der Screwball Comedies, auch Silvana Mangano und Anna Magnani – bei den Männern Gregory Peck, James Dean. (G. D.)

Es gab nur harte Arbeit in unserer Landwirtschaft ohne Mann und Vater. (R. H.)

Lesen war zu Hause verpönt, angeblich las ich zu viel und zu oberflächlich, genau wie unsere Luzie, eine angeblich faule Schwester meiner Mutter, die die Lektüre unter der Bettdecke las, damit es keiner bemerkte. [...] Ich hatte, obwohl unser Haus groß genug gewesen ist, nie ein eigenes Zimmer, sondern teilte mir mit meiner Mutter das Eheschlafzimmer, während mein älterer Bruder nach den beengten Wohnmöglichkeiten der Nachkriegszeit so schnell wie möglich sein eigenes Zimmer bezog. (H. P.)

Obwohl meine Mutter eine besessene Leserin war, gab es natürlich bei uns zunächst kein einziges Buch, und eine Bücherei gab es natürlich im Dorf auch nicht. […] Meinen Lesehunger habe ich mit allem gestillt, was mir in die Finger kam: religiöse Traktate, HJ-Heftchen, die noch im Haus zu finden waren, eine uralte Ausgabe von Schillers Balladen, von Helene Christaller »Als Mutter ein Kind war« und von Lise Gast »Junge Mutter Randi« – beide mit einer unsäglichen Mutterideologie aus dem Dritten Reich. […] Und als ich etwa zehn war, kamen »Lore-Romane« dazu. Die Mutter eines anderen Flüchtlingsmädchens las die und verwahrte sie in einem Karton auf dem Speicher. […] Mein Bild von Liebe, Ehe und Familie – und von Männern – war absolut auf dem Niveau von Küchenballaden. Armes Mädchen – und das war ich ja nun mal – trifft reichen, schönen, intelligenten, gütigen Mann, sie verlieben sich, nach einigen Komplikationen heiraten sie, bekommen viele Kinder und leben glücklich bis an ihr Ende. Dieses Lore-Roman-Gedankengut, verbrämt mit überhöhten und idealisierten Vorstellungen von Mutterschaft, fiel bei mir auf sehr fruchtbaren Boden, ich hatte ja absolut nichts entgegenzusetzen. Eigentlich fing ich schon zu dem Zeitpunkt an, auf den Traumprinzen zu warten, der mich aus meinem vaterlosen Elend erlösen würde. (Karin Hug)

Ich habe schon vor Eintritt der Schule das Lesen gelernt sozusagen an der Seite meines Bruders. Wir haben dann alles an Lesbarem verschlungen, was sich uns bot. Da wir ab neun bzw. zehn Jahren im Haushalt mithelfen mussten, lasen wir sehr oft irgendwie versteckt; ich zum Beispiel hinter aufgestapelten Federbetten im Kinderzimmer. Diesen Platz wählte ich auch, wenn ich sehr traurig war. Ich steckte meinen Kopf zwischen die Federbetten und weinte dort, damit es keiner hörte. (Gisela Grenzemann)

Ich war eine ausgesprochene Leseratte, habe »Nesthäkchen«, »Heidi« und »Trotzkopf« verschlungen. (G. D.)

Lieblingsbuch war »Pippi Langstrumpf«. (D. T.)

Zu jedem Geburtstag bekam ich Bücher. Im Inhalt gab es fast immer nur »intakte« Familien mit Vater, Mutter und Kindern. Mir fallen da ein: »Gisel und Ursel«, »Hilde die Wilde«, »Trotzkopf«. Aber natürlich fehlte auch nicht das Buch »Heidi«, was ich so unendlich traurig fand. Heidi ist übrigens von Anfang an mein Rufname. Der wöchentliche Gang zur Leihbücherei war selbstverständlich. Natürlich gab es auch einen besonderen Lieblingsschauspieler – Peter van Eyck (Wunsch-Vater-Vorstellung). (H. M.)

Ab und zu gingen meine Mutter und ich mittwochs nachmittags ins Kino. Es gab ja überwiegend Herz-Schmerz-Liebesfilme und in meinem Zimmer hingen Ruth Leuwerik und Romy Schneider usw. als Postkartenidole an der Wand. (U. H.)

Als Kind/Jugendliche habe ich die »Immenhof-Filme« geliebt. Mein Schauspieleridol war damals Hardy Krüger, der Naturbursche, Abenteurer und Draufgänger. (Gabi Lessnau)

Ein Faible habe ich bis heute für französische Künstler und Filme. Dies führe ich darauf zurück, dass mein Vater seine Kindheit in Lothringen verbrachte und in der Normandie stationiert war. Er schrieb und erzählte mir oft, wie schön doch Frankreich sei und er mir dies alles noch zeigen werde. (M. S.)

Kino war nicht so präsent wie heutzutage. Zu meinen Lieblingsbüchern zählte »Junge Menschen« (»Betty und ihre Schwestern«) von Louisa M. Alcott, das ich bestimmt sechs oder sieben Mal gelesen habe. Zu Tränen gerührt hat mich das Schicksal des Sensibelchens Betty; angezogen fühlte ich mich von der eigenständigen Jo, die sich selbstbewusst durchs

Leben boxte. Filmschauspieler, die mit gefielen, waren O. W. Fischer und Rudolf Prack. (H. H.)

Für 50 Pfennig sahen wir einmal »Dick und Doof«. Mein Bruder schlug vor lauter Heiterkeit auf seine als auch auf meine Oberschenkel. Deshalb erinnere ich mich noch genau. Diese doofen Scherze haben uns so erfreut, vielleicht weil es im Alltag nicht so viel zum Lachen gab und Kino etwas Besonderes war. Später sahen wir gerne Erich-Kästner-Verfilmungen wie »Pünktchen und Anton«, »Das doppelte Lottchen« (die hatten immer auch Momente, wo man weinen musste). Als Teenager waren sehr beliebt: Peter Kraus und Cornelia Froboess, der Musik wegen. Mein größter Schwarm war James Dean. Der Film »Die Brücke« hat mich zutiefst bewegt und die meisten Kinobesucher kamen mit verheulten Augen heraus. (Brigitte Pillardy)

Ich habe mir gern Filme angesehen, in denen die Männer den Frauen zuvorkommend gegenübertraten. Es gab ja viele Schnulzen, in denen es vor hilflosen Frauen und starken Macho-Männern nur so wimmelte. Die gefielen mir sehr gut. Und ich habe sie mir wohl auch als Vorbild genommen. Ich erinnere mich, dass sie sogar mein Handeln gegenüber realen jungen Männern bestimmten. (E. B.)

Bis 1964 lebte ich bei meiner Mutter, wir hatten kein TV, man ging ins Kino. Ich musste meine Mutter immer begleiten, denn ich war für sie lebenslänglich so etwas wie ein Partnerersatz, auch wenn ich kein Junge war. (A. B.)

Meine Mutter war eine starke Persönlichkeit und versuchte uns Mädchen fest zu lenken. Sie bestimmte, in welche Filme wir gehen durften. Es waren meist Revuefilme, da gab es für mich nichts, was mich außer der Musik und der Kostüme sonderlich beeindruckt hätte. (Renate Puschban)

Meine Mutter hinderte mich systematisch daran, dass wir uns bildeten. D. h., einerseits sollte etwas aus uns werden, wir sollten auf jeden Fall Abitur machen [...] (Doch) da wir nur ein Zimmer bewohnten, wusste ich gar nicht mehr, wohin ich fliehen sollte, um mich auf meine Arbeit zu konzentrieren. [...] Manchmal flüchtete ich in den Keller. Da es dort kalt war, arbeitete ich in Mantel und Handschuhen. [...] Mein großes Vorbild in Kindheit und Jugend war Albert Schweitzer, meine Lieblingsautoren Adalbert Stifter, Theodor Fontane, Carl Zuckmayer und Leo Tolstoi. (H. D.)

Auch Filme begeisterten mich. Besonders gern mochte ich den Schauspieler Burt Lancaster in »Vera Cruz«, »Der rote Korsar« und »Weißer Herrscher über Tonga«, »Verdammt in alle Ewigkeit«, aber auch Gary Cooper in »12 Uhr mittags« hat mich beeindruckt. Auch für Gérard Philipe als »Fanfan, der Husar« schwärmte ich, »Zorro« war mein Held. Wer ihn spielte, weiß ich nicht mehr. Später kamen Gary Grant, James Dean und Rock Hudson dazu. Sicherlich spielte bei der Schwärmerei für die mutigen Filmhelden auch die Suche nach dem Vater-Idol, dem Helden und Traumprinzen eine Rolle. Aber auch andere Filme wie »Die Wüste lebt«, »Es ist Mitternacht, Dr. Schweitzer« als Urwaldarzt von Lambaréné, »Das doppelte Lottchen«, »Rosen-Resli« mit Christine Kaufmann, später »Die Halbstarken« mit Horst Buchholz und Karin Baal fesselten mich. (Irmgard Banka)

Ich habe das Buch »Das doppelte Lottchen« von Erich Kästner sehr geliebt, weil da unverhofft ein Vater dazukam. Da wir neben einem Kino wohnten, konnte ich heimlich ins Kino gehen und habe mich als kleines Mädchen in Filmstars wie Clark Gable verliebt, den ich gern zum Vater gehabt hätte. (Rosemarie Killius)

Zu meinem Lieblingsbuch wurde schon sehr früh »Das Dschungelbuch« von R. Kipling. Ich glaube, ich identifizierte mich selbst mit dem elternlosen Mowgli, der auf sich allein gestellt allen Gefahren des Waldes trotzte und Freunde nur in der Tierwelt fand. Ansonsten schrieb ich selbst schon mit zehn Jahren viele Geschichten, die zumeist von bösen Hexen und gepeinigten, aber starken Kindern handelten. Sicherlich trugen auch die Parolen der Nationalsozialisten und des BDM dazu bei, dass ich selbst immer stark sein wollte. (Hannelore Kaiser)

Filme??? Das Kino war etwas Seltenes. Ich suchte nicht selbst aus. Also sah ich mit meiner Mutter viele Operettenfilme. – In Erinnerung sind mir die Verfilmungen der Kästner-Bücher »Das doppelte Lottchen«, »Pünktchen und Anton«, »Emil und die Detektive«, »Das fliegende Klassenzimmer«. (G. G.)

Fast alle Biografien über Gegner der Nazis und Autobiografien von Nazigegnern habe ich gelesen. Ich denke, so einen Vater, auf den ich stolz sein konnte, wollte ich haben und nicht einen überzeugten Nazi, der nicht in den Krieg musste, aber freiwillig gegangen ist. (A. H.)

Bei Filmen dominierten damals für Kinder vor allem »Märchenfilme«, später Filme wie »Königliche Hoheit« mit Dieter Borsche und Ruth Leuwerik, die ich sehr beeindruckend fand oder später auch Maria Schell und Audrey Hepburn. Tief beeindruckt war ich von der Verfilmung von »Krieg und Frieden« von Tolstoi. Für mich war die Literatur immer eine Möglichkeit, mir eine Gegenwelt zu schaffen, in der alle meine Träume wahr wurden. (D. H.)

11.4 Leben ohne Vater – mit (vielleicht vielen) Frauen

Ein Leben ohne Vater (und ohne Männer) bedeutet oft, dass Frauen (Großmütter, Tanten, Schwestern) einen großen Einfluss haben. Wie war das bei Ihnen? Wie sah insbesondere die Bindung und Beziehung zu Ihrer Mutter aus?

Als wir nach Augsburg kamen, hatten wir zunächst keine Wohnung; meine Mutter bezog zusammen mit meinem Bruder ein kleines Zimmer in der Nachbarschaft einer meiner Tanten und meiner Großmutter, und ich wurde in einem Mädchenwohnheim untergebracht. Das war eine extrem harte Schule für mich, zumal ich aus meiner absoluten Freiheit zunächst in einem von Nonnen geleiteten Heim landete, in dem ein äußerst rigides Regiment herrschte. Schon allein der Sechserschlafraum und der eiskalte Waschraum mit Betonbecken in Reihe waren der reinste Horror! Ich habe ein Jahr lang gelitten und den Sonntagen entgegengelebt, an denen ich meine Mutter und meinen Bruder besuchen durfte. […] Die Beziehung zu meiner Mutter ist eigentlich immer ambivalent geblieben, eine Mischung aus Liebe, Mitleid, Ungeduld, Aggression, Furcht … Versöhnt haben sich all diese Gefühle in mir, als ich sie in den letzten Tagen ihres Lebens beim Sterben begleitet habe, zuletzt waren da nur noch Liebe und Erbarmen. Und dass ich das erleben durfte, erfüllt mich mit großer Dankbarkeit. (Karin Hug)

Sehr früh wusste ich über unsere finanzielle Situation Bescheid, durch welche Behörden unser Leben beeinflusst wurde, musste auf meine zwei jüngeren Brüder aufpassen, bei den Hausaufgaben helfen, hatte Pflichten im Haushalt zu übernehmen (meine Brüder ebenfalls) […]. Wir entbehrten nichts, es war schön […]. Bei uns gab es eine klare Linie, es war kein »Geziehe« zwischen Vater und Mutter. […] Das war angenehm. Für später fehlte dann aber eine partnerschaftliche Streitkultur, dafür gab es kein Vorbild und keine Erfahrung. (U. K.)

Meine Mutter, meine Schwester und ich lebten bei den Großeltern väterlicherseits. Der Großvater war ein sanfter, freundlicher und feiner alter Bauer, die Großmutter eine herrische Frau, die sowohl ihren Mann als auch meine Mutter dominierte. Meine Mutter war als junge Frau bei verschiedenen »Herrschaften« in Diensten gewesen, hatte sich immer unterordnen müssen und daher nie gelernt, sich zur Wehr zu setzen. Als Kleinkind habe ich so gut wie keine Erinnerungen an sie, weder, dass sie mich an sich gedrückt, noch dass sie mich geküsst hätte […] Später, als meine Ehe in die Brüche ging, wandte ich mich schriftlich an einen Eheberater. Er beurteilte meine Kindheit und Entwicklung so, dass ich im Grunde zwei Mütter gehabt hätte, eine dominierende und eine schwache, unterjochte. Ich hätte mich dann für die Rolle der starken entschieden, würde wie meine Großmutter agieren, aber letztlich so enden wie meine Mutter. (H. H.)

Meine Mutter hatte eine Hauswirtschaftsausbildung. Sie fertigte nach dem Krieg gestrickte Unterwäsche (aus Zellwolle) und Kleidung an. Sie hatte zwei Strickmaschinen. Mehrere Frauen nähten und es kam manchmal auch zusätzlich jemand zum Stricken. Wann meine Tante, die jüngste Schwester meiner Mutter (13 Jahre jünger) zu uns kam, weiß ich nicht genau. Sicher ab 1956 ist sie zu uns gezogen, da meine Mutter von 1956 bis 1959 im Krankenhaus […] lag […]. Im gleichen Zeitraum kam meine Oma (die Mutter meiner Mutter) zu uns, sie war sehr häufig krank […] Also lebte ich mit drei erwachsenen Frauen und meiner Schwester, zwei Jahre älter, zusammen. Schon vorher, aber erst recht, nachdem meine Mutter drei Jahre im Krankenhaus gelegen hatte, habe ich mich sehr von ihr distanziert. Zwischen meiner Tante und meiner Mutter gab es unbenannte Kämpfe. Entweder konnte ich es meiner Mutter oder meiner Tante recht machen. Am besten gingen meine Schwester und ich den beiden aus dem Weg. In der Zeit des Krankenhausaufenthaltes wollte ich zu meinem Onkel nach Kalifornien auswandern. (G. C.)

Die Mutter hatte nun die ganze Männerarbeit allein. Sie war jeden Tag mit unseren Kühen auf dem Feld. Säen, Kunstdünger streuen, Kartoffeln setzen, Rüben säen. Heu machen. Frucht ernten. Roggen, Weizen, Hafer, alles mit Hand. Ernte einbringen. Ackern mit den Kühen, Furche für Furche ziehen bis kurz vor Weihnachten, und dieses kleine Kind immer dabei. Oma besorgte den Haushalt. Es waren harte strenge Frauen. Es wurde für alles gesorgt. Aber es gab keine Umarmung. (R. H.)

Hatten wir Wünsche und äußerten sie, sah unsere Mutter uns an und sagte leise: »Ich würde es euch gerne geben, aber es geht nicht.« Da habe ich beschlossen: Wünsch Dir nichts mehr, damit sie nicht noch trauriger wird. Diese Art Wunschlosigkeit hat mich mein Leben lang begleitet. (Brigitte Pillardy)

Ich bin nur unter Frauen – Mutter, Tante, Großmutter – aufgewachsen. Meine Mutter war unantastbar, sie stand und steht auf einem Sockel. [...] Leider ist meine Mutter mit 66 Jahren viel zu früh an einem Herzinfarkt gestorben. Ich war damals 37 Jahre. Heute hätte ich so viele Fragen an sie, was ihre Kindheit, Jugend betrifft, und an sie als Mutter und Ehefrau. Damals hatte ich all diese Fragen nicht. (Gabi Lessnau)

Ich habe mir immer eine große Verwandtschaft gewünscht, die ich aber nicht hatte. Keinen Opa, keine Oma, eine Tante in Kanada. Ich hatte eine liebevolle, zugewandte, verständnisvolle Mutter, die ich sehr liebte. Ich fühlte mich als Kind geborgen und wurde sehr behütet. Ich habe eigentlich keinen Vater vermisst. (D. T.)

Ich habe zwei ältere Brüder, aber es gab sonst keine Verwandten. Wir waren nur mit meiner Mutter zusammen, wurden aber oft aufgeteilt und bei Verwandten, in Kinderheimen oder Internaten untergebracht. (A. T.)

Mutter bestimmte viel. Sie zwang mich zum Beispiel, bis zur achten Klasse zur Schule eine Schürze zu tragen. Sie kaufte auch später noch die Kleiderstoffe für uns, ohne uns zu fragen, was uns gefiel. Wenn ich dann mit circa 16 Jahren mich dazu äußerte, war sie immer beleidigt, weil sie es ja so gut meinte. Ich erzählte meiner Mutter viele Begebenheiten aus der Schule, nicht aber, wie es bei mir »drinnen« aussah. (Elisabeth S.)

Für meine Mutter war ich eine Last: »… Du wächst mir über den Kopf!« Mutter war viel krank. Ich wurde »untergebracht«!!! Kinderheim, Tante Grete, in den Ferien auf dem Bauernhof. (Ursula Strutz)

Neben meiner Mutter gab es noch meine Großmutter (Mutter meines Vaters) und meine Tante W., wie ich sie nannte. Sie war aus Ostpreußen geflohen und bei uns Anfang 1945 auf dem Hof einquartiert worden, wenige Monate vor meiner Geburt. Sie hat mich von Geburt an in ihr Herz geschlossen und für mich gesorgt, wenn meine Mutter als Klavierlehrerin oder in der Landwirtschaft beschäftigt war. Bei meiner Tante W. fand ich Schutz und Geborgenheit. Sie sprach nicht viel, aber sie war immer für mich da, ich konnte mich auf sie verlassen. (I. M.-P.)

Die Bindung zu meiner Mutter war die, dass ich gehorchen musste, bis sie 1999 starb. Die Geschwister meines Vaters konnten mich nicht leiden (Auch meine Mutter hat mir das gesagt). Nur meine Großmutter (Mutter von Mutter) war für mich da, eben ein Hort der Geborgenheit. (B. B.)

Meine Mutter war durch ihre Lebenssituation sehr überfordert und erlitt 1947 einen Nervenzusammenbruch. Oft konnte ich Mutters Reaktionen nicht einschätzen, das machte mir häufig Angst und mich nicht gerade selbstsicher. (U. H.)

Die Bindung zu meiner Mutter war sehr eng. Ich fühlte mich immer verantwortlich, sie gegen ihren (zweiten) Ehemann in Schutz zu nehmen. Sie wirkte so zerbrechlich. (M. S.)

Da ich mit meiner Mutter allein lebte, war die Bindung an sie besonders groß. Wir mussten zum Beispiel sechs Jahre lang in einer neun Quadratmeter kleinen Kammer in einem Bett schlafen. Ich war ihr »Ein und Alles«. (Sabine Grüning)

Unsere Mutter hätte gerne wieder geheiratet, es gab auch Bewerber, doch wir drei Kinder waren letztendlich das Hindernis. In diesem Zusammenhang fällt mir eine schreckliche Geschichte ein, die uns die Mutter einige Jahre nach dem Tod unseres Vaters erzählt hat. Es gab eine Dienstpistole unseres Vaters. In ihrer Verzweiflung wollte sie nach dem Tod des Mannes sich selbst und uns umbringen. Es fehlte jedoch eine Kugel. Sie hat dann die Pistole im Garten der Schwiegermutter vergraben. Unser Bruder hat dann in den Ferien danach gesucht, ist aber nicht fündig geworden. (R. M.)

Als Kind beneidete ich meine Freundin, die einen Vater hatte, der ihr viel verbot. Mir verbot niemand etwas. Ich konnte in einem gewissen Rahmen tun, was ich wollte. Das empfand ich als fehlende Fürsorge. Später sah ich, dass diese anderen

Väter eigentlich eine Belastung oder sogar Gefahr für ihre Töchter waren, und war froh, ohne solch einen Menschen leben zu können. (E. B.)

Meine Mutter hat uns geliebt und mit Geschenken überschüttet und gleichzeitig, und das täglich, gequält und zur Verzweiflung gebracht. Dabei hat sie uns ungerecht, völlig willkürlich behandelt, beschimpft und verprügelt und manchmal mit Selbstmord gedroht. Ich war ihr in solchen Situationen total ausgeliefert und verzweifelt. Dann lief ich tränenüberströmt in den großen Garten (meistens im Dunkeln) und rief nach meinem Vater. (H. D.)

Am deutlichsten erinnere ich – ich war noch sehr klein – wie sehr meiner Mutter besonders an Feiertagen ihr so geliebter Partner fehlte. Schon so weit ich zurückdenken kann, tat ich alles, um sie froh zu stimmen. Ich sang viel (ihre Lieder!), pflückte ihr täglich Blumen und brachte ihr Schönes, half ihr im Haus und Garten, Holz schleppen, Wasser beim Nachbarn holen, graben und jäten und ernten im Garten. Es ging häufig über unsere Kräfte, doch ich wollte sie froh stimmen. (M.-T. S.)

Die Beziehung zu meiner Mutter war außerordentlich stark. Sie war eine sehr liebe und gute Mutter, die meine Schwester und mich über alles liebte, uns Halt gab und uns trotz ihrer schwierigen Lage eine sehr fröhliche Kindheit schenkte und uns stark machte für das Leben. Sie hatte mit 19 Jahren die erste große Liebe ihres Lebens geheiratet. […] Da mein Vater ja vermisst war, wartete sie in Treue auf die mögliche Rückkehr ihres Mannes. Sie hätte niemals einen Partner gesucht, der vielleicht in sie verliebt war, aber für uns Kinder nicht die richtige Zuneigung gehabt hätte. Darüber hinaus wollten wir als Kinder auch keinen »Ersatz-Vater«, sondern nur den richtigen Vater, den wir von den Fotos kannten. So musste sie

Irmgard Banka (rechts) mit ihrer Mutter und der älteren Schwester.

also mit erst 24 Jahren das Leben mit uns Kindern in dieser schwierigen Kriegs- und Nachkriegszeit meistern (siehe Foto oben). (Irmgard Banka.)

Wir lebten ab 1949 bei einer über 80 Jahre alten Großtante, Hausbesitzerin. Wir Frauen lebten auf engstem Raum in dem Haus, auch meine beiden Großmütter, meine Tante, meine Mutter, meine Schwester und ich. Die Bindung war sehr eng, schwierig und liebevoll. Wir waren bis auf die Großtante alle Opfer des Krieges. Ich war zwölfeinhalb Jahre, als meine Schwester die gemeinsame Wohnung verließ wegen ihrer Ausbildung. Meine Mutter vereinnahmte mich, hielt sich an mir fest. Ich ging mit ihr sonntags spazieren, in einem Alter, als meine Freundinnen nichts mehr mit ihren Eltern unternahmen. (A. B.)

Ich bin Jahrgang 1933 und die älteste von fünf Geschwistern. Wir sind vaterlos und teilweise durch Abwesenheit der Mutter auch mutterlos aufgewachsen (sie musste den Unterhalt verdienen). Bedingt dadurch wurden wir als Kinder bereits in die Verantwortung gedrängt, ich als Älteste besonders. (Luise Bünker)

Meine Mutter war durch den Tod ihres Mannes lebenslang erschüttert und hatte häufig depressive Phasen; während ihrer Ehe war sie chic und elegant gekleidet, hatte Freude an der Haushaltsführung. Wochenlang weinte sie nach der Todesnachricht und erzählte jedem, dass sie ihren Mann verloren hatte. Sie musste zusehen, wie sie sich und mich durchbrachte, und arbeitete in ihren verschiedenen Ausbildungsberufen (Kindergärtnerin, Gärtnerin, Hauswirtschaftsleiterin). Ich glaube, sie ließ sich dabei sehr oft ausbeuten. Eine Zeit lang musste sie mich in einem Kinderheim unterbringen. Sie kleidete sich trist, die Flüchtlingsfrau konnte man ihr anmerken, in der Pubertät schämte ich mich mit ihrem Aussehen auch wegen meines Flüchtlingsstatus. Meine Mutter gab schließlich ganz ihre relative Unabhängigkeit auf, als sie ihrer jüngeren Schwester den ihr zustehenden Lastenausgleich für eine gemeinsame Wohnung übergab. Von nun an lebten vier Frauen in einer gemeinsamen Wohnung, die alle einen Verlust durch den Krieg zu beklagen hatten: Meine Mutter hatte ihren Mann und die Heimat verloren, meine Tante ihren Verlobten im Bombenhagel Hamburgs, meine Großmutter (Mutter meiner Mutter) die Heimat, ich meinen Vater. Wir waren Familienmitglieder, aber doch auch nur eine Zweck-Not-Wohnungsgemeinschaft. Meine Haupterinnerungen an diese Zeit (zwischen dem 13-ten und 20-ten Lebensjahr) sind Szenen und kleinliche Streitereien um Putz- und Hausarbeit. Ich hatte dabei immer das Gefühl, meine Mutter verteidigen und beschützen zu müssen. Ich hatte oft Angst um sie, dass sie sich was antut. Meine Mutter wiederum hatte große Angst, mich zu verlieren (z.B. ließ sie mich nicht Radfahren lernen, weil mir etwas zustoßen könnte). (R. B.)

Meine Mutter wollte immer zeigen, dass sie eine strenge Mutter war. Sie wurde ja sicher auch beobachtet, als »Alleinerziehende«. [...] Dann wollte sie den Leuten zeigen, dass ich »pariere«, wie sie es nannte. »Helma pariert aufs Wort, auf einen Blick!« Wenn sie mich schlug, war es immer unter Zeugen. (H. F.)

Ich war Einzelkind und wurde von klein auf dazu angehalten, nicht aufzufallen, angepasst, in der Schule fleißig zu sein. Der Besuch des Gymnasiums war selbstverständlich, es wurden gute Zeugnisse erwartet, gute Noten belohnt. Ich glaube, dass ich ursprünglich ein lebhaftes Kind war. Meine Mutter hat mir durch Schläge und andere Bestrafungen bzw. Liebesentzug jedoch beigebracht, still und unauffällig zu sein. Freundinnen hatte ich kaum, ich sollte keine anderen Kinder mit nach Hause bringen. Eine Freundschaft gab es zu einem gleichaltrigen Mädchen, das mit seiner geschiedenen Mutter außerhalb des Dorfes im Wald lebte, die Frau bewohnte dort das Wochenendhaus der Familie. Die Lebensweise dieser Frau – abseits, in einem gemütlichen Holzhaus mit zahlreichen Tieren (Hunde, Katzen, Hühner usw.) – gefiel mir, zumal sie bei klar abgesteckten Regeln uns Kinder weitgehend uns selbst überließ. (C. F.)

11.5 Vorbilder und Kompensationen

Ohne eigenen Vater aufzuwachsen bedeutet auch, kein unmittelbares Männer-Vorbild in Kindheit und Jugend zu haben. Wie war das bei Ihnen? Wo und wie haben Sie Männer-Vorbilder gesucht oder gefunden? Übernahm irgendeine Person in Ihrer sozialen Umwelt die Rolle des Vaters?

Ich habe mir immer einen Bruder gewünscht, ich wollte nicht alleine bleiben mit meiner Mutter. (C. F.)

Mein mittlerer Bruder [...] war für mich bis zu seiner Hochzeit Vater, Bruder und Freund. Er hat sich auch bei meiner Mutter dafür eingesetzt, dass ich studieren konnte, mich bei der Examensarbeit unterstützt und mir viel Orientierung und Anregung vermittelt. Ich wollte immer so einen Mann wie ihn, den ich aber nie gefunden habe. (A. T.)

Ein Männer-Vorbild hatte ich nicht und konnte mir auch keines vorstellen. Wir waren ein Vier-Personen-Haushalt: Mutter, Bruder, Großmutter und meine Person. Mein Großvater war schon im Ersten Weltkrieg gefallen! (W. B.)

Ein Männer-Vorbild hatte ich nicht. Aber in meiner Jugend mochte ich nur ältere Männer. Meine erste große Liebe war zehn Jahre älter als ich. (M. S.)

Einen ersten selbst gewählten Ersatzvater fand ich wahrscheinlich, wenn auch nur für kurze Zeit, in einem russischen Kriegsgefangenen, der [...] auf einem Hofgut arbeitete und mich manchmal auf seinem Pferdefuhrwerk – die Pferde hatten mich wahrscheinlich zuerst angezogen – auf dem Kutschbock mitnahm. [...] Einen weiteren Ersatzvater fand ich für circa drei Monate 1945 in einem amerikanischen GI, dem Sergeant der Truppe, die in unserem Mietshaus in Büdingen einquartiert wurde. Ansonsten gab es neben Schülern und Schülerinnen, Kollegen und Freundinnen einen pensionierten Lehrer-Kollegen meiner Mutter, der oft bei uns in der Küche saß, mit meiner Mutter plauderte und mir manchmal bei den Hausaufgaben half. Einen Stiefvater bescherte uns unsere Mutter allerdings nicht. Verehrer hielt sie auf Armeslänge auf Abstand. Die männlichen Schüler der Oberklassen – nach dem Krieg gab es die »Sonderkurse«, die von Kriegsheimkehrern besucht wurden – schwärmten von der eisern-tugendhaft-heiligen Kriegerwitwe um so mehr und sangen nachts unter ihrem Fenster, wenn sie aus der Kneipe kamen: »Nach Hause geh'n wir nicht, bei der Frau X da brennt noch Licht« oder »Das machen nur die Beine von Dolores, dass die Seniores nicht schlafen geh'n.« Meine Mutter legte noch viele Jahre nicht den Ehering ab und wollte nicht glauben, dass unser Vater nicht zurückkommt. (R. R.)

Es gab in meiner Kindheit Großvater, den Mann meiner Tante und meinen älteren Bruder, alle unterschiedlich in ihrer Zuwendung zu mir. Gemangelt hat es eigentlich nicht an Vorbildern und liebevollem Umgang mit mir. Später, kurz vor meinem Schulabschluss, lebte meine Mutter mit einem verwitweten Freund aus dem Bekanntenkreis einige Jahre zusammen. Ich hatte ein freundschaftliches Verhältnis zu ihm – vielleicht auch, weil meine Mutter etwas ausgeglichener war und ich nicht mehr so unter starker Beobachtung und Bevormundung ihrerseits stand. (U. H.)

Es gab keine einzige männliche Person, die auch nur ansatzweise die Rolle des Vaters übernommen hat. Ausschließlich unter Frauen aufzuwachsen ist keine gute Vorbereitung auf das Leben. (A. B.)

Es hat sich nie eine männliche Person um mich gekümmert. Ich war ein Einzelkind, kein Bruder, keine Schwester. Der Bruder meines Vaters lebte mit seiner Familie im Dorf. Das war meine Anlaufstelle. Bei Besuchen wurde ich immer als »unsrem Heinrich« sein Mädchen vorgestellt. Da war ich ganz stolz. (R. H.)

Zu meiner Mutter hatte ich keine gute Verbindung, ich habe immer um ihre Zuneigung gebuhlt, sie konnte nicht zärtlich sein, ich wurde auch nie auf den Arm genommen. Dann habe ich meine Schwester als meine Mutter angenommen. Sie habe ich sehr geliebt. Mein Bruder war immer der Liebling. Er war erst richtig nett zu mir, als meine Schwester starb, er folgte ihr ein halbes Jahr später, da wurde er überfahren. Meine Mutter sagte »ausgerechnet du musst übrig bleiben« zu mir. Das war der absolute Hammer. Ich fühlte mich immer schuldig, übrig geblieben zu sein. (S. S.)

Meinen Brüdern bedeuteten die Jugendgruppen sehr viel, dem einen der CVJM, dem anderen der BK (Bibelkreis nur für Höhere Schüler). In den Jugendleitern fanden sie Vorbilder und strebten dann beide an, selbst Jugend- und Freizeitführer zu werden. Auch ich liebte die kirchlichen Jugendgruppen, bedauerte aber sehr, dass es nur Mädchengruppen waren und mir die Jungen unerreichbar schienen. Mädchenschule, Mädchengruppen, Mädchenfreizeiten … Mir fehlte der natürliche Umgang mit Jungen meines Alters, auch das Gesehenwerden vom anderen Geschlecht. (E. M.)

Mädchen meiner Generation […] gingen individuell im kleineren Freundeskreis ihren Interessen nach. Nicht vergessen sollte man hier, dass damals die Bedeutung des Schulbesuchs in Grund- und weiterführenden Schulen, der nach Geschlechtern getrennt verlief, natürlich auch in vieler Hinsicht Auswirkungen hatte und daher in eine zusätzliche betont feminine Richtung ging. (D. H.)

Ich habe mich keiner Gruppe angeschlossen, da ich immer bei meiner Mutter bleiben musste, sonst bekam sie einen ihrer Herzanfälle und musste ins Krankenhaus. Mein Bruder entzog sich dieser Atmosphäre und war immer unterwegs. (H. D.)

Als ich 14 war, fuhr ich mit einer evangelischen Jugendgruppe in die Alpen. Der Jugendpfarrer war bei uns allen sehr beliebt.

Er war mein Wunsch-/Ideal-Vater. Er hatte viele Kinder, seine Frau war krank. Während der Freizeit versuchte er – unter Alkoholeinfluss – meine Freundin [...] und mich zu verführen. Irgendwie kamen wir zu zweit aus dieser Situation wieder heraus, aber er war in unserem Zimmer, an unserem Bett, näherte sich, fasste uns an und machte eindeutige Angebote. Am nächsten Morgen hielt er seine Andacht ab, als sei nichts gewesen. Ich habe ihn deshalb verachtet, bin einige Jahre später unter anderem deshalb aus der Kirche ausgetreten (später wieder eingetreten). Ich habe mit niemandem darüber gesprochen [...] Männer waren also problematisch, nicht verlässlich, manchmal gefährlich, aber es gab auch ideale Männer [...] Väter waren insgesamt rar, selten. Das hatte auch etwas Tröstliches; ich hatte dieses Problem nicht allein. Ich wusste genau: Es gab auch gute Männer. Ich musste nur danach suchen. (G. G.)

Zuspruch für meinen beruflichen Werdegang bekam ich von Lehrern und Lehrerinnen, auch später im »Institut zur Erlangung der Hochschulreife« (heute Kolleg). Während des Studiums und in der Lehrerausbildung bin ich sehr »väterlichen« Menschen begegnet, die mein Selbstwertgefühl sehr verbessert haben. Dazu gehört auch mein gleichaltriger Ehemann, der nicht nur partnerschaftlich, sondern auch väterlich sein kann. (Elisabeth S.)

Ein Vorbild wurden mir meine Schwiegereltern, die einen gegenseitigen liebevollen Umgang miteinander pflegten. Als ich sie kennenlernte, war ich 15. (H. M.)

In der Kindheit gab es einen Nachbarn, der vier Kinder hatte und mich in seiner handwerklich-kreativen Art beeindruckt hat. Mit ihm und seinen Kindern habe ich zusammen gebastelt (Modelleisenbahnbau, Weihnachtskrippe) in einer heimeligen Wohlfühlatmosphäre. Ein Kollege meiner Mutter, mit dem sie regelmäßig Doppelkopf spielte, war anfänglich so etwas Ähnliches wie ein väterlicher Freund. Leider hat er mein Vertrauen im Alter von 12/13 Jahren massiv missbraucht. Dieser sexuelle Missbrauch war auch der Grund, nach 50 Jahren (!) eine Therapie zu machen, weil ich herausfinden wollte, ob und wenn ja welchen Einfluss meine Bindungsfähigkeit zum anderen Geschlecht hatte. [...] Mein Onkel Werner, Schwager meiner Mutter – von Beruf Förster und ein sehr humorvoller Mann – [...] wäre ein Vater gewesen, wie ich ihn mir gewünscht habe. Er hat mich ernst genommen, hat Witze gemacht, ich fühlte mich in seiner Gegenwart beschützt und hätte ihm alles anvertrauen mögen. Er wäre, glaube ich, auch ein guter Gegenpol zu meiner überfürsorglichen und zum Teil ängstlichen Mutter gewesen. (Gabi Lessnau)

Es gab einen Mann in meiner Kindheit, den ich heute noch vor mir sehe. Er hat meine Mutter zwei Mal besucht. Bei einem Spaziergang (ich war vielleicht 5 Jahre) nahm er mich auf seine Schulter und trug mich eine Zeit lang. Ich fühlte mich wie eine Prinzessin und wagte nicht mich zu bewegen, weil ich Angst hatte, er lässt mich sonst gleich runter. Ja, den, glaube ich, hätte ich liebend gerne zum Vater gehabt. Ein Mensch, der mich trägt, wenn ich müde bin, mich an die Hand nimmt, wenn ich Angst verspüre, und einfach da ist, wenn ich ihn brauche. Er kam leider nicht wieder! Auf die Frage, warum heiratet der dich nicht, sagte meine Mutter: Mich würde er ja nehmen, aber euch nicht, ein oder zwei Kinder ja, aber drei? Ich war die Dritte!! Es gab (ich möchte gar nicht mehr daran denken) von mir die Überlegung, mich in die Küche zu legen, den Gashahn aufzudrehen, damit ich dem Lebensglück meiner Mutter nicht im Wege wäre. (Brigitte Pillardy)

Durch den Geschichtsunterricht wurden die Männer vom Widerstand meine ideellen Vorbilder. Für die Überzeugungen hatten sie ihr Leben geopfert, für ein anderes Deutschland sich eingesetzt. Die letzten Briefe aus den Todeszellen an ihre Familien berührten mich tief. (R. B.)

In meinem unmittelbaren Umfeld war es mein Großvater, der für mich ein Vorbild war. […] Ich muss auch einige Lehrer anführen, die unsere Phantasie entwickelten oder uns zur Humanität erziehen wollten. Dann waren für mich besonders die Antifaschisten Vorbilder, auch bescheiden gebliebene Sportler wie der Radrennfahrer Täve Schur, oder unsere Thüringer Skispringer, zu deren Springen ich einige Male nach Oberhof fahren konnte. Besonders war es der Widerstandskämpfer Theodor Neubauer, der mit Poser in Jena die Neubauer-Poser-Gruppe aufbaute […]. Das […] Tagebuch der Anne Frank, die Geschichte der Geschwister Scholl, Stauffenberg und das Attentat auf Hitler gehörten eigentlich zum Schulwissen und haben mich sehr beeindruckt. (E. A.)

Männliche Bezugspersonen innerhalb der Familie gab es nicht, weder Großväter noch Onkel noch Partner. Männer-Vorbilder waren für mich Pfarrer und Lehrer, die eine gewisse väterliche Funktion übernahmen und denen ich für mein Leben Entscheidendes verdanke. (J. C.)

Ich fand es schade, kein Mann zu sein, und sah lange Zeit keinen Sinn im Wesen einer Frau. Aus meiner Sicht damals waren es nur Nachteile. Dies hat sich erst bei der ersten Schwangerschaft und nach der Geburt (meiner ersten Tochter) verändert. (G. C.)

Als ich zwölf Jahre alt war, zogen wir fort von den Großeltern nach Süddeutschland, wo unsere Mutter mit einem Jugendfreund und mit uns (drei Schwestern) eine neue Familie gründete. Es war schön, nun einen Mann in der Familie zu haben, ich war körperlich von ihm angezogen, alles war neu für mich. Er war eher ein Mann, der sich emotional mit uns als Heranwachsenden »verbündete«. Er spielte mit uns, zeigte uns die Natur und lehrte uns Skifahren [...] Später habe ich immer weiter nach Männer-(Väter?-)Vorbildern gesucht, indem ich mich von älteren Männern angezogen fühlte. Außer dem Mann, den ich geheiratet habe, gab es bis heute langjährige und glückliche Beziehungen zu älteren Männern. Eine späte wichtige Beziehung war die zu meinem Schwiegervater, der 15 Jahre vor seinem Tode in unsere Nähe zog. (Adelheid Buschenhagen)

Meine Mutter hat [...] (1946) zum zweiten Mal geheiratet, als ich knapp sechs Jahre alt war, und im gleichen Jahr wurde mein Stiefbruder geboren. Für mich war das dann zwar selbstverständlich auch meine Familie, aber meine Mutter machte mir öfters deutlich, dass es eine »Gnade« sei, wenn ein Mann eine Frau mit Kind nimmt. Für sie war es offenbar sehr wichtig, wieder verheiratet zu sein, aber ganz für voll genommen scheint sie meinen Stiefvater schon damals nicht zu haben (viel später ließ sie sich von ihm scheiden), denn sie sah meinen Vater nach wie vor als ihren eigentlichen, den »richtigen« Mann an (Arabella von Richard Strauss! (Eine Parallele zur Oper, Anmerkung der Autorin)). Mein Stiefvater sollte also in gewisser Weise ein Vater-Ersatz sein, aber eben doch nicht der richtige. Insofern konnte er auch kein wirkliches Vorbild für mich sein. (H. M.)

Als meine Mutter wieder heiratete – ich war damals zehn Jahre alt –, gab es einen Stiefvater, der sich bemühte, die Rolle des Vaters einzunehmen. Eigentlich hat mein Vater im Hintergrund immer die Bedeutung eines Vorbilds in meinem Leben gehabt. In Erzählungen der Familie und seiner Freunde ist er ein idealer Mensch gewesen, beliebt bei allen, sicher und souverän [...] Dass ich meinen Vater mehr ideell als wirklich vermisst habe, liegt auch daran, dass ich bis zur Wiederheirat meiner Mutter in meiner Familie (Großmütter, Tanten) gut aufgehoben war. Als erstes Enkelkind war ich der Liebling beider Großmütter, die sehr verschieden waren, aber mir in vielen Lebensbereichen zur Seite standen. Beide waren mir auch in der Folgezeit eine große Unterstützung. Sie haben mich sicher deutlich erzogen und geprägt. Mein Stiefvater, der sicher in vieler Hinsicht ganz anders war als mein Vater, war natürlich auch von großem Einfluss. (K. O.)

Großen Einfluss hatte auf mich unsere Großmutter väterlicherseits, die mir bzw. uns in den dort verbrachten Schulferien viele Lebensweisheiten mitgegeben hat. Sie hat mich sehr stark geprägt durch ihr soziales Engagement und mir oft gesagt, dass Herzensbildung das Wichtigste im Leben ist. Für heutige Begriffe war sie eine einfache Frau und trotzdem sehr belesen. […] Ihr Leben und auch Sterben sind mir heute Vorbild. (R. M.)

11.6 Pflichterfüllung und andere Normen und Werte

Das Thema Pflichterfüllung und andere »Tugenden« – gibt es (un-)bewusste Tochterpflichten gegenüber dem Vater und das Erfüllen väterlicher Ansprüche? Wie sehen Sie das heute in Ihrem Leben? Was für Vorstellungen gab es darüber, wie »Frauen« und »Männer« zu sein hatten?

Meine Mutter wurde bewundert für ihre Tapferkeit, ihr Pflichtbewusstsein, ihre Disziplin. Sie war fleißig, sparsam, streng gegen sich selbst und gegen andere. Auch wenn sie mit zunehmendem Alter sich änderte, weicher wurde, mitfühlend und verständnisvoll, so war die Mutter meiner Kindheit doch die andere, die strenge, an deren Wertvorstellungen ich mich orientierte, und die ich lange glaubte erfüllen zu müssen.

Wahrnehmung von Gefühlen und Bedürfnissen, liebevolles Umgehen mit sich selbst und der eigenen Kreativität, Grenzen erfahren und zulassen dürfen, Fehler begehen können, Misserfolge riskieren, alles das blieb auf der Strecke. Meine Mutter wollte fehlerlos sein. (H. M.-P.)

Das Thema »Pflicht« spielte zwischen meiner Mutter und mir eine große Rolle. Meine grundlegende »Pflicht als Tochter« war, ihr dankbar zu sein für alles, was sie für mich getan hat, angefangen von der schweren Geburt. Hinzu kam der Druck, perfekt funktionieren zu müssen, um vom Stiefvater akzeptiert zu werden – ein Druck, der meinem Gefühl nach aber gar nicht von ihm, sondern von meiner Mutter ausging. (H. M.)

Ausspruch des Vaters: Über allem steht die Pflicht und als nächstes kommt die Familie. Das ist auch heute noch mein Motto. (E. B.)

Das Thema Pflichterfüllung spielte eine große Rolle: Wir in unserer vaterlosen Situation mussten unangreifbar sein, da sonst die Mutter als Alleinerziehende versagen würde. Außerdem seien wir das dem Vater und seiner Familie schuldig. (U. K.)

Ich habe mich bei häuslichen Problemen in die Verantwortung durch die Mutter nehmen lassen […] Ansonsten wurde ich von meiner Mutter zu Bescheidenheit und angepasstem Verhalten, auch in der Schule, erzogen. Die eigene Meinung wurde nicht gefördert. Im Gegenteil wurde ich als Kind häufiger im Kohlenkeller oder in der Kammer eingesperrt, weil ich widerspenstig war und um meinen Willen zu brechen. (H. P.)

Meine verinnerlichte wichtigste Pflicht war wohl, die Rolle der Beschützerin meiner Mutter und jüngeren Schwester zu übernehmen. Durch hohe moralische Selbstansprüche und Leistungsbereitschaft baute ich ein Bild eigener Stärke mit den entsprechenden Vor- und Nachteilen auf. So ging ich nach einem frühen Abitur als erste nach Westdeutschland und ermöglichte vier Jahre später meiner Mutter und Schwester die Übersiedlung. Vor dem Schulabschluss war ich (zum Teil durch Selbstüberforderung?) ein halbes Jahr schwer krank. Dieses Muster von Überforderung und Selbstüberforderung wiederholte sich mehrfach in meinem Leben. Von beiden Eltern (Vaters Ansicht vermittelt durch meine Mutter) erhielt ich die Vorstellung von einer Gleichwertigkeit von Männern und Frauen, gleichzeitig aber durch die Erfahrungen meiner so früh alleinstehenden Mutter das Bild der »Frau alleine ohne Schutz und Anerkennung«. (G. D.)

Da ich meinen Vater nie kennengelernt habe, wusste ich ja nicht, was mein Vater von mir erwartete. Er war 28 Jahre alt, als er starb, und hatte durch die Kriegsverhältnisse seine endgültige Berufsausbildung nicht vollendet. Ich hatte Mühe, mir ein »imaginäres« Bild davon zu machen, was mein Vater von mir erwarten würde, wenn er noch lebte. Aber ich bemühte mich, die Tochterpflichten meiner Mutter gegenüber zu erfüllen, und wusste, dass ich mich anstrengen musste, um meine Mutter zu entlasten, [...] meine Mutter war sehr sozial engagiert und selbständig durch ihre Berufstätigkeit, aber ich hatte doch das Gefühl, dass ihr großer Lebenstraum, eine funktionierende Familie zu haben, durch die Kriegseinwirkungen und den Tod meines Vaters unerfüllt blieben. Dadurch hatte auch für mich die »Familie« einen sehr hohen Stellenwert. Dazu kam, dass in meinem persönlichen Umfeld sehr viele alte Leute lebten, deren Tod ich miterlebte, und dies belastete mich sehr; ich wünschte nichts mehr als eine Familie mit vielen Kindern, da ich selbst keine Geschwister hatte und auch dies als großen Mangel empfand. (D. H.)

Meine Schwester war gut drei Jahre älter als ich (geboren 1940). Sie war sehr ernst, vorbildhaft, ordentlich, pflichtbewusst. [...] Es existiert von mir ein Brief, in dem ich meiner abwesenden Mutter schrieb: »Sie (also meine Schwester) dirigiert uns wie eine Alte!« Sie hat sich für uns verantwortlich gefühlt. Heute frage ich mich, welche Erwartung und auch Bürde ihr doch schon als Kind oder junges Mädchen auferlegt wurde, oft auf ihre Geschwister zu achten. Bis heute ist sie ein äußerst gewissenhafter und vorwiegend ernster Mensch geblieben. (Brigitte Pillardy)

Da ich auch mit Handwerkszeug gut umgehen konnte, spornte mich meine Mutter immer wieder an [...], die Rolle des Mannes in unserer kleinen Familie zu übernehmen. Das führte auch dazu, dass ich ständig ein Taschenmesser bei mir trug und aus der Kleidersammlung nach der Flucht mir eine kurze Jungenshose angelte [...]. Stolz war ich, als ich im Hungerwinter 1946/47 erstmals eigenhändig und verbotenerweise einen (kleinen) Baum fällte und so einige Tage lang für warmes Essen und eine zwar verrauchte, aber nicht mehr eiskalte Wohnwagenunterkunft sorgte. Ich bedauerte in jener Zeit immer öfter, kein Junge und »nur« ein Mädchen geworden zu sein. (Hannelore Kaiser)

Ich sollte eine »anständige«, gut gebildete, hausfrauliche Tochter sein, die möglichst einen Beamten mit sicherem Einkommen heiraten würde. Heute sehe ich diese Erziehung und Erwartungshaltung sehr distanziert. Ein starkes Selbstwertgefühl habe ich erst später im Beruf und in der Erziehung meiner Söhne entwickeln können – es kam jedenfalls viel Positives zurück. (U. H.)

Meine Brüder, denen selbstverständlich (!) ein volles Studium von vornherein zugedacht wurde, waren erfolgreich in ihren Berufen. Zur großen Freude unserer Mutter stieg einer in die Fußstapfen des Vaters. […] Ich war mit meinem viersemestrigen Studium zur Volksschullehrerin recht bescheiden, weil ja das Geld vor allem für die Ausbildung der Jungen reichen sollte. (E. M.)

In meinem ersten Beruf habe ich sicher die Ansprüche der mütterlichen Großfamilie erfüllt. Wie weit bei meinem Berufswechsel »väterliche« Ansprüche eine Rolle spielten, kann ich nicht sicher sagen. (Mein Vater hatte Hochschulreife und einige Semester katholische Theologie studiert, bevor er einen kaufmännischen Beruf ergriff.) […] Eine Berufsschullehrerin kam […] mit einer Information, dass es in Oberhausen ein Institut gäbe, in dem man mit meiner Vorbildung in zwei Jahren die Hochschulreife erwerben könnte. Voraussetzung war die Fach(hoch)schulreife und eine abgeschlossene Berufsausbildung. Voraussetzung war ferner das Bestehen einer Aufnahmeprüfung. Ich fühlte mich den Anforderungen dieser Aufnahmeprüfung gar nicht gewachsen. Die Klassenlehrerin aus meiner Berufsschulzeit bat ich um Entscheidungshilfe. Sie nahm ihren Ehemann hinzu und die beiden nahmen mich »in die Mangel« mit dem Ergebnis, dass ich mich an dem Institut bewarb. Ich habe die Prüfung bestanden und nach vier Semestern auch die Hochschulreife erworben. Das war ein ganz wichtiger neuer Lebensabschnitt für mich. Ich bekam noch einmal Waisenrente und wurde von der Familie unabhängig. Die Schule hatte ein Internat und wir arbeiteten viel in Gruppen und feierten auch zusammen. Diesmal waren die Frauen in der Minderheit. Die jungen Männer in meiner Klasse haben mir einen Teil meiner Schüchternheit und Unsicherheit genommen. (Elisabeth S.)

Als mich eine unverhoffte Liebe mit 19 berührte, wurde sie aus »mangelnder Reife« bei mir seinerseits nach einem Jahr beendet. Und in der Tat war das männliche »Anderssein« für mich ein Konflikt. Mit 20 »explodierte« ich (endlich), schmiss alles hin und »haute ab«. Ich stürzte mich auf meinen Bildungsweg, arbeitete tagsüber als Bürokraft und machte abends am Abendgymnasium nach drei Jahren das Abitur. In der Zeit gab es auch keine innigen Beziehungen, nur weibliche und männliche Lernbeziehungen. Lernen und Leistung und Ziel erreichen war wichtiger als innige Beziehungen. Ungerechtigkeit und Benachteiligung waren Ansporn und Hoffnung, mir Befriedigung zu verschaffen. Das Studium habe ich zum Lernen und zur Freiheit genossen. Studium, Berufstätigkeit und Unabhängigkeit waren mir am wichtigsten. Als ich das erreicht hatte, heiratete ich meinen jetzigen Ehemann. (Margarete Schnibbe)

Der Mann war für mich das unbekannte Wesen. Häufig schwärmte ich für unerreichbare Männer. Mutter vermittelte uns Töchtern, wie eine Frau zu sein hatte – wie es der Zeit damals entsprach: zurückhaltend bescheiden, sich vom Mann erobern lassen, niemals den ersten Schritt auf ihn zugehen, tüchtig sein in Haus und Garten, sparsam wirtschaften –, um später eine gute Ehefrau und Mutter zu sein. Mutter hat meine damalige Ausbildung: Frauenfachschule und Kindergärtnerinnen- und Hortnerinnenseminar sehr begrüßt als spätere Basis für die Familie. (M.-T. S.)

Meine Vorstellung war lediglich, dass Männer festlegen, was Frauen zu tun und lassen hatten. Habe erlebt, dass Frauen Angst vor ihren Ehemännern hatten. Also waren Väter gar nicht so wünschenswert für mich. (H. M.)

Von der damaligen Sicht aus und von dem konservativen Elternhaus aus war meine Erziehung so, dass es erstrebenswert war zu heiraten, Kinder zu bekommen und Hausfrau zu sein. Das hat aber nichts mit dem fehlenden Vater zu tun. Ich habe studiert, geheiratet, habe Kinder bekommen und später wieder gearbeitet. (V. H.)

Für mich als Mädchen und später als junge Frau galt besonders, sich dem Mann gegenüber zurückzunehmen […] ich war zu harmoniebedürftig – wie meine Mutter auch. Da hätte mir ein männlicher Partner als Vater vielleicht geholfen, meinen eigenen Fähigkeiten mehr zu trauen und meine Bedürfnisse selbstbewusster durchzusetzen. (Gabi Lessnau)

Das Thema Pflichterfüllung und Fleiß, Ehrlichkeit und Respekt den anderen Menschen gegenüber, Höflichkeit und Anstand war bei uns eine Selbstverständlichkeit, die ausgeübt wurde, ohne dass ich mich unter Druck gesetzt gefühlt hätte. Es hieß auch eher: »Da wäre der Papa aber stolz auf dich«, z. B. bei der Zeugnisvergabe, als: »Was würde dein Vater dazu sagen?« als versteckten Tadel. Ich sah mich keiner Erwartungshaltung in Bezug auf Tochterpflichten gegenüber dem Vater ausgesetzt. Über die Vorstellung, wie »Frauen« und »Männer« zu sein hätten, habe ich mir als Kind höchstens Gedanken gemacht, dass der Mann (Vater) der Familie mehr Schutz und Halt geben könnte, durch seinen Beruf auch für eine bessere wirtschaftliche Lage sorgen und die Familie vollständig machen würde. Die Rolle der Frau sah ich so, wie meine Mutter es vorlebte: immer für die Kinder da zu sein, mit Verstand und Geschick den Haushalt zu führen und das Geld einteilen zu können, sodass wir manchen Mangel gar nicht bemerkten. (Irmgard Banka)

Meine Mutter war 1945 knapp vierzig Jahre alt, fünf Kinder, Mann vermisst, zunächst hat sie auf ihren Mann gewartet, denn es kamen bis Mitte der fünfziger Jahre immer noch Gefangene aus Russland. Nach der Währungsreform 1948 musste sie ihn für tot erklären lassen. Erst ab da bekam sie Witwenrente. Aber da hatte sie auch Witwe zu sein, in der Gesellschaft, besonders im kirchlichen Raum. Tanzveranstaltungen oder Lokalbesuche hatten eher kein gutes Ansehen. Inzwischen bin ich der Meinung, dass bei genügendem

Selbstbewusstsein und auch finanzieller Unabhängigkeit dieses gesellschaftliche Verhalten leichter zu durchbrechen gewesen wäre. (Luise Bünker)

Pflichterfüllung war immer wichtig. Alle an mich gestellten Forderungen wurden erfüllt. Ob es mir schlecht ging, ob ich es überhaupt leisten konnte, war für mich nicht ausschlaggebend. (Adelheid Buschenhagen)

Ich wusste nicht genau, wie mich mein Vater gerne gehabt hätte. Er war wild und draufgängerisch, also war ich es auch: sportlich gut, ich kletterte in die höchsten Bäume: »Ein halber Junge!«, sagte meine Umwelt. (G. G.)

Ich war sehr pflichtbewusst und übernahm ab dem neunten Lebensjahr Verantwortung für die Familie. Ich war sehr gut in der Schule und auch sehr ehrgeizig. Ich wollte ab meinem vierten Lebensjahr immer Lehrerin werden. Mein Vater wollte eine Lehrerin zur Frau und fand meine Mutter. (Gisela Grenzemann)

Ich wusste, dass ich fleißig sein müsse, denn darüber würde sich mein Vater freuen. Ansonsten kam das Thema Pflichterfüllung von dem Frauenhaushalt. Das sehe ich auch heute noch als richtig an. (Rosemarie Killius)

11.7 Männer und Ehe bzw. Beziehungen

Vaterlosen Kindern fehlt oft das Vorbild von Partnerschaften und von Männern als Partner und Väter. Was heißt das für die eigenen Gefühle und Bedürfnisse in den Beziehungen zu Männern und der Gestaltung von Beziehungen? Bedeutet das große Verunsicherung und/oder große Sehnsucht? Können Sie etwas darüber berichten, wie das bei Ihnen war?

Das Fehlen des Vaters oder anderer Männer als »Vorbilder« für einen Partner bedeutete für mich zunächst große Sehnsucht. Mit 17 Jahren lernte ich meinen späteren Ehemann kennen, heiratete mit 23 und ließ mich nach neun Jahren Ehe scheiden. Die Ehe war von Anfang an äußerst schwierig. Lange Zeit war es mein großes Bemühen, meinen Kindern den Vater zu erhalten, eine »komplette« Familie zu bilden. Ich fühlte mich sehr befreit, als ich es schließlich geschafft hatte, mich aus der verfehlten Partnerschaft zu befreien. Danach hatte ich jeweils nur einige wenige kurze Beziehungen zu Männern. Ich erlebte sie als Wesen »von einem anderen Stern«, sie blieben mir fremd und ich konnte kein großes Interesse für sie aufbringen. (C. F.)

Hier kann ich von einer großen Sehnsucht nach einem idealen Partner sprechen. Meine Ansprüche waren sehr hoch, denn ich wünschte mir unbedingte Treue und lebte in ständiger Verunsicherung, wenn die »Harmonie« in der Ehe bzw. Familie gestört war. Mit »Krach« und »Machogehabe« hatte und habe ich heute noch Probleme. Nach 28 Jahren Ehe bin ich geschieden worden. (U. H.)

Ich falle sicher insofern aus dem Rahmen, weil meine Mutter meinen Vater schlecht machte und den Kontakt mit den Schwiegereltern und der väterlichen Familie abbrach. Ich weiß immer noch nicht, ob es eine Art Selbstschutz war. Sie vermittelte mir jedenfalls ein negatives Männerbild: »Männer machen Arbeit, stellen Ansprüche, und wir haben es besser, wenn wir allein bleiben.« Trotzdem stellte sie sich mir nicht in den Weg, als ich »den ersten besten« Mann auswählte. Sie ging dann mit in unsere Wohnung und behielt das Regiment, wobei ich aber nach wie vor sehr brav und folgsam sein musste, ihr gegenüber und meinem Mann. (H. F.)

Sicherheit war der einzige Gesichtspunkt bei meiner Partnerwahl. Meine Sehnsucht war immer die, als ganze Eva und nicht nur wegen der Sexualität gewollt zu werden. Es war ein einziges Drama. Ich hätte so gerne unbeschwert mitgetanzt und stand sehr am Rand, fand mich immer unattraktiv. Die Verunsicherung war sehr groß. Ich bin seit 1970 verheiratet. Wir haben uns miteinander entwickelt und viele Höhen und Tiefen erlebt. (Eva Matthies)

Geschwärmt habe ich als Jugendliche immer von älteren Männern (zum Beispiel von meinem Klassenlehrer in der Handelsschule). Verliebt habe ich mich aber dann in meinen jetzigen Mann, der zwei Jahre älter ist als ich. Es war eine sehr frühe Bindung und ich wurde mit 16 Jahren schwanger. Weder ich noch mein Mann waren aufgeklärt worden. Das große Verständnis meiner Mutter und meiner Schwiegereltern, die uns geholfen haben, die damals schwere Zeit durchzustehen, war sicher ein Grundstein für unsere Zukunft. Es galt ja als eine »Schande«, wenn ein Mädchen schwanger wurde. Damals musste zum Beispiel mein Mann noch für volljährig erklärt werden, um heiraten zu können. Inzwischen sind 49 Jahre vergangen und wenn wir gesund bleiben, werden wir im nächsten Jahr unsere Goldene Hochzeit feiern. (H. M.)

Während meiner Jugendzeit brachten sogenannte »Verehrer« mich maximal zur Haustür. Nach Hause nehmen konnte ich niemanden, hatte ich doch bis zum Abitur ein kleines Nord-Zimmer mit meiner Mutter zu teilen. Zu sogenannten Hausbällen – wie sie damals üblich waren – war ich nicht eingeladen und auf der Promeniermeile der Stadt zeigte ich mich nicht mit der neuesten Eroberung. Ich ging lieber in der Natur spazieren. Es gab die Cliquen mit den Wirtschaftswunder-Vollfamilien und die kriegsgebeutelten Rest- und Halbfamilien. Die jungen Männer, die sich für mich interessierten, ließ ich nicht an mich heran, aus Schüchternheit, aus Scham, aus einem Gefühl des Sich-nicht-ebenbürtig-Fühlens. Nach außen erklärte ich Verbindungen, Verlobungen für »spießig und zu bürgerlich«, hätte aber sicher auch gern am Schwarzen Brett der Studentengemeinde meinen Namen unter der Rubrik »als Verlobte grüßen« gesehen. (R. B.)

Wenn Jungen mich ansprachen, wurde ich meistens »verlegen« oder ganz »spröde«. Ob auch Angst vor dem unbekannten Männlichen dahinter steckte? Sexualität war nie ein Thema in unserer Familie. Männer mit starker erotischer Ausstrahlung machten mir Angst. War es die Angst vor einer sexuellen Begegnung ohne Liebe? Voreheliche Beziehungen waren bei unserer streng katholischen Erziehung undenkbar. Das hat sicher weniger mit der »vaterlosen Tochter« als mit dem Zeitgeist zu tun. (Elisabeth S.)

Da ich trotz allem ein recht fröhliches junges Mädchen war, hatte ich unter den Mitstudenten »Chancen«, die jedoch alle von meiner Mutter zerstört wurden: Sie wollte mich für sich behalten: »Das einzige, was ich gerettet habe!« Ich löste mich aus dieser Vereinnahmung, nicht ohne schlechtes Gewissen. (B. B.)

Meine Beziehungen vor der Ehe waren meist kurz. Dann lernte ich meinen Mann kennen. Sein Vater war im Krieg vermisst. Seine Mutter war mit den drei Kindern ein Jahr lang auf der Flucht und landete schließlich bei einem gewalttätigen Bauern [...]. Trotz der ungünstigen Umstände machte er Abitur und studierte. Er wurde von der Dorfgemeinschaft als Flüchtling abgelehnt. Wir waren junge Leute, die sich am Anfang gut verstanden und voller Hoffnungen und Illusionen waren, etwas Gutes aufbauen zu können. Wir waren beide sehr harmoniebedürftig. Konkrete Vorstellungen, wie eine Ehe aussehen könnte, hatten wir nicht. Jedenfalls sprachen wir kaum darüber, dass wir es besser machen wollten als in meiner Herkunftsfamilie und in dem bäuerlichen Betrieb, in dem er nach der Flucht aufgewachsen war. […] Von der Sexualität fand ich mich überrumpelt. […] Über Gefühle wurde bei uns kaum geredet. Ich hatte auch weiterhin ein diffuses Bild von einem Mann, wagte aber nicht, mich gegen ihn zu wehren. Später suchte er den Ausweg im Alkohol. Nach 28 Ehejahren habe ich mich getrennt; ein Jahr später war die Scheidung. (G. C.)

Für mich war immer klar, dass deutsche Männer (wohl wegen des Stiefvaters) für mich nicht in Frage kämen. Ich heiratete dann einen Griechen. Da ich immer unabhängig sein wollte und auch beziehungsunfähig war, hielt die Beziehung nur wenige Jahre. (Rosemarie Killius)

Nach Mittlerer Reife, Lehre, Berufstätigkeit ging ich mit Traumbildern in die Ehe, war 20 Jahre nur noch dienende Hausfrau und Mutter. Im Alter von 48 Jahren bin ich mit letzter Kraft, dem Erstickungstod nahe, aus der Ehe ausgebrochen. Es war ein schwerer Schritt, doch durch wunderbare Fügungen konnte ich voll in die Arbeitswelt einsteigen und wurde angenommen. Ich konnte wieder frei atmen, das Glück: unfassbar. Heute weiß ich, dass ich in meinem Partner das Idealbild gesucht habe, das er nicht erfüllten konnte. Mit dem Neubeginn habe ich mich auch weiterentwickelt. Im Rahmen einer Fortbildung kam ich mit Fritz Reimanns »Grundformen der Angst« in Berührung. Das war für mich eine gewaltige Erfahrung. (R. M.)

Als vaterlosem Kind fehlte mir zwar das Vorbild von Partnerschaft und von Männern als Partner und Vater, trotzdem hatte ich schon als sehr junges Mädchen eine konkrete Vorstellung von den Eigenschaften, die ein Partner haben sollte: neben Herzlichkeit vor allem Treue und Zuverlässigkeit. Wahrscheinlich suchte ich diese charakterlichen Vorzüge aus einem unbewussten Streben nach Sicherheit und Beständigkeit in einer Beziehung. Ich brauchte aber nicht die »starke Schulter zum Anlehnen«, sondern – obwohl ich mein Leben durchaus auch autark gestalten hätte können – meine Suche war getragen von einer Sehnsucht nach etwas, das im ganzen Leben Nähe, Freude, Halt und Kraft in einer Partnerschaft gibt. Glücklicherweise habe ich alles, wonach ich mich sehnte, bei meinem Mann gefunden. Dafür bin ich sehr dankbar und sehe auch einen gewissen Ausgleich für den sehnsüchtig vermissten Vater darin. (Irmgard Banka)

Es war eine Arbeitsbeziehung mit verteilten Rollen. Jeder von uns hatte seinen Bereich. Und in dieser Hinsicht gab es auch keine Schwierigkeiten. Aber für Gestaltung von Beziehung, für Gefühle und Bedürfnisse in der Beziehung war kein Platz, auch keine Forderung an den Partner oder Gespräch darüber. Es gab allerdings eine große Sehnsucht, dass sich doch alles wie im Märchen erfüllen sollte. Die Ansprüche, die ich in dieser Hinsicht an meinen Mann stellte, waren total überhöht und nicht erfüllbar. Später kam mir erst der Gedanke, dass wir beide in dieser Hinsicht bedürftig waren. (Adelheid Buschenhagen)

Sozusagen selbstverständlich hatte ich die arbeitsteilige Ehe – der berufstätige Mann als Ernährer, die Frau aus Familienfrau – akzeptiert, nachdem ich drei Monate nach der Hochzeit schwanger wurde, weitere dreieinhalb Jahre später ein zweites Kind bekam. Heute weiß ich, dass zu viele Anteile meiner Person unter diesen Umständen nicht mehr zur Entfaltung kamen, auch wenn ich durch intensives Zuarbeiten für meinen Mann und Übernahme von Heimarbeit (Übersetzungen), ehrenamtliche Arbeit oder Fortbildungskurse zunächst eine Balance herstellte. Dieser letztlich nicht gelungene Spagat wirkte sich später als ein Faktor im Scheitern meiner Ehe aus. (G. D.)

Nach 41 Jahren Ehe ist mein Mann verstorben. Sein Vater ist auch im Krieg gefallen. Uns fehlte wohl beiden die Vatererfahrung. Wir konnten uns schwer aufeinander einlassen. (M. S.)

Wir waren 15 Jungen und sechs Mädchen in der Abiturklasse (Jahrgang 1935, Anmerkung der Autorin). Bei dem bzw. nach dem Abitur war ein Mädchen schwanger und heiratete möglichst schnell, damit das Kind einen Vater bekam [...] Ein anderes war schon verheiratet, eventuell noch nicht schwanger, und wanderte mit dem deutsch-gebürtigen, inzwischen amerikanischen Soldaten nach Texas aus. Die dritte Abiturientin, deren Vater übrigens auch nicht aus dem Krieg zurückgekehrt war, heiratete möglichst schnell einen Korpsbruder ihres älteren Bruders. Von den drei anderen haben zwei je ein uneheliches Kind, nicht geheiratet und sind Ärztin oder Lehrerin geworden. Die sechste, die das Nesthäkchen einer Pfarrerstochter war mit drei oder vier Brüdern, wurde Organistin und blieb mann- und kinderlos. (R. R.)

Ich hatte immer Schwierigkeiten mit Männern. Sie waren nicht so, wie ich es mir wünschte. Statt mit Verunsicherung reagierte ich mit Zorn und Enttäuschung auf Nichterfüllung meiner Wünsche. Früh habe ich erkannt, dass ich selbst meines Glückes Schmied bin und dieses nicht von einem Mann erwarten kann. (D. T.)

Als ich vierzehn Jahre alt war, verließ der Verlobte meiner Mutter (mein Onkel Alfred oder auch Ersatzvater) unsere Familie, [...] und die Sonne ging für mich unter!!! Ich wurde sehr krank, habe das Leben kaum noch geschafft und schmiss mit 17 Jahren das Gymnasium, um für drei bis vier Monate als Au-Pair nach England zu gehen. In dieser Zeit trennte ich mich von meinem Freundinnenkreis, zu dem ich mich nicht mehr zugehörig fühlte, und spürte wieder diese unbeschreiblich schmerzliche Einsamkeit. Bei einer Fronleichnamsprozession wurde ich von einer Jugendlichen angesprochen, ob ich nicht zur katholischen Mädchengruppe kommen wolle. Hier begegnete mir meine lebenslange Freundin, und ich erfuhr durch ihre Familie wieder Halt und das Gefühl der Dazugehörigkeit. Mit 21 lernte ich beim Studium meinen Mann kennen – auch er wuchs vaterlos auf. (Gisela Grenzemann)

Mit 22 Jahren heiratete ich, um aus der Enge auszubrechen. Meine Erwartungen an meinen Mann waren jedoch zu hoch, er konnte sie unmöglich erfüllen. Er entzog sich der häuslichen Enge, war in Vereinen und Ausschüssen und dadurch häufig aushäusig. Mit 40 Jahren erkrankte mein Mann schwer und wurde mit 47 Jahren schon verrentet. Ich war halbtags berufstätig und habe mit Hilfe von Zivis meinen Mann 14 Jahre zu Hause gepflegt. (M. S.)

Meine Bindungen zu Männern gestalteten sich schwierig, ich war unsicher Männern gegenüber. So habe ich erst mit 32 Jahren geheiratet, einen Mann, der 20 Jahre älter war als ich. […] Ich habe spät, meine leider schon verstorbene drei Jahre jüngere Schwester hat gar nicht geheiratet. Sie fühlte sich auch zu älteren Männern hingezogen. (U. H.)

Es gab diese riesige ungestillte Sehnsucht, in die Arme genommen zu werden und ganz warm und fest gehalten zu werden. (Karin Hug)

Ich wünschte mir viel mehr Nähe, auch körperliche, Wärme, Zuwendung, gemeinsame Unternehmungen zu zweit. (H. H.)

Mein Ziel war eine ganz besonders glückliche Ehe und Familie. Da ging alle Sehnsucht hin, eine heile Familie zu erleben. Heute weiß ich, dass ich im Partner zunächst den Vater suchte. Mit 21 Jahren lernte ich meinen zukünftigen Mann kennen (auch vaterlos). Wir lebten in enger Symbiose und arbeiteten gegenseitig unsere Vergangenheit auf. Ich glaubte, ihn aus seinen Kriegstraumen befreien zu können. Wir mühten uns, alles recht und gut zu machen. 35 Jahre ist es uns gelungen, durch Höhen und Tiefen zu gehen, mit Freude und Trauer und Ringen um gute Partnerschaft suchten wir auch professionelle Hilfen. Warum sich letztlich unsere Wege trennten – ich weiß es nicht. War ich unbewusst seine Mutter? Heute nach sieben Jahren haben wir guten freundschaftlichen Umgang, bei Kindern und Enkeln begegnen wir uns und zu zweit. (M.-T. S.)

11.8 Die eigenen Kinder

Haben Sie selbst Kinder? Wie gestalteten sich die Beziehungen zu Sohn/Söhnen einerseits und Tochter/Töchtern andererseits? In welcher Weise hat sich Ihre eigene Vaterlosigkeit auf die Erziehung Ihrer Kinder ausgewirkt? Gab es ein (unbewusstes) »Männlichkeitsideal« gerade für die Erziehung von Sohn/Söhnen?

Ich habe drei Kinder: Mädchen – Junge – Mädchen. [...] Eigentlich war mein Wunsch, nur Söhne zu haben, aus der Vorstellung heraus, dass Mädchen doch keine Chance haben. [...] Ich hatte größere Schwierigkeiten damit, wie die Erziehung von Jungen zu gestalten ist. Mit Mädchen fiel es mir leichter. (G. C.)

Ich habe drei Söhne, die ich nach elf Jahren Ehe alleinerziehend, aber mit Unterstützung meiner Mutter, ins Leben geführt habe. Da ich ganztägig berufstätig war, ging es mir wie vielen Frauen, wie damals auch meiner Mutter, dass ich oft überfordert war mit Kindererziehung, Beruf und Haushalt. Es gab bei mir kein »Männlichkeitsideal« (!) bei der Erziehung.

Aber ich habe großen Wert darauf gelegt, dass meine Söhne was lernen konnten, jeder auf seine Art und nach seiner Begabung. Darauf bin ich heute sehr stolz. Das Verhältnis zu meinen Söhnen ist »rau aber herzlich«. (I. B.)

Mein erstes Kind war ein Junge. Ich hatte Angst vor diesem winzigen »Fremdling«. Wie ging man um mit kleinen Jungen? Ich wusste es nicht. Mit der Tochter, die ein Jahr danach geboren wurde, konnte ich ganz selbstverständlich umgehen. Der Vater hat sich intensiv mit dem Sohn befasst, so hoffe ich, hat er nichts entbehrt. Er machte nie Probleme, nicht einmal in der Pubertät. Er war ein guter Schüler und fleißiger Student, fand eine gute Stelle. Wir hatten immer guten Kontakt, mehrmals im Jahr reiste er zu Besuch an. Doch intime Nähe wie mit der Tochter hatte ich mit ihm nicht. Kam es durch mich? War es sein Charakter? Diese Gedanken beschäftigen mich schmerzlich; er starb mit 36 Jahren durch einen Unfall. (R. P.)

Ich habe zwei Kinder. Es stand immer fest, dass ein Sohn den Namen meines Vaters tragen würde: Glücklicherweise hat mein Mann das akzeptiert. Manchmal freut es mich heute, wenn der erwachsene Sohn, wie ich meine, seinem Großvater ähnlich ist. (K. O.)

Ich habe zwei Söhne und eine Tochter. Die Söhne sind beide mit 1,85 cm so groß wie mein Vater war. Unbewusst sehe ich ihn wohl oft im Hintergrund und bin stolz auf sie. Unsere Beziehungen sind sehr gut. Das Verhältnis zur Tochter war und ist nicht immer ohne Probleme. Das führe ich wiederum auf meine Mutter zurück. (M. S.)

Da ich zwei Söhne habe und erst mein drittes Kind eine Tochter ist, war es für mich sehr schwierig, plötzlich zunächst einen »Dreimännerhaushalt« zu führen. (D. H.)

Wir haben zwei Söhne. […] Da es mir in meiner Kindheit an Zuneigung fehlte, sollten es meine Kinder besser haben. […] Ich selbst habe mich sehr zurückgenommen, was mir nicht schwerfiel, sah ich doch meine Kinder glücklich aufwachsen. (M. S.)

Wir haben vier Töchter, Zwillinge im Alter von 40 Jahren. Die beiden anderen Töchter sind 34 und 32 Jahre alt. Mir ist nicht bewusst, dass sich unsere eigene Vaterlosigkeit auf sie ausgewirkt hat. […] Sie sind selbstbewusster und selbständiger als ich es war. Sie sind auch nicht so angepasst wie ich es war oder so harmoniebedürftig. Konflikte mit Partnern tragen sie aus, notfalls trennen sie sich auch. Die Erziehung von Söhnen lerne ich erst jetzt bei einer Tochter kennen, die zwei Söhne geboren hat. Das ist besonders für meinen Mann schön, der jetzt manchmal die »männliche Verstärkung« in seinen Enkelsöhnen genießt. (Elisabeth S.)

Wir haben zwei erwachsene Kinder. Einen leiblichen Sohn, geboren 1971, und eine adoptierte Tochter, geboren 1974. Zu unserem Sohn hatte ich, als er klein war, ein angestrengtes Verhältnis. Ich war sehr unsicher und hatte immer das Gefühl, ihm nicht gerecht werden zu können. […] Heute als Erwachsene haben wir ein gutes Verhältnis, weil wir viele Gespräche geführt haben. Zu unserer Tochter hatte ich von Anfang an ein sehr nahes Verhältnis, ich glaube, es liegt daran, dass ich mich mit Frauen besser auskenne. Durch ihre Lebensgeschichte als weggegebenes Kind sind wir uns sehr nahe. Ich kann mich gut in sie einfühlen, muss aber aufpassen, dass ich sie wirklich loslasse. (Eva Matthies)

Aus meiner Ehe […] ging ein Sohn hervor, den ich seit seinem vierten Lebensjahr allein erzogen habe. Ich hatte nach meiner Trennung große Schuldgefühle dem Sohn gegenüber. (Rosemarie Killius)

Ich habe 1962 eine Tochter zur Welt gebracht. Anne ist für mich eine stabile Bindung und große Freude in meinem Leben. Meine Tochter ist auch vaterlos aufgewachsen. Erst als Anne ausgezogen war, hatte ich einen Freund, der mit mir zusammenlebte. Aber wir hatten nie eine feste Bindung; zwar hatten wir das gleiche Hobby, Segelschiffe zu überführen und selbst mit einem Boot zu segeln. Er hat immer nach der passenden Frau gesucht, bis er mich dann nach gut 20 Jahren wegen einer jungen Frau verlassen hat, die er gleich heiratete. Er konnte oder wollte mich nicht wertschätzen. Dafür geht es mir jetzt gut, ich hole alles nach, was ich versäumt habe. Zwar habe ich keine männlichen Freundschaften, Liebhaber, dafür lerne ich viel [...], habe Freundinnen, die mit mir zusammen mal nett kochen oder wandern, klönen, musizieren etc., ja, ich habe mir ein Cembalo gekauft und lerne noch im hohen Alter, was mir aber sehr, sehr schwer fällt. (S. S.)

Ich habe eine erwachsene, verheiratete kinderlose Tochter (43 Jahre). Leider hat sich die Vaterlosigkeit bei meiner Tochter wiederholt; auch sie ist ohne den Schutz und die Nähe eines Vaters aufgewachsen. Sie war vier Jahre alt, als ich mich habe scheiden lassen. [...] Sie hatte eine Chance, wenn auch eine sehr geringe, sich mit ihm auseinanderzusetzen und zum Beispiel Wut auf ihn zu entwickeln und sich von ihm zu distanzieren. Einem toten Vater gegenüber kann ich keine Wut entwickeln, da muss ich mit dem Mangel an Schutz, Vertrauen, Zärtlichkeit, Zuwendung usw. leben. Meine Tochter hat es geschafft, trotz Vaterlosigkeit, bindungsfähig zu sein und dauerhaft eine gute Beziehung zu leben. Vielleicht habe ich ihr – wenn auch zum Teil unbewusst – vermittelt, dass es wichtig ist, sich auf sich selber zu verlassen. (Gabi Lessnau)

Ich habe zwei Kinder (Sohn geboren 1967, Tochter 1969). Ich bemühte mich, von beiden gleiche »Ideale« abzufordern. Mich freut sehr, dass beide sehr aneinander hängen. Auch sie sind vaterlos groß geworden, als sie vier und sechs Jahre alt waren, wurde die Ehe geschieden, der Vater hat sich nie um sie gekümmert. (Der Vater war erst nach dem Tod seines eigenen Vaters geboren worden. Er hatte seinen Vater nie gesehen.) (Annemarie Gerber)

Der Vater unseres Sohnes, mein Mann, war ein abwesender Vater. Er war viel verreist und beruflich sehr gefordert. Selbstverständlich hielt ich ihm den Rücken frei und nahm ihm so viel wie möglich ab. Heute denke ich, ich habe ihn sogar von unserem Sohn abgehalten – er hatte allerdings auch niemals den Wusch geäußert, mit ihm allein zu sein oder etwas »unter Männern« zu unternehmen. Ich habe auch nie von ihm so etwas eingefordert. Eigentlich war es lästig, mit ihm zu spielen oder Radzufahren etc. So versuchte ich diese Rolle auch zu übernehmen. Was ich ihm nicht mitgeben konnte, mein Mann auch nicht, waren klare Strukturen nach außen, klare Grenzen, klare Richtlinien. Hier fehlte uns beiden das Vatervorbild. (Adelheid Buschenhagen)

Meine Kinder wurden 1977 und 1979 geboren. Zu der Zeit war rollenspezifische Erziehung Thema, und ich glaube nicht, dass sich meine Vaterlosigkeit in der Weise auf meine Kinder ausgewirkt hat, dass sie nach unterschiedlichen männlichen oder weiblichen Idealen erzogen wurden. Ich glaube aber, dass, so wie meine Vaterlosigkeit mein Leben und meine Ehe geprägt und belastet haben, sie dadurch auch einen Schatten auf das Leben meiner Kinder geworfen hat. Sie haben unter den Auseinandersetzungen ihrer Eltern und der dann nicht zu vermeidenden Trennung gelitten. (H. M.-P.)

Ich habe einen Sohn. Als er geboren wurde, war ich 31 Jahre alt. Nach heutigen Zahlen ist das ganz normal, damals gehörte es noch zur Ausnahme. Ich erlebte es auch, dass meine Mutter und anfangs auch die Großmutter viel mit- und reinreden wollten. Als mein Sohn zwölf Jahre alt war, reichte ich die Scheidung ein. Drei Jahre mussten wir wegen der Wohnungsknappheit noch in einer gemeinsamen Wohnung leben. (E. A.)

Die Herstellung von stabilen Verhältnissen hatte oberste Priorität – Vater, Mutter, Kinder (zwar Patchwork, aber ganz wichtig). (Gisela Grenzemann)

Ich habe drei Kinder. Zwei Söhne und eine Tochter. Ich glaube nicht, dass ich den Söhnen ein Männlichkeitsideal vermittelt habe. Da ich während meines Studiums auch Psychologie gehört habe, habe ich zum Beispiel nie gesagt: »Ein Junge weint nicht.« Beide Söhne haben kochen und stricken gelernt. Meiner Tochter habe ich aber unbewusst wahrscheinlich das mangelnde Selbstbewusstsein, das schon über mehrere Generationen bei der weiblichen Seite »herrscht«, vermittelt. (Sabine Grüning)

Ich habe drei Söhne. Als Mutter war ich sehr sorgend, wollte ihnen alles zukommen lassen, was mir so gefehlt hatte. […] Ich legte großen Wert auf ihre Beziehung zu ihrem Vater, der ihnen ein wunderbarer Vater war und ist. Ich glaube, sie haben eine gute lebendige Kindheit bei uns erlebt, mit viel Zeit für sie. Die ersten Freundinnen: Waren sie meiner Söhne wert? Gut und heftig erlebte ich ihren Auszug ins Studium weit weg – mir war klar, dass Jungen sich radikal von der Mutter lösen müssen, sie sollten keine Muttersöhnchen werden (die gab's bei Kriegerwitwen zu Genüge). Ich glaube, der erste Sohn hat viel von beiden Eltern, besonders vom Vater, geerbt, an Spannungen, Unruhe, schweren Kriegsalbträumen. Schon vor Jahren erklärte mir ein Traumatherapeut: Ihr Sohn hat dieselben Albträume geerbt, von seinen Vorvätern übernommen. Ich bin stolz auf meine drei Söhne. (M.-T. S.)

Das Seltsame ist, dass ich die Sehnsucht nach meinen Kindern oft mit Vater verbinde. Da mein Enkel auch keinen Vater hat, geben mein Mann und ich ihm alle Liebe. In viele Gespräche beziehe ich ihn mit ein. [...] Er ist neun Jahre alt und meinte, er habe es ja nicht so gut wie andere Kinder, deren Väter schon mal verreisen, aber doch wiederkommen. Aber sein Papa ja nicht. So scheint sich das Gleiche zu wiederholen. (H. M.)

11.9 Zum Vergleich »vaterlose Töchter – vaterlose Söhne«

Kann man generell von den Folgen der Vaterlosigkeit bei den Kriegskindern des Zweiten Weltkriegs sprechen oder gibt es doch deutliche Unterschiede zwischen »vaterlosen Söhnen« und »vaterlosen Töchtern«?

Es fehlte mir ein Pendant zu meiner Mutter, die mich sehr eingeengt und auf ein ruhiges, stilles, widerspruchsloses Wesen großen Wert gelegt hat. Von meinem Vater erhoffte ich mir Unterstützung dabei, mich selber zu entdecken und zu entwickeln. Als ich größer wurde bzw. im Erwachsenenalter stellte ich mir vor, mein Vater wäre für mich ein Partner für geistige Anregungen und Austausch gewesen. [...] Es gab keine Organisation in altershomogenen Gruppen. Ich erinnere mich, dass ich mir wünschte, es würde in unserer Umgebung Pfadfinder für Mädchen geben. [...] Die feministische Bewegung bedeutete für mich Stärkung des weiblichen Selbstbewusstseins und die Erfahrung von Solidarität unter Frauen. Letztere blieb für mich freilich brüchig, was wohl mit meiner grundsätzlichen vorsichtigen Zurückhaltung in zwischenmenschlichen Beziehungen zu tun hat. (C. F.)

Ich denke schon, dass man als »vaterlose Tochter« immer auf der Suche nach dem »Märchenprinzen« war, und man konnte nur in der Phantasie sich ein Traumbild vom Mann malen, was natürlich mit der Realität nicht zusammenpasste. [...] Ja, ich legte großen Wert auf stabile Verhältnisse und lebte schon mein Ideal »die heile Familie«. Trotz vielfältigster Begabungen habe ich auf Karriere verzichtet und habe mich »erfolgreich« der Familie gewidmet. (Irmtraud Dummert)

Die vaterlos aufgewachsenen Töchter mussten ihre Mütter nicht bekämpfen wie die 68er-Generation ihre aus dem Krieg heimgekehrten Väter, um den Anspruch auf Selbständigkeit und Eigenständigkeit zu verteidigen – sie waren bereits dabei, mit all ihrer Kraft ihre Unabhängigkeit und Selbständigkeit zu verwirklichen. Die vaterlosen Töchter versuchten, Beruf und Familie zu vereinen trotz großer gesellschaftlicher Hürden. [...] Dass aus den vaterlosen Söhnen erfolgreiche Männer wurden, träfe sicher im selben Maße für die Töchter zu, wenn die Bedingungen für Männer und Frauen bei der Vereinbarkeit von Familie und Beruf dieselben wären. Doch waren die Töchter von vornherein mit ganz anderen Schwierigkeiten als die Söhne konfrontiert. Vaterlose Töchter und Söhne waren sicher in derselben Weise strebsam, verantwortungsbewusst und ehrgeizig, jedoch waren ihre gesellschaftlichen Voraussetzungen und die Zuteilung der Aufgaben komplett verschieden. (D. H.)

Ich weiß nicht, wie vaterlose Söhne denken. Bei uns Kindern war das kein Thema! Mein Bruder hat nie darüber gesprochen. Nähe, Liebe und Zärtlichkeit gab es bei uns nicht. Mit 20 Jahren habe ich geheiratet. Weil kein Vater und Großvater im Haus war, war meine Ehe und das Aneinander-Gewöhnen bis jetzt schwierig. Deshalb spüre ich erst jetzt, wie mir mein Vater gefehlt hat, hätte ich einen gehabt, dann wäre (denke ich) mein Leben anders verlaufen, ich hätte anders mit allem umgehen können. (W. B.)

Ich denke, dass vaterlose Söhne durchaus andere Erinnerungen an die Nachkriegszeit haben als vaterlose Töchter. [...] Zum Beispiel spielten die jungen Besatzer, in unserer Umgebung Amerikaner, bei den etwas älteren Mädchen bestimmt eine Rolle. Die Jungs interessierten diese weniger bis gar nicht. (Renate Puschban)

Während mein Bruder bei den Pfadfindern war, gab es für Mädchen nichts dergleichen. (R. R.)

Wir Töchter konnten uns zumindest mit der Mutter identifizieren. Mir fehlte jedoch der Vater sehr, der mich ins Leben begleitet. Viele Schritte nach außen machte ich ängstlich, schüchtern, mühsam. Später fuhr ich begeistert in Jugendzeltlager: als Hilfe ein guter Ausgleich zu all den Frauen in Familie, Verwandtschaft, Schule. Endlich kam ich mit Jungen, groß und klein, in Kontakt. Diese Zeit war sehr prägend. [...] Ich beneidete die Jungen, die so gute, väterliche Gruppenleiter hatten. Mir fehlte klare männliche Aussprache. Der Bruder übernahm früh Männerarbeit; die Ferien verlebte er auf einem Bauernhof oder beim Onkel, der Tierarzt war. Diese männlichen Kontakte stärkten ihn. Mutter schickte ihn in ein Jungeninternat, in dem Vater auch Abitur gemacht hatte. Mutter war klar: Er braucht männliche Vorbilder. Pfadfinder war er auch. Leider durfte ich – weil ich auf eine Nonnenschule ging – keine Pfadfinderin werden – es lockte mich sehr. (M.-T. S.)

Die Entwicklung der 60er und 70er Jahre habe ich in meinem zweiten Studium persönlich miterlebt: Der fast krampfhaft zu nennenden Emanzipation und den entsprechenden »Frauenseminaren« stand ich verständnislos gegenüber, schließlich war ich seit meinem elften Lebensjahr »zwangsemanzipiert«. »Erfolgreich sein« ist ein dehnbarer Begriff: Ich kenne aus meinem Umfeld ehemalige Flüchtlingsmädchen, die auch vaterlos aufgewachsen sind, die in akademischen Berufen tätig waren, andere, die erfolgreich mehrere Kinder zu ordentlichen Menschen erzogen haben, andere, die beides getan haben. Ich selbst war bis zu meiner Pensionierung 15 Jahre lang Leiterin einer Schule. (B. B.)

Die 68er-Bewegung ist spurlos an mir vorübergegangen, ich war voll ausgelastet mit Kinderkriegen und -aufziehen und mit Umzügen. Aber die Frauenbewegung der 70er Jahre hat es mir ermöglicht, mich auf den Weg zu mir selbst zu machen. Ich fing noch einmal an zu studieren, machte eine Therapie, nahm an Selbsterfahrungsgruppen teil und gewann Selbstbewusstsein und Distanz zu meinem überhöhten, verklärten Männerbild. Ein Schlüsselerlebnis hatte ich an so einem Selbsterfahrungswochenende, als ich etwa 40 war. Es ging dabei u. a. um die Beziehungen zwischen Vätern und Töchtern. Ich nahm staunend zur Kenntnis, welche großen Schwierigkeiten die meisten Töchter mit ihren Vätern gehabt hatten und teils immer noch hatten, vor allem mit Nähe und Distanz. Ganz plötzlich ging mir auf, dass ich möglicherweise sogar Glück gehabt hatte, ohne Vater aufwachsen zu »dürfen«. Mein Vater war dadurch für mich immer so nah oder so fern, so wunderbar, wie ich ihn mit gerade ausmalte – er war eben das Ideal von einem Vater, von dem ich nie enttäuscht wurde. (Karin Hug)

Die Frauenbewegung der 60er und 70er Jahre fand ich spannend, mitreißend, in ihren Extremprägungen nicht auf mich zutreffend. Für ein Durchstarten war es für mich zu spät; das Ideal »heile Familie« ließ ohnehin andere Ziele nur als nachrangig zu. (G. D.)

Die Unterschiede zwischen vaterlosen Töchtern und Söhnen sind gravierend. Söhne hatten immer mehr Freiheit, Mädchen wurden reglementiert. Mädchen fehlte Aufmunterung durch die Gesellschaft zur Eigenständigkeit, zum Mut, zur Stärke. [...] Nach 1945 wurden Mädchen aus meinem Lebensumfeld auf ihre Rolle als Ehefrau und Mutter abgerichtet. Wir hatten ja die alte Garde aus der Nazi-Zeit von Lehrern und Erziehern. Erst in den 68ern kam die ersehnte Veränderung, wie wir alle wissen. Viele vaterlose Töchter blieben Heimchen am Herd, kamen aber in den 70er Jahren auf Touren und einige wurden durch eigene Arbeit erfolgreich. [...] Erfolgreich sein für Frauen dieser Generation bedeutete oft Kampf und »gegen den Strom schwimmen«. (D. T.)

Mein wenig ausgeprägtes Selbstbewusstsein könnte seine Ursache darin haben, dass in unserem Hause der Vater fehlte [...] Ich habe mich immer gewundert, woher andere Frauen ihr Selbstbewusstsein haben. (E. B.)

Ich stelle mir vor, dass vaterlose Töchter andere Erinnerungen an die Kriegs- und Nachkriegszeit haben als vaterlose Söhne. Während ich mich einfach nur nach dem Vater sehnte, hätten Söhne sicher gern den heimkehrenden Vater als Kriegshelden oder tapferen Soldaten erlebt, der im täglichen Leben die Führungsrolle in der Familie übernahm. Mir fehlte die Nähe und die Zärtlichkeit des Vaters, aber auch der Vater in der Beschützerrolle, der Vater, dem man gefallen hätte und der einen liebt. [...] Natürlich sind auch vaterlose Töchter vielfach erfolgreich geworden, aber aus meiner Sicht aus einer anderen Motivation heraus als die Söhne. Die vaterlosen Söhne wollen nach meiner Erfahrung in ihrem Streben nach Erfolg eher die Erwartungen des Vaters, den sie nicht erleben konnten, erfüllen und so mit ihrem Erfolg vor dem Vater im Nachhinein bestehen. Mein Streben nach Erfolg war begründet in dem Wunsch nach Stabilität und Sicherheit, um das

Leben – möglicherweise auch ohne die Unterstützung in einer Partnerschaft – gut bestehen zu können; vielleicht unbewusst getragen von den Erinnerungen an die vaterlose Kindheit, wo ja der Partner der Mutter und der Vater als Halt und Schutz fehlte. [...] Mein Traum gerade als vaterlose Tochter war unbedingt die Gründung einer »echten Familie« bestehend aus Vater, Mutter und Kindern. Meine Berufstätigkeit bedeutete mir auch sehr viel, und ich war glücklich, über eine längere Zeit beides miteinander vereinbaren zu können. (Irmgard Banka)

Für die Frau und Mutter sollten nach meinen Erfahrungen die Kinder wichtiger sein als eine berufliche Karriere. Ein Kind kann eher ohne Vater aufwachsen als ohne Mutter(liebe). (Hannelore Kaiser)

Mein Lebensanspruch als vaterlose Tochter war, ob mit oder ohne Ehemann, gesicherte Verhältnisse, Verlässlichkeit, gesichertes Auskommen, denn als Flüchtlingskind empfand ich es als großen Mangel, kein Geld für Bücher, Musikunterricht etc. zu haben. Und Wünsche äußerte man nicht gegenüber der Mutter, die sich in allem nach der Decke strecken musste. (E. B.)

Nach Lageraufenthalten, Transport im Viehwagen wollte ich nur noch ein ruhiges gemütliches Zuhause und nie wieder Koffer packen. (E. B.)

Das vorherrschende Defizit-Gefühl war, nirgends richtig hinzugehören. Wie die Franzosen und Spanier sagen, hat mir ein »Foyer«, ein »hogar« im Sinn einer wärmenden Feuerstelle, um das sich eine, meine, Familie versammelt, gefehlt. Gesellschaftlich gehörten wir nirgends hin, lebten im Abseits, am Rand. Meine Mutter pflegte bei ihren abendlichen und nächtlichen Spaziergängen durch die Fenster anderer Familien zu gucken – nicht aus Voyeurismus – nein, dort fand das Leben statt, das wirklich war und von dem wir ausgeschlossen waren. (R. B.)

Der Mann als das unbekannte Wesen – dies zog sich durch mein Leben bei Partnerschaften und in einigen Aspekten auch hinsichtlich meines Sohnes. (I. B.)

Die Bewegung der 60er und 70er Jahre hat das Selbstverständnis der Frauen entschieden verändert. [...] Oswalt Kolle, die Kommunen und die Kinderläden waren eine Revolution. Das Fernsehen hat uns das alles ins Haus geliefert und man konnte sich sein eigenes Urteil bilden, zum Beispiel über die antiautoritäre Erziehung. Ich für meinen Teil habe beobachtet und mir angeschaut, was Alice Schwarzer zu sagen hatte. Ich denke, da hat vieles zusammengespielt, nicht nur kritisch, sondern auch selbstkritisch zu werden. (Renate Puschban)

Ich lebe seit 1985 alleine, war Lehrerin, bin seit 2002 pensioniert und gestalte mein Leben sehr eigenständig, ohne Partner. Ich habe zwar einen großen Bekanntenkreis, bin aber gerne allein und kann so ungehindert das tun, was mich interessiert: Gartenarbeit, Reisen, Radfahren, Lesen, Vorträge. Mein Alleinsein liegt aber auch daran, dass ich nicht mehr auf Partnersuche gegangen bin. Zunächst war ich durch meine gescheiterte Ehe einfach traumatisiert. Bei späteren Männerbekanntschaften befürchtete ich, dass die lange angestauten Gefühle wie ein Dammbruch wirken und alle Barrieren niederreißen könnten und ich dadurch die Kontrolle über mich verlöre. [...] Vielleicht [...] habe ich mir einen gefühlsmäßigen Schutzpanzer zugelegt, denn viele schlimme Ereignisse, selbst der Tod meiner Schwester, haben mich innerlich nicht erschüttert. Es war eher wie Winterstarre. Nur bei dem Leid, das Kindern zugefügt wird, könnte ich heulen. (H. H.)

So war es oft eine Notwendigkeit, da der Vater fehlte und die Mutter keinen Beruf erlernt hatte, eine Berufsausbildung anzugehen. In diesem neuen Umfeld musste man Leistung zeigen, um sich gegen die vorherrschende Männerwelt zu behaupten. Allerdings gab es in dieser Generation so gut wie keine »Karrierefrau«, da die höheren Posten von Männern besetzt waren. Für Frauen waren Berufe wie z. B. Chefsekretärin ein sehr erfolgreiches Ziel. Fleiß, Zuverlässigkeit und Verschwiegenheit waren erwünschte Anforderungen [...] Meine Kinder wuchsen in einer anderen Zeit auf. [...] Ich habe viel von meinen Kindern gelernt. (E. B.)

Die vaterlosen Töchter, die ich kenne, sind, wie ich, Lehrerin geworden (die meisten jungen Frauen aus den Vollfamilien aber auch). Wie erwähnt galt zu Beginn der 60er Jahre oft noch der Slogan für junge Frauen: »Studienziel erreicht – habe mich verlobt«.

In meinem Leben mischen sich ungünstige Umstände mit einer guten, allerdings von meiner Mutter und mütterlichen Verwandtschaft außer meiner Tante, die bei uns wohnte, nicht anerkannten Begabung. [...] Der Gedanke, dass ein Vater sich sehr auf mich gefreut hatte (den Jungen), hat mir sehr viel Energie vermittelt und macht es immer noch. Allerdings entwickelte ich auch ein illusorisches Bild von meinem Vater und von Männern im Allgemeinen, was mich nach einem idealen Partner suchen ließ. Geblieben ist eine Sehnsucht nach Liebe und Vertrauen. Diese innere Kraft, die ich fast ständig spüre, und die ich zum großen Teil meinem Vater zuschreibe, treibt mich weiter vorwärts. Zum jetzigen Zeitpunkt ist mein Motto: Im Leben geht es nicht nur darum, gute Karten zu haben, sondern mit einem schlechten Blatt gut zu spielen (Robert Louis Stevenson). (G. C.)

Mein Bruder und ich haben ähnliche Erinnerungen an die Nachkriegszeit. [...] Ich war in meinen Jugendjahren in einer katholischen Mädchengruppe – mein Bruder war Messdiener und in einer Jungengruppe. [...] Mein Bruder und ich sind beide auf eigene Art erfolgreich geworden – er als Jurist und ich als Lehrerin. Wir hatten beide weniger Erfolg in unseren Beziehungen. Ich habe mich immer nach einer »heilen« Familie gesehnt und dafür viel getan und gegeben. Das Wichtigste ist mein Sohn, dann kam der Beruf, den ich aber immer ausgeübt habe. Mein Bruder wollte keine Kinder und vermisst in dieser Beziehung nichts. (Gisela Grenzemann)

Da mein Bruder zwei Jahre älter ist als ich, hat er meinen Vater noch erlebt. Es gibt Fotos, auf denen mein Vater ihn auf den Armen hält, beide strahlend. Mein Bruder kann sich daran nicht mehr erinnern, er war mit kaum zwei Jahren noch zu klein, aber ich beneide ihn um diese Erfahrung. Es gibt, denke ich, erhebliche Unterschiede zwischen meinem Bruder und mir, was unsere Vaterlosigkeit anbetrifft. Mein Bruder, so sagt er, hätte seinen Vater nicht vermisst: »Ich bin froh, dass er nicht zurückgekommen ist. Dann hätte ich noch jemanden zum Kommandieren gehabt. Wenn ich mir so die Väter in meiner Umgebung angeschaut habe – keinen davon hätte ich als Vater haben wollen.« Mein Bruder hatte eine ganz andere Rolle als Junge in der Familie als ich. Er war der Sohn seines Vaters H.-W., seinem Vater »wie aus dem Gesicht geschnitten«. Er war eben der »kleine H.-W.« (H.-W. ist der Name meines Vaters.) Ich hingegen fühlte mich nicht als Tochter meines Vaters, ich war nur das Mädchen. Die Beziehung meines Bruders zu meiner Mutter war längst nicht so problematisch und konfliktreich wie meine Beziehung zu ihr. Seine Beziehung zu ihr war näher und bis zu ihrem Tod Anfang des Jahres (2009) ungebrochen. Ich habe immer im Schatten meines Bruders gestanden. (H. M.-P.)

Erfolgreich sein heißt für mich: eine Familie haben, in der Eltern und Kinder gut leben können, Kontakt zu den erwachsenen Kindern behalten, auch wenn sie andere Wege gehen. Beruflich (Arbeit in der Grundschule): die tägliche Arbeit mit Freude erledigen, Fortbildungen besuchen, Neues ausprobieren, mit Kindern Freude haben. (Elisabeth S.)

Erfolgreich sein, mit dem was man tut, war wichtig, aber nicht in Form einer steilen Karriere. Ich wollte im Kleinen wirken, d.h., Dinge tun, über die niemand redet oder die Zeitung berichtet. Das war der Dienst am Mitmenschen, was mir schon als Kind eine meiner Großmütter vorgelebt hat. Es waren die kleinen Erfolge. [...] Zugunsten einer heilen Familie hat man schon auf manches verzichtet und war vielleicht viel zu früh zufrieden. [...] Auf dem Zweiten Bildungsweg (1975) habe ich die fachgebundene Hochschulreife erworben. Bei der Reflexion des eigenen Werdegangs wurden uns die Augen geöffnet, und vor allem uns Frauen wurde klar, warum unser Weg bisher so verlaufen war. Meine Ansprüche an das Leben waren zu bescheiden, aber zu einem großen Räderwerk gehören auch viele kleine Rädchen, die es zum Laufen bringen. (Brigitte Pillardy)

NACHWORT VON JÜRGEN REULECKE

»Aller Anfang ist schwer – nur nicht beim Krieg! Da ist der Anfang leicht und das Aufhören schwer.« Diese in der zweiten Hälfte des zunächst mit uneingeschränkten Siegeserwartungen begonnenen Ersten Weltkriegs vermutlich von einer wachsenden Zahl von Zeitgenossen geteilte Einsicht findet sich in einer Akte des Bayrischen Militärarchivs: Der Königliche Direktor der Akademie für Landwirtschaft in Weihenstephan, ein Dr. Hans Vogel, hatte sie im November 1916 – offenbar sehr bedrückt – an den Rand eines Dokuments geschrieben. Bewegte den Schreiber hier ganz konkret die Frage, ob dieser viel länger als erwartet dauernde und im Hinblick auf seinen Ausgang immer fragwürdiger werdende Krieg an ein noch einigermaßen akzeptables Ende kommen werde, so können wir heute aus der Rückschau auf die zwei Weltkriege des 20. Jahrhunderts mit ihren immensen Folgen die Blickrichtung jenes Zitats sehr viel grundsätzlicher und weitergespannt nachvollziehen. So wissen wir zum Beispiel, dass nach einem irgendwie gearteten Ende der kriegerischen Handlungen ein Krieg keineswegs der Vergangenheit angehört, sondern dass die Erfahrungen, die Menschen mit und in ihm gemacht haben, oft nicht nur sie selbst lebenslang begleiten, sondern dass auch deren Kinder und Enkel in mancherlei Weise davon berührt und geprägt werden. Wie hat Gott doch Moses mit auf den Weg gegeben: »Denn ich, der Herr, dein Gott, bin ein eifernder Gott, der da heimsuchet der Väter Missetat an den Kindern bis in das dritte und vierte Glied!« (2 Mose 20.5) Und an anderer Stelle heißt es im Alten Testament, hier aus der Sicht der Kinder: »Unsere Väter haben gesündigt und sind nicht mehr vorhanden, und wir müssen ihre Missetat entgelten« (Klagelieder 5.7).

Was dieses »Entgelten« mit Blick auf das 20. Jahrhundert bedeutet hat, ist eine vielschichtige Frage: Zu den politischen, ökonomischen, kultur- und allgemein gesellschaftsgeschichtlichen Kriegsnachwirkungen und ihren Bewältigungen liegt inzwischen eine kaum noch übersehbare Fülle an Forschungsergebnissen vor. Die psychohistorischen Aspekte des »Entgeltens« dagegen, also Fragen danach, welche Rolle die Kriege im Gefühlsleben der betroffenen Menschen und deren Nachkommen ebenso individuell wie kollektiv gespielt haben bzw. wie sie verarbeitet und bewältigt worden sind und werden, haben bis vor Kurzem in der Geschichtswissenschaft fast keine Rolle gespielt. Erst in jüngster Zeit, nicht zuletzt infolge einer stärkeren Hinwendung zu einer Erfahrungs- und Generationengeschichte, zu einer Geschichte der Emotionen sowie zu den jeweils zeittypischen Erinnerungskulturen, vollzieht sich hier ein Wandel: Das vorliegende Buch liefert ein Beispiel dafür, wie entsprechende Anregungen aufgegriffen, spezifiziert und ganz konkret, d.h. bezogen auf die Lebensläufe, die Erinnerungen und rückblickenden Selbstdeutungen von vaterlosen Kriegskindern des Zweiten Weltkriegs, umgesetzt worden sind.

Stichwort Vaterlosigkeit: In Deutschland ist im 20. Jahrhundert die Auseinandersetzung mit den Folgen der Erfahrung des Vaterverlusts in zweifacher Form zu einem stärker beachteten gesellschaftlichen Problemfeld geworden. Unmittelbar nach dem Ersten Weltkrieg ist erstmalig der Begriff der »vaterlosen Gesellschaft« auf den Markt der Gesellschaftsdeutungen gekommen. Es war der Wiener Schüler Sigmund Freuds Paul Federn, der ihn 1919 geprägt hat: Der Sturz des bisher verehrungswürdigen Vaterbildes infolge des Krieges, den die Väter verschuldet hätten, habe, so Federn, die Menschen nun zu Vaterlosen gemacht und werde sie zu Vatergegnern machen, die sich in Streiks und Straßenkampf aufrieben, weil »kein Vater mehr die Seelen der Söhne zu friedlicher

Arbeit« vereine. Das Thema wurde in der Weimarer Republik breit debattiert, und Ende der 1920er Jahre hieß es dann demagogisch, das »System von Weimar« habe die junge Generation einem von schwachen Vätern und Lehrern verschuldeten Chaos preisgegeben, was nun die Sehnsucht nach einem starken Führer zur Folge habe. Nach dem Zweiten Weltkrieg war das Thema erneut akut und wurde schließlich 1963 in Alexander Mitscherlichs Bestseller »Auf dem Weg zur vaterlosen Gesellschaft« aus psychoanalytischer Sicht breit erörtert und zur Diskussion gestellt. Es ging Mitscherlich allerdings hier wie auch seinerzeit Federn und den anderen Gesellschaftskritikern der Weimarer Republik nicht um die konkrete Vaterlosigkeit konkreter Kriegskinder, sondern um die Beobachtung, dass die traditionelle »unterweisende Funktion des Vaters« ebenso wie das »Arbeitsbild des Vaters« immer mehr im Schwinden begriffen waren – dies mit gravierenden Folgen für die Heranwachsenden. Andererseits blieb die Diskussion über die durch den Krieg hervorgerufenen psychischen Folgen der individuell zu bewältigenden Vaterlosigkeit von Kriegskindern gefallener Väter eher spärlich. Im Mittelpunkt solcher Debatten standen, wenn überhaupt, vor allem die Folgen dieser Situation für die Kriegerwitwen, denen man – so zum Beispiel der Soziologe Helmut Schelsky in einer Rundfunksendung im Jahre 1953 – lobend bestätigte, dass sie »im stärksten Maße den Ehrgeiz des sozialen Wiederaufstiegs der Familie entwickelt« und auf diese Weise den Verlust ihres Mannes und oft auch der früheren sozialen Stellung bewältigt hätten. Eine damals weitverbreitete Meinung lautete deshalb, zwar sei der im Krieg gebliebene Vater kaum zu ersetzen, was eine »unheilbare Wunde« hinterlasse, aber der eigentlich Unersetzliche werde letztlich dann doch durch die Mütter ersetzt. Sie träten »in wunderbarem Opfergang an die Stelle« dieser Väter. Allerdings hatte es schon Mitte der 1920er Jahre in Württemberg mit Blick auf das Heranwachsen vaterloser Kriegskinder eine erste größere Untersuchung gegeben, in der es jedoch fast ausschließlich um die Frage nach dem Mutter-Sohn-Verhältnis beim »Werdegang vaterloser Halbwaisen« ging. Die vaterlosen Töchter spielten in der Studie nahezu keine Rolle, denn der zentrale Grund für die Durchführung der Studie war die Befürchtung zunehmender Verwahrlosung, unmännlicher Verweichlichung und unnationaler Einstellung bei den Söhnen zumal von »kontemplativen Müttern«, die – so glaubte man festgestellt zu haben – etwa zwei Drittel der Befragten ausmachten. Während das Drittel »aktiver Mütter« – meist aus den Unterschichten stammend – energisch darauf aus sei, den Vater zu ersetzen, wurden die »kontemplativen Mütter« als recht unsicher angesehen. Sie seien oft, weil sie sich in spezifisch knabenhafte Bedürfnisse nicht hineinzudenken vermöchten, in ihren Erziehungsmethoden inkonsequent und ängstlich, was bei den Söhnen häufig zu »femininen Strukturen« führe. Zwar hingen die Mütter mit liebender Sorge an ihren Söhnen, überließen diese aber aus Hilflosigkeit viel zu häufig sich selbst. Den Lehrern in den Schulen, aber auch Geistlichen und Jugendführern wurde nun die Aufgabe zugewiesen, diesem Defizit an Männlichkeit so weit wie möglich entgegenzuwirken. In diesem Kontext wurde eine vergleichbare Empfehlung auch in Richtung auf die vaterlosen Töchter formuliert: Um ihnen zumindest in gewissem Umfang Selbstsicherheit anzuerziehen, sollten sie in einem auf sie ausgerichteten hauswirtschaftlichen Unterricht frühzeitig eine »zweckmäßigere und intensivere Vorbereitung auf ihren Mutterberuf« erhalten – dies als Gegenstrategie zu einer angeblich häufig zu beobachtenden »verweichlichenden, spielerischen Erziehung« durch ihre Mütter, welche oft eine »Bestimmtheit und Festigkeit (der Töchter) geflissentlich« zurückgehalten hätten.

Die Frage liegt nahe, ob eine vergleichbare Untersuchung in der Zeit nach dem Zweiten Weltkrieg zu ähnlichen Ergebnissen geführt hätte. Anzumerken ist, dass die Württemberger Studie von 1925 noch von recht klaren traditionellen Vorstellungen von Männlichkeit und Weiblichkeit ausging, auch wenn das herkömmliche Vaterbild bereits erheblichen Schaden genommen hatte. Nach 1945 war jedoch nicht nur das Vaterbild defizitär, sondern es wurden auch die bisherigen Vorstellungen von männlichen Werten und Tugenden massiv in Frage gestellt: »Die stolze, bewunderte männliche Welt hat – warum es leugnen? – ein klägliches Ende gefunden«, hieß es 1947 in der Familienzeitschrift »Der Regenbogen«. Aus diesem Befund wurde dann die Konsequenz gezogen: »Das Matriarchat wird unsere Zukunft tragen [...] oder wir haben keine mehr!« Lilo Aureden, eine der damals in den Medien viel beachteten Ratgeberinnen, formulierte die neue Aufgabe der Frauen folgendermaßen: »Es ist merkwürdig, aber wahr – auch der heldische wie der abgearbeitete Mann bleibt ein hilfloses Geschöpf, das sich nach alles verstehender Liebe sehnt, sein Leben lang!« Die Ehe wie der Ehepartner, so hieß es an anderer Stelle, sei, »das sollten wir Frauen uns hinter die Ohren schreiben«, genau das, was die Frauen daraus machten. Ein solches Bild des Mannes als Produkt weiblicher Modellierungskunst bestimmte zumindest für einige Zeit die Diskussion und mag auch den Hintergrund dafür geliefert haben, dass die frühe bundesrepublikanische Familienpolitik unter dem Minister Franz-Josef Wuermeling ausdrücklich und ausschließlich vom Leitbild der »Mutterfamilie« ausging. Noch 1958 war zum Beispiel unter der Überschrift »Vater – unser ärmstes Stück?« in der (unter anderem von Johannes rauh herausgegebenen) evangelischen Jugendzeitschrift »Jungenwacht« zu lesen, die Väter brauchten von ihren Kindern viel Nachsicht; sie seien müde und nervös, könnten oft keine verlässlichen Wege mehr zeigen und hätten es nach ihren deprimierender Erfahrungen in Krieg und Gefangenschaft »schwer, Autorität zu sein.«

Was die vaterlosen Kriegskinder in diesem Kontext angeht, so wurden sie vor solchen Hintergründen psychisch in sehr spezieller Weise auf ihren Lebensweg geschickt – was auch von vielen zeitgenössischen Beobachtern so gesehen wurde. In seiner bereits zitierten Rede aus dem Jahre 1953 hat der Soziologe Schelsky zwar betont, dass die häufige seelische Überbeanspruchung der Mütter zu einer oft »außerordentlich starken Bindung der Kinder an ihre Mutter« geführt habe, doch glaubte er dies im Gegensatz zu manchen damals höchst kritischen Beobachtern, auf die Barbara Stambolis in ihrer Zusammenfassung hingewiesen hat, durchaus positiv beurteilen zu müssen: Die Folge davon sei nämlich ein besonders starker familiärer Zusammenhalt gewesen. Und so lautete schließlich sein Fazit. »Es ist eigentlich erstaunlich, dass es nach diesem Kriege tatsächlich kein Kriegswaisenproblem gibt«. Auf diese Weise seien viele negative Folgen des Vaterlosigkeitsschicksals – »Verwahrlosung, Unerzogenheit, Herumgestoßensein« – in einem »erstaunlichen Maße abgefangen« worden. Solche Verallgemeinerungen passten in der Frühphase der Bundesrepublik in den allgemeinen Trend, trotz des Fehlens klarer Männlichkeits- und Väterlichkeitsvorstellungen eine intensive Restauration der traditionellen Umgangsformen – Stichwort: »christliches Abendland« – zu erreichen, um gegen den Werteverfall und die angebliche Sittenlosigkeit der unmittelbaren Nachkriegszeit einen Damm zu errichten. Die Frage nach langfristigen, vielleicht sogar lebenslaufentscheidenden Folgen traumatischer Kriegskindheitserlebnisse und mangelnder »Triangulierung« (womit, wie oben schon an anderer Stelle erläutert, die höchst prägende Erfahrung des Vorhandenseins einer Mutter *und* eines Vaters während des Kleinkindalters gemeint ist) spielte damals in den öffentlichen Diskussionen über die Kriegskinder offenbar nahezu keine Rolle. Es herrschte die Auffassung vor, die seit den späten 1930er Jahren geborenen Kriegskinder seien noch zu klein gewesen, um auf Dauer durch ihre Kriegserlebnisse psychisch belastet zu sein.

Dass hier die Einschränkung »nahezu« gemacht worden ist, sollte jedoch andeuten, dass es damals in Fachleutekreisen durchaus schon zumindest erste Ansätze zu entsprechenden Fragen gegeben hat, die zu beantworten man sich allerdings noch nicht zutraute. So hatte zum Beispiel 1950/1951 der damals erst 27-jährige Gerhard Baumert (1923–1963), ein Schüler Theodor W. Adornos und deshalb vertraut mit methodisch vergleichbaren Studien in den USA, am Beispiel der schwer kriegsbeschädigten Stadt Darmstadt eine breit angelegte sozialpsychologische Untersuchung durchgeführt, die sich um die Frage drehte, unter welchen sozialen und psychischen Bedingungen Kinder in der Nachkriegszeit aufwuchsen und wie sich ihre Kriegserfahrungen in ihrem Verhalten widerspiegelten. Wegen der Besonderheit der Studie, auf die bereits im vorliegenden Text schon mehrfach hingewiesen worden ist, sollen im Folgenden einige für den hier angesprochenen Kontext bemerkenswerte Ergebnisse etwas ausführlicher vorgestellt werden:

Baumert interessierte bei seiner Untersuchung nicht zuletzt, wie die befragten Kinder, die Gruppe der Jüngeren, damals etwa zehn Jahre alt, ihre Erinnerungen an die Bombardierung der Stadt in Worte fassten. Vordergründig, so das Ergebnis, schienen deren Antworten den von den meisten Erwachsenen gewonnenen Eindruck zu bestätigen, die kleinen Kinder hätten sich im Vergleich zu den bereits fünf bis zehn Jahre älteren Heranwachsenden »schnell mit den Tatsachen abgefunden«, womit zum Beispiel das Miterleben der Verwüstungen und Brände infolge der Bombardierung gemeint war. So äußerten sie ohne sichtbare Betroffenheit etwa Sätze wie »in der Nähe war eine Bombe gefallen« und »auf einmal flog Mutti an die Wand«. Diese Beobachtung führte Baumert dann zu der (ausdrücklich nur als vorläufig bezeichneten) Feststellung, man könne zwar noch nicht mit Sicherheit nachweisen, dass die Katastrophe bei den kleinen Kriegskindern Traumata hinterlassen hätten, dennoch glaubte er, dass »die Ausbombung […] psychische Schäden und Dispositionen zu nervösen Erkrankungen« geschaffen haben könnten, und dass sich möglicherweise »erst in noch späteren Entwicklungsphasen psychische Traumata eindeutig manifestieren« würden. In Nebensätzen der Kinder habe sich nämlich gezeigt, dass es erinnerte winzige Details waren, die darauf verwiesen, dass es hinter der völlig sachlichen und ungerührten Darstellung der Hauptereignisse kleine, scheinbar unbedeutende Wahrnehmungen und personalisierte Eindrücke waren, die die allgemeinen schrecklichen Erlebnisse vermutlich verdrängt hätten: das erinnerte Bild einzelner Vögel, die in die Flammen hineinflogen, eines verwundeten Pferdes am Straßenrand und eines verkohlten Schuhs am Fuß eines dort liegenden Toten u. Ä. Die Erinnerungen an die Hauptereignisse seien, so Baumert, auf diese Weise überlagert bzw. ins Unterbewusste verdrängt worden und dadurch (noch) nicht zur »Perseveration« gelangt. Dieser vermutlich nur Fachleuten geläufige Fachausdruck ist hier entscheidend: Angesprochen ist damit nämlich die Möglichkeit eines späteren, oft dann scheinbar grundlosen Wiederauflebens bisher vergessener, aber stark gefühlsbeladener bzw. -belasteter »Denkerlebnisse«!

Mit diesem Hinweis ist eine Brücke geschlagen, die auf ein Phänomen verweist, über das eine zunehmende Zahl von ehemaligen Kriegskindern heute im fortgeschrittenen Alter berichten kann und welches die Psychologen »now-moment« nennen. Beispiele dafür finden sich im vorliegenden Buch, wobei solche »now-moments« einerseits durchaus beglückend und anrührend sein mögen, etwa das plötzliche, die Person aus irgendeinem zufälligen äußeren Anlass überkommende Gefühl, sich als Kleinkind auf dem Arm des Vaters zu befinden. Andererseits können sie aber auch erschreckende, manchmal zu massiven psychischen Zusammenbrüchen führende Folgen haben, über deren traumatische Wurzeln dann allenfalls, wenn überhaupt, eine tiefenpsychologische Analyse Auskunft zu geben vermag. Auslöser können zum Beispiel ein Geruch oder ein Geräusch sein, ein beiläufiger Blick auf ein bestimmtes Bild, eine Einzelszene in einem Film usw. – plötzliche und unerklärliche Impulse also, die bei der betroffenen Person in früheren Jahren keinerlei »Perseveration« ausgelöst hätten. Solche stark aufwühlenden »now-moments« auf der einen Seite und auf der anderen das Überwechseln im Alter um 60/65 Jahre aus dem aktiven Berufsleben in den nun beginnenden »Jungseniorenstatus« haben seit Ende der 1990er Jahre verstärkt dazu geführt, dass in wachsender Zahl insbesondere vaterlos aufgewachsene ehemalige Kriegskinder therapeutische Hilfe in Anspruch zu nehmen begannen. Sie hatten in ihrem bisherigen Lebenslauf durchweg gut »funktioniert« und sich – was für viele der vaterlos aufwachsenden Kriegskinder typisch ist – in besonderer Weise durch Einsatzbereitschaft und hohes Engagement in Beruf und Öffentlichkeit zu bestätigen versucht. Nun aber gerieten sie in eine tiefe Lebenskrise und suchten Hilfe.

Ein von kriegsbedingter Vaterlosigkeit selbst betroffener Psychoanalytiker an der Universität Kassel, Hartmut Radebold (geboren 1935), der mit solcher Hilfesuche in wachsendem Umfang konfrontiert worden war, entschloss sich daraufhin, die entsprechenden psychoanalytischen Erfahrungen und Deutungen in Buchform zu veröffentlichen. Dabei stellte er irritiert fest, dass es bisher nahezu keinerlei psychologische Untersuchungen zu diesem Thema gab und statistische Daten weitgehend fehlten. Während der Arbeit an seinem Buch – es erschien in erster Auflage mit dem Titel »Abwesende Väter. Folgen der Kriegskindheit in Psychoanalysen« im Sommer 2000 – lernte er mich im Juni 1999 während einer wissenschaftlichen Konferenz in Weimar als einen (ebenfalls vaterlos aufgewachsenen) Zeithistoriker (geboren 1940) kennen, der sich mit der von den beiden Weltkriegen in starkem Maße beeinflussten Generationengeschichte des 20. Jahrhunderts beschäftigte. Der nun zustande kommende Kontakt führte dazu, dass es mit Unterstützung des Publizisten Hermann

Schulz (auch er, geboren 1938, ein vaterloses ehemaliges Kriegskind) in der Folgezeit in Iserlohn und Schwerte zu drei Tagungen kam, bei denen vaterlose Söhne des Zweiten Weltkrieges sich über ihre Erfahrungen austauschten und diese mit Fachleuten diskutieren konnten. Es war den Initiatoren allerdings von vornherein klar, dass bei diesen Treffen und auch in einem im Anschluss daran entstandenen Buch – das ist in der Einleitung zum vorliegenden Band schon zitiert worden – die vaterlosen Töchter allenfalls nur am Rande angesprochen werden konnten: Die Autoren trauten sich nicht zu, die hier unter Umständen eminent wichtigen geschlechtsspezifischen Besonderheiten bei unserer aus männlicher Sicht entspringenden Annäherung an das Thema adäquat berücksichtigen zu können – dies in der Hoffnung, dass sich betroffene Töchter bzw. Wissenschaftlerinnen, angestoßen durch unseren ersten Annäherungsversuch, von sich aus des Themas annehmen würden. Tatsächlich war es so, dass nach dem Erscheinen unseres Buches »Söhne ohne Väter. Erfahrungen der Kriegsgeneration« im März 2004 nicht nur eine beträchtliche Nachfrage herrschte (mehrere Neuauflagen mit Textergänzungen waren die Folge), sondern dass auch die Genderproblematik immer wieder angesprochen wurde. Im Rahmen des an der Universität Gießen bis Ende 2008 beheimateten und von der Deutschen Forschungsgemeinschaft geförderten Sonderforschungsbereichs »Erinnerungskulturen« entstand dann eine von der Historikerin Lu Seegers an der Universität Hamburg eingereichte Habilitationsschrift, die unter dem Titel »Vaterlosigkeit im 20. Jahrhundert. Kriegsbedingte Erfahrungen in Deutschland und Polen« eine Reihe von Hinweisen auf die Töchterproblematik enthält. Unabhängig davon und mit deutlich anderer Schwerpunktsetzung hat Barbara Stambolis die vorliegende, von der Gerda-Henkel-Stiftung geförderte Untersuchung konzipiert, die nun die Anregungen der vorausgegangenen Söhne-Studie zwar aufgreifend, aber diese modifizierend und deren Ansatz erheblich erweiternd den Lebensgeschichten und Selbstsichten vaterloser Töchter des Zweiten Weltkriegs nachspürt.

Tatsächlich kann Barbara Stambolis – vor allem in ihrem zusammenfassenden Schlusskapitel – als ein zentrales Ergebnis ihrer Recherche und Analyse eine Reihe von lebenslaufbezogenen Aspekten nennen, in denen deutliche Unterschiede zwischen den Auswirkungen der kriegsbedingten Vaterlosigkeit bei den Söhnen und denen der Töchter nachweisbar sind. Gemeinsam war und ist offenbar vielen Angehörigen beider Geschlechter das Bedürfnis, sich nach dem Eintritt in ihr Ruhestandsalter ihren Vater rückblickend neu und verstärkt ins Gedächtnis zu rufen und in diesem Zusammenhang ihren eigenen Lebensweg zu deuten. Nur ein kleines Indiz dafür: In den Jahren 2003 und 2004 erschien zum Beispiel plötzlich in überregionalen Tageszeitungen eine beträchtliche Anzahl von Todesanzeigen, in denen Söhne und Töchter an ihren vor 60 Jahren im Krieg umgekommenen Vater erinnerten. Hintergrund für diese Erinnerungswelle ist unter rein quantitativem Blickwinkel selbstverständlich die Tatsache, dass der Krieg von 1943 bis Anfang 1945 die mit Abstand größte Zahl an Kriegsopfern gefordert hatte. Bemerkenswert ist jedoch, dass sich zum 50. Todestag der Väter in den frühen 1990er Jahren ein solches in die Öffentlichkeit getragenes Erinnerungsbedürfnis noch nicht nachweisen lässt.

Seit etwa 2000 hatte die Zahl von Berichten vaterloser Kriegskinder über ihr Aufwachsen und ihre Vatersuche, von entsprechenden romanhaften Erzählungen und von Aufzeichnungen über das Aufspüren des Grabes des im Krieg umgekommenen Vaters sprunghaft zugenommen. Eine Reihe von ihnen hat Barbara Stambolis bereits zitiert. Um aus der großen Zahl von Publikationen nur einen typischen Einstiegssatz zu zitieren: Sein Erinnerungswerk »Die Macht der Freiheit«, erschienen im Jahre 2000, lässt der ehemalige Präsident des Bundesverbandes der Industrie Hans-Olaf Henkel (geboren 1940) mit folgenden, sicherlich von vielen Kriegskindern nachvollziehbaren Sätzen beginnen:

»Der Mann, der mein Leben am stärksten prägte, hat in meiner Erinnerung kaum Spuren hinterlassen. Dennoch war er mir immer gegenwärtig, und vielleicht gerade, weil er mir so gefehlt hat. Wie oft denke ich an ihn, stelle mir vor, wie er heute aussähe. Dann sehe ich mich neben ihm, der ich heute 20 Jahre älter bin, als er bei seinem Tod war. Und bin doch immer sein kleiner Hans geblieben und er mein großer Papi.«

Aus den bereits erwähnten Initiativen in Wissenschaftlerkreisen entstand schließlich jener interdisziplinäre Arbeitskreis »Kinder des Zweiten Weltkriegs (w2k)« von Psychoanalytikern, Psychosomatikern und Gerontologen, Zeithistorikern, Literatur- und Erziehungswissenschaftlern, die sich nun des Vaterlosigkeitsthemas im Kontext der gesamten Kriegskinderproblematik gezielt annahmen. Im »Kulturwissenschaftlichen Institut des Landes Nordrhein-Westfalen (KWI)« versammelte sich aus diesem Kreis eine achtköpfige Gruppe von »Fellows« unter der Leitung des Siegener Erziehungswissenschaftlers Jürgen Zinnecker, die sowohl einschlägige Kolloquien durchführte und Veröffentlichungen plante als auch insbesondere einen großen Kongress an der Universität Frankfurt vorbereitete. Er wurde Anfang 2005 aus Anlass der Erinnerung an das 60 Jahre zurückliegende Kriegsende durchgeführt. Die Resonanz, die dieser Kongress mit dem Oberthema »Die Generation der Kriegskinder und ihre Botschaft für Europas 60 Jahre nach Kriegende« fand, war beachtlich; eine beträchtliche Anzahl von dadurch angestoßenen Publikationen und auch weitere Kolloquien und Tagungen war die Folge.

Ohne jetzt hier auf die in den letzten zehn Jahren vorgelegten vielschichtigen Erkenntnisse und Forschungsergebnisse breiter eingehen zu können, soll dennoch exemplarisch kurz ein in Hinblick auf die Erfahrungen der Kriegskinder häufig genannter und offenbar höchst bedeutsamer Aspekt angesprochen werden. Allgemein ausgedrückt: Es geht hierbei um die grundsätzliche Frage nach den Voraussetzungen zur Entstehung eines »reifen Selbst« und manchen hierbei möglicherweise zu beobachtenden Defiziten bei den vaterlosen Kriegskindern. Der amerikanische, aus Wien stammende Psychoanalytiker Heinz Kohut (geboren 1913) hat von drei Phasen gesprochen, in denen der Heranwachsende in ganz besonderer Weise »psychischen Sauerstoff« benötige, um ein »reifes Selbst« entwickeln zu können. Dabei spielt an erster Stelle die Empathieerfahrung im Kleinkindalter, auf die im Zusammenhang mit der Frage nach der »Triangulierung«, also dem Vorhandensein einer Mutter *und* eines Vaters etwa im zweiten und dritten Lebensjahr, hingewiesen worden ist, eine zentrale Rolle. Mit dem Eintritt in die Adoleszenz beginnt dann die zweite zentrale Phase der Selbstfindung, ausgelöst normalerweise durch die »väterliche Welterschließung«, d.h. durch die Orientierung an Vorbildern und das Kennenlernen von Idealen. Die Erfahrungen, die die Heranwachsenden etwa vom 15. bis zum 25./30. Lebensjahr in diesem Kontext machen, geben der »Selbstgeburt« entscheidende neue Impulse, die zunehmend schließlich – drittens – durch die Erfahrung der Widerspiegelung des Ich im Anderen, d.h. die zunehmende Fähigkeit, sich selbst in den Anderen zu sehen, ergänzt werden. Für das autobiografische Gedächtnis und die lebenslange Selbsteinschätzung ist deshalb die Zeit der Adoleszenz von entscheidender Bedeutung, was sich nicht zuletzt darin zeigt, dass Menschen im höheren Alter, etwa vom siebten Lebensjahrzehnt an, sich – wenn es um Details geht – im Wesentlichen an Ereignisse aus dieser Zeit erinnern. Allgemein bedeutet das – so hat es die von Heinz Kohut angeregte Psychoanalytikerin Lotte Köhler ausgedrückt –, dass das autobiografische Gedächtnis es »dem

Selbst (gestattet), sich als eine Kontinuität in der Zeit zu begreifen« und dass »die Erfahrungen des sich entwickelnden Selbst wiederum […] das autobiografische Gedächtnis« speisen. Auf diese Weise sei das Selbst in der Lage, trotz vieler Wandlungen auf dem Lebensweg »eine Gewissheit seiner Identität« zu behalten. Dass sich an diese allgemeine Feststellung eine Fülle von Fragen anschließt, wenn die entscheidenden Phasen der Selbstentwicklung in mancher Hinsicht defizitär waren und »psychischer Sauerstoff« nicht immer ausreichend vorhanden war, liegt auf der Hand. Was eine solche den individuellen Lebenslauf und die Identität bestimmende Konstellation für viele der vaterlosen, hier der weiblichen Kriegskinder bedeutet hat und worüber sie sich jetzt im höheren Alter erst klar zu werden beginnen, zeigt das vorliegende Buch in eindrucksvoller Weise.

Vorschnelle Verallgemeinerungen oder gar Versuche, aus entsprechenden Befunden »Gesetzmäßigkeiten« ableiten zu wollen, verbieten sich zwar, doch mögen die individuellen Aussagen der hier zu Wort gekommenen Frauen ebenso wie die gerade angesprochenen Hinweise auf einschlägige Forschungsergebnisse aus den Psychowissenschaften und der Psychohistorie vielleicht doch auf einige typische Erfahrungswelten verweisen, die in ähnlicher Weise eine nicht unerhebliche Zahl von Menschen in unserer Gesellschaft, die als Kinder von im Krieg umgekommenen Vätern ihren Lebensweg durchwandert haben, und vielleicht auch noch deren Kinder und Enkel betreffen. Die dieses Nachwort einleitenden Bibelzitate sollten von vornherein ein wenig solche Blick- und Fragerichtungen nahe legen: Die beiden Kriege des 20. Jahrhunderts mit ihren vielschichtigen, nicht zuletzt psychohistorischen und generationengeschichtlichen Auswirkungen haben ja nicht nur dazu geführt, dass die konkreten Stationen auf den Lebenswegen vieler Menschen davon in starkem Maße bestimmt wurden, sondern dass nun bei Angehörigen der Kriegskindergeneration im höheren Alter auch bisher unterschätzte psychische, zum Teil massiv traumatische Langzeitfolgen sichtbar werden. Und darüber hinaus stellt sich die – allerdings zugegeben spekulative – Frage an die Historiker, ob nicht auch kollektive, d.h. deutliche gesellschafts- und erfahrungsgeschichtliche Wirkungen festzustellen sind, wenn in »vaterlosen Gesellschaften« ein Defizit an »Söhnlichkeit« und »Töchterlichkeit« beträchtliche Teile der Gesellschaft geprägt hat. Welche Einflüsse sind zum Beispiel bei konkreten politischen Entscheidungen etwa in der Sozial- und Bildungspolitik und welche Impulse für Erscheinungen des gesellschaftlich-kulturellen Lebens ausschlaggebend gewesen, wenn beträchtliche Teile der daran beteiligten politischen und gesellschaftlichen Wort- und Meinungsführer keine überzeugende Väterlichkeit kennengelernt haben und – wie im Extremfall der vaterlosen Kriegskinder – »niemand sie ins Leben geführt« hat? Erst langsam beginnen Historiker, die sich seit Kurzem neben erfahrungsgeschichtlichen Fragen zum Beispiel einer »Geschichte der Gefühle« anzunähern begonnen haben, auch solche Forschungsfelder in den Blick zu nehmen. Im Hinblick auf die nun in ihre letzte Lebensspanne eingetretene, zahlenmäßig recht umfangreiche Kriegskindergeneration des Zweiten Weltkriegs stellt sich vor allem aber die – keineswegs nur zu beruhigenden Antworten führende – Frage nach ihrer Fähigkeit und Kraft, trotz ihrer ihnen oft erst verstärkt zum Bewusstsein kommenden belastenden Prägungen, gelassen, gefasst und sicher auf ihrem an einem krassen Tiefpunkt des 20. Jahrhunderts begonnenen Lebensweg weiterzuwandern – dies auch im selbstkritischen Zusammenspiel mit den von ihnen in die Welt gesetzten Folgegenerationen!

Einzelnachweise zu den Zitaten im Nachwort finden sich in den folgenden beiden Beiträgen von Jürgen Reulecke:

Kriegskindergenerationen im 20. Jahrhundert: zwei Väter- und Söhnegenerationen im Vergleich, in: Andreas Kraft/Mark Weißhaupt (Hg.): Generationen: Erfahrung – Erzählung – Identität, Konstanz 2009, S. 243–260.

»Vaterlose Söhne« in einer »vaterlosen Gesellschaft«: die Bundesrepublik nach 1945, in: Dieter Thomä (Hg.): Geschichte und Gegenwart einer fixen Idee, Berlin 2010, S. 142–159.

Zusätzlich sind hier noch folgende Titel zu nennen:

Gerhard Baumert: Jugend der Nachkriegszeit. Lebensverhältnisse und Reaktionsweisen (= Gemeindestudie des Instituts für sozialwissenschaftliche Forschung, Darmstadt), Darmstadt 1952, bes. S. 113ff.

Karl Clauß: Mutter und Sohn. Vom Werdegang vaterloser Halbwaisen (= Pädagogische Untersuchungen, Heft 1230 des Pädagogischen Magazins: VI. Reihe: Schwererziehbare und Erziehungsschwierigkeiten, Heft 1), Langensalza 1931.

Insa Fooken: Späte Scheidungen als späte Kriegsfolgen? Kindheitserfahrungen und Beziehungsverläufe, in: Ludwig Janus (Hg.): Geboren im Krieg. Kindheitserfahrungen im 2. Weltkrieg und ihre Auswirkungen, Gießen 2009, S. 85–103.

Hans-Olaf Henkel: Die Macht der Freiheit. Erinnerungen, München 2000 (hier zit. nach der 5. Aufl. München 2000), S. 9.

Lotte Köhler: Die Entstehung des autobiographischen Gedächtnisses, in: Imbke Behnken/Jürgen Zinnecker (Hg.): Kinder-Kindheit-Lebensgeschichte. Ein Handbuch, Seelze-Velber 2001, S. 65–83, bes. S. 82f.

Hartmut Radebold (unter Mitarbeit von Hildegard Radebold): Abwesende Väter. Folgen der Kriegskindheit in Psychoanalysen, 1. Aufl. Göttingen 2000; 4., überarbeitete und aktualisierte Auf-

lage Stuttgart 2010 unter dem Titel »Abwesende Väter und Kriegskinder. Alte Verletzungen bewältigen«.
Helmut Schelsky: Vaterlosigkeit als häufiges soziales Schicksal heute. Vortrag im »Frauenfunk« des Südwestfunks am 27. November 1953, S. 1–8 (als Manuskript benutzt).

LITERATURAUSWAHL

Bode, Sabine: Die vergessene Generation. Kriegskinder brechen ihr Schweigen, Stuttgart 2004.

Bonwetsch, Bernd (Hg.): Kriegskindheit und Nachkriegsjugend in zwei Welten. Deutsche und Russen blicken zurück, Essen 2009.

Bruhns, Wibke: Meines Vaters Land. Geschichte einer deutschen Familie, München 2004.

Burkhard, Benedikt/Valet, Friederike (Hg.): Abends wenn wir essen, fehlt uns immer einer. Kinder schreiben an die Väter 1939–1945. Auf der Grundlage der Sammlung von Herta Lange, Heidelberg 2000.

Dörr, Margarete: »Wer die Zeit nicht miterlebt hat ...« Frauenerfahrungen im Zweiten Weltkrieg und in den Jahren danach, 3 Bde., Frankfurt a. M./New York 1998.

Dörr, Margarete: »Der Krieg hat uns geprägt«. Wie Kinder den Zweiten Weltkrieg erlebten, Frankfurt a. M., 2 Bde. 2007.

Ewers, Hans-Heino/Mikota, Jana/Reulecke, Jürgen/Zinnecker, Jürgen (Hg.): Erinnerungen an Kriegskindheiten. Erfahrungen, Erinnerungskultur und Geschichtspolitik unter sozial- und kulturwissenschaftlicher Perspektive, Weinheim/München 2006.

Fooken, Insa/Zinnecker, Jürgen (Hg.): Trauma und Resilienz. Chancen und Risiken lebensgeschichtlicher Bewältigung von belasteten Kindheiten, Weinheim/München 2007.

Franz, Matthias: Bindung – Trauma – Prävention. Entwicklungschancen von Kindern und Jugendlichen als Folge ihrer Beziehungserfahrungen, Gießen 2008.

Goltermann, Svenja: Die Gesellschaft der Überlebenden. Deutsche Kriegsheimkehrer und ihre Gewalterfahrungen im Zweiten Weltkrieg, München 2009.

Härtling, Peter: Leben lernen, Köln 2003.

Heinl, Peter: »Maikäfer flieg, dein Vater ist im Krieg«. Seelische Wunden aus der Kriegskindheit, 1994, 5. Aufl., München 2006.

Heye, Uwe-Karsten: Vom Glück nur ein Schatten. Eine deutsche Familiengeschichte, München 2004.

Jamin, Mathilde/Kerner, Frank: »Maikäfer flieg …« Kindheitserinnerungen 1940–1960. Ruhrlandmuseum Essen, Bottrop/Essen 2001.

Jetter, Monika: Mein Kriegsvater. Versuch einer Versöhnung, Hamburg 2004.

Krüll, Marianne: Die Mutter in mir. Wie Töchter sich mit ihrer Mutter versöhnen, Stuttgart 2007.

Lieberz, Klaus/Franz, Matthias/Schepank, Heinz: Seelische Gesundheit im Langzeitverlauf – Die Mannheimer Kohortenstudie. Ein 25-Jahres-Follow-up, Heidelberg 2011.

Lorenz, Hilke: Kriegskinder. Das Schicksal einer Generation, 2. Aufl., München 2005.

Mankell, Henning: Daisy Sisters, (schwedisch 1982), Wien 2009.

Meter, Leo: Briefe an Barbara. Mit einem Nachwort von Barbara Meter, Köln 1988.

Petri, Horst: Das Drama der Vaterentbehrung, 6. aktualisierte Aufl., München/Basel 2009.

Radebold, Hartmut: Die dunklen Schatten unserer Vergangenheit, 3. Aufl., Stuttgart 2009.

Radebold, Hartmut/Bohleber, Werner/Zinnecker, Jürgen (Hg.): Transgenerationale Weitergabe kriegsbelasteter Kindheiten. Interdisziplinäre Studien zur Nachhaltigkeit historischer Erfahrungen über vier Generationen, Weinheim/München 2008.

Reulecke, Jürgen (Hg.): Generationalität und Lebensgeschichte im 20. Jahrhundert, München 2003.

Reulecke, Jürgen: »Vaterlose Söhne« in einer »vaterlosen Gesellschaft«: die Bundesrepublik nach 1945, in: Dieter Thomä (Hg.): Geschichte und Gegenwart einer fixen Idee, Berlin 2010, S. 142–159.

Schmitz-Köster, Dorothee: Der Krieg meines Vaters. Als deutscher Soldat in Norwegen, Berlin 2004.

Schnädelbach, Anna: Kriegerwitwen. Lebensbewältigung zwischen Arbeit und Familie in Westdeutschland nach 1945, Frankfurt a. M. 2009.

Schulz, Hermann/Radebold, Hartmut/Reulecke, Jürgen: Söhne ohne Väter. Erfahrungen der Kriegsgeneration, Berlin 2004 (3. erweiterte Aufl. 2009).

Schweitzer, Pam/Trilling, Angelika: Making Memories Matter. Erinnerungen Raum geben. Dokument eines europäischen Erinnerungsprojekts, Kassel 2005.

Seegers, Lu/Reulecke, Jürgen (Hg.): Die »Generation der Kriegskinder«. Historische Hintergründe und Deutungen, Gießen 2009.

Senfft, Alexandra: Schweigen tut weh. Eine deutsche Familiengeschichte, Berlin 2007.

Stambolis, Barbara/Jakob, Volker (Hg.): Kriegskinder zwischen Hitlerjugend und Nachkriegsalltag, Münster 2006.

Stargardt, Nicholas: »Maikäfer flieg!« Hitlers Krieg und die Kinder (engl. Ausgabe unter dem Titel: Witnesses of War, 2005), München 2006.

Staudacher, Cornelia: Vaterlose Töchter. Kriegskinder zwischen Freiheit und Anpassung. Porträts, Hamburg 2006.

Surminski, Arno: Vaterland ohne Väter, Berlin 2004.

Thimm, Katja: Vatertage. Eine deutsche Geschichte, Frankfurt a. M. 2011.

Thomä, Dieter: Väter. Eine moderne Heldengeschichte, München 2008.

Thomä, Dieter (Hg.): Vaterlosigkeit – Geschichte und Gegenwart einer fixen Idee, Frankfurt a. M. 2010.

Zinken, Marlene (Hg.): Der unverstellte Blick. Unsere Mütter (aus) gezeichnet durch die Zeit 1938 bis 1958. Töchter erinnern sich, Opladen/Farmington Hills 2007.

ANMERKUNGEN

1 Grundlegend Hartmut Radebold/Gereon Heuft/Insa Fooken (Hg.): Kindheiten im Zweiten Weltkrieg. Kriegserfahrungen und deren Folgen aus psychohistorischer Perspektive, Weinheim 2006; Hans-Heino Ewers/Jana Mikota/Jürgen Reulecke/Jürgen Zinnecker (Hg.): Erinnerungen an Kriegskindheiten. Erfahrungen, Erinnerungskultur und Geschichtspolitik unter sozial- und kulturwissenschaftlicher Perspektive, Weinheim/München 2006; Insa Fooken/Jürgen Zinnecker (Hg.): Trauma und Resilienz. Chancen und Risiken lebensgeschichtlicher Bewältigung von belasteten Kindheiten, Weinheim/München 2007; Hartmut Radebold/Werner Bohleber/Jürgen Zinnecker (Hg.): Transgenerationale Weitergabe kriegsbelasteter Kindheiten. Interdisziplinäre Studien zur Nachhaltigkeit historischer Erfahrungen über vier Generationen, Weinheim/München 2008. Vgl. auch Hartmut Radebold: Die dunklen Schatten unserer Vergangenheit, Stuttgart 2005, 3. Aufl. 2009, bes. S. 23–27.

2 Angelika Schmidt-Biesalski: Der Held meiner Mutter. Auf der Suche nach dem gefallenen Vater (NDR), ARD, 21. 09. 2008.

3 Vgl. die Dokumentationsreihe in der ARD, im Auftrag des MDR und des SWR »Kriegskinder«, 2009, Teil 1: »Vater muss jetzt an die Front«; dazu das Begleitbuch: Yury und Sonja Winterberg: Kriegskinder. Erinnerungen einer Generation, Berlin 2009.

4 Vgl. Barbara Stambolis: Kriegskindheiten. Erfahrung, Trauma und Erinnerung, in: Dieter Pfau (Hg.): Dokumentation zur Ausstellung, Kriegsende 1945 in Siegen, Bielefeld 2005, S. 21–32.

5 Bei Ulla Roberts geht es um Fragen der Verstrickung der Elterngeneration in den Nationalsozialismus. Ulla Roberts: Starke Mütter, ferne Väter. Über Kriegs- und Nachkriegskindheit einer Töchtergeneration, Gießen, 2. Aufl. 2005 (dies.: Starke Mütter, ferne Väter. Töchter reflektieren ihre Kindheit im

Nationalsozialismus und in der Nachkriegszeit, Frankfurt a. M. 1994).

6 Wibke Bruhns: Meines Vaters Land. Geschichte einer deutschen Familie, München 2004, Taschenbuchausgabe Berlin 2005, S. 15.

7 Jürgen Reulecke: Vaterlose Söhne in einer »vaterlosen« Gesellschaft, in: Hermann Schulz/Hartmut Radebold/Jürgen Reulecke: Söhne ohne Väter. Erfahrungen der Kriegsgeneration, Berlin 2004, 3. Aufl. 2009, S. 144–159.

8 Hartmut Radebold: Abwesende Väter. Folgen der Kriegskindheit in Psychoanalysen, Göttingen 2000, ders. (Hg.): Kindheit im Zweiten Weltkrieg und ihre Folgen, Psychosozial 2003, Heft 92, ders.: Abwesende Väter und Kriegskindheit. Alte Verletzungen bewältigen, Stuttgart 2010 (überarbeitete und aktualisierte Aufl. des 2004 in 3. Aufl. erschienenen Buches: Abwesende Väter und Kriegskindheit. Fortbestehende Folgen in Psychoanalysen); Jürgen Reulecke (Hg.): Generationalität und Lebensgeschichte im 20. Jahrhundert, München 2003.

9 Hilke Lorenz: Kriegskinder. Das Schicksal einer Generation, München 2003, 2. Aufl. 2005.

10 Sabine Bode: Die vergessene Generation. Kriegskinder brechen ihr Schweigen, Stuttgart, 8. erweiterte und aktualisierte Aufl. 2011.

11 Vgl. Ewers/Mikota/Reulecke/Zinnecker: Erinnerungen an Kriegskindheiten; Fooken/Zinnecker: Trauma und Resilienz; Radebold/Werner Bohleber/Jürgen Zinnecker: Transgenerationale Weitergabe kriegsbelasteter Kindheiten.

12 Cornelia Staudacher: Vaterlose Töchter. Kriegskinder zwischen Freiheit und Anpassung. Porträts, Hamburg 2006.

13 Margarete Dörr: »Der Krieg hat uns geprägt«. Wie Kinder den Zweiten Weltkrieg erlebten, Frankfurt a. M./New York, 2 Bde. 2007.

14 Hartmut Radebold in: Schulz/Radebold/Reulecke: Söhne ohne Väter, S. 22. Vgl. Dorothee Wierling: »Kriegskinder«: westdeutsch, bürgerlich, männlich?, in: Lu Seegers/Jürgen

Reulecke (Hg.): Die »Generation der Kriegskinder«. Historische Hintergründe und Deutungen, Gießen 2009, S. 141–155.

15 Söhne ohne Väter – vom Verlust der Kriegsgeneration. Dokumentarfilm von Andreas Fischer, 2007, Erstausstrahlung: 20. 05. 2007, 3sat.

16 Nicholas Stargardt: »Maikäfer flieg!« Hitlers Krieg und die Kinder, (engl. Ausgabe unter dem Titel »Witnesses of War«, 2005) München 2006, S. 29f. Er hat sich bekanntlich besonders für zeitnahe kindliche Quellen interessiert. Vgl. auch Emmy E. Werner: Unschuldige Zeugen. Der Zweite Weltkrieg in den Augen von Kindern, (Originalausgabe unter dem Titel »Through the Eyes of Innocents. Children Witness World War II«, 2000) Hamburg/Wien 2001.

17 Vgl. Lutz Niethammer: Ego-Histoire? Und andere Erinnerungs-Versuche, Wien/Köln 2002.

18 Barbara Stambolis, vgl.: Vaterlose Töchter – eine andere Verlusterfahrung?, in einem Vortrag im Arbeitskreis für interdisziplinäre Männer- und Geschlechtergeschichte (AIM Gender) 13.–15. 12. 2007: http://www.ruendal.de/aim/tagung07/pdfs/stambolis.pdf, zuletzt eingesehen am 30. 07. 2011. Dies.: Traumata aus Sicht der Kriegskinderforschung: Kriegstöchter vaterlose Töchter, in: Stadt Frankfurt am Main (Hg.): Lebenslagen älterer Menschen. Ein Rückblick auf die Aktionswochen »Älter werden in Frankfurt«, Frankfurt a. M. 2010, S. 130–139.

19 Schulz/Radebold/Reulecke: Söhne ohne Väter, S. 8.

20 Aus einer Serie zu Kriegskindheiten in: Kirche und Leben, Münster, vom 11. 05. 2008.

21 Vgl. Radebold: Abwesende Väter und Kriegskindheit.

22 Kai-Olaf Maiwald: Vom Schwinden der Väterlichkeit und ihrer bleibenden Bedeutung, in: Dieter Thomä (Hg.): Vaterlosigkeit. Geschichte und Gegenwart einer fixen Idee, Frankfurt a. M. 2010, S. 251–268, hier S. 259. Unter Hinweis auf: Jean le Camus: Väter. Die Bedeutung des Vaters für die psychische Entwicklung des Kindes, Weinheim/Basel 2003.

23 Alexandra Senfft: Schweigen tut weh. Eine deutsche Familiengeschichte, Berlin 2007, S. 192.

24 Insa Fooken: »Im Alter kommt die Erinnerung«, in: Imbke Behnken/Jana Mikota (Hg.): Gemeinsam an der Familiengeschichte arbeiten. Texte und Erfahrungen aus Erinnerungswerkstätten, Weinheim/München 2008, S. 227–235, hier S. 227.

25 Vgl. Klaus Lieberz/Matthias Franz/Heinz Schepank: Seelische Gesundheit im Langzeitverlauf – Die Mannheimer Kohortenstudie. Ein 25-Jahres-Follow-up, Heidelberg 2011, S. 166.

26 Radebold: Abwesende Väter und Kriegskindheit, S. 217.

27 Matthias Franz: Mannheimer Kohortenstudie: Langzeitfolgen kriegsbedingter Vaterlosigkeit, in: Fooken/Zinnecker: Trauma und Resilienz, S. 95–108, hier S. 98. Vgl. Matthias Franz/Klaus Lieberz/Norbert Schmitz/Heinz Schepank: Wenn der Vater fehlt. Epidemiologische Befunde zur Bedeutung früher Abwesenheit des Vaters für die psychische Gesundheit im späteren Leben, in: Zeitschrift für psychosomatische Medizin 45, 1999, S. 260–278; die These, Vaterlosigkeit sei besonders für Jungen folgenreich, wird nicht zuletzt bezogen auf das 21. Jahrhundert – und hier durchaus einleuchtend – vertreten. Vgl. Astrid von Friesen: »Männerlose Zone«, Deutschlandradio Kultur am 24. 7. 2006: http://www.dradio.de/dkultur/sendungen/politischesfeuilleton/522738/, zuletzt aufgerufen am 30. 07. 2011. Vgl. vor allem die Untersuchungen von Matthias Franz: http://www.maennerkongress2010.de/download/vt_franz.pdf, zuletzt aufgerufen am 30. 07. 2011; Vgl. Spiegel-online vom 22. 02. 2010: Alleinerzogene Jungen: Papa wo bist du? http://www.spiegel.de/wissenschaft/mensch/0,1518,679334,00.html, zuletzt aufgerufen am 30. 07. 2011.

28 Lu Seegers: Vaterlosigkeit als kriegsbedingte Erfahrung des 20. Jahrhunderts in Deutschland, in: dies./Reulecke: Die »Generation der Kriegskinder«, S. 59–83, hier S. 79.

29 Vgl. Barbara Stambolis: Leben mit und in der Geschichte. Jahrgang 43 deutscher Historiker, Essen 2010.

30 Pam Schweitzer/Angelika Trilling: Making Memories Matter. Erinnerungen Raum geben, Kassel 2005.

31 Bernd Bonwetsch (Hg.): Kriegskindheit und Nachkriegsjugend in zwei Welten. Deutsche und Russen blicken zurück, Essen 2009, S. 151.

32 Vgl. auch ein Kinderbild zum Weihnachtsfest 1945, das eine Familie ohne Vater zeigt, Abb. 26 ohne Seitenangabe in: Stargardt: »Maikäfer flieg!«.

33 Bald nun ist Weihnachtszeit. Ein Weihnachtsliederbuch für die deutsche Familie, Wolfenbüttel 1945. Vgl. Barbara Boock: Kinderliederbücher 1770–2000. Eine annotierte, illustrierte Bibliographie, Münster 2007.

34 Vgl. Esther Gajek: »Hohe Nacht der klaren Sterne« und andere »Stille Nacht« der Nationalsozialisten, in: Richard Faber (Hg.): Säkularisierung und Resakralisierung. Zur Geschichte des Kirchenlieds und seiner Rezeption, Würzburg 2001, S. 145–164; Michael Fischer: »Der Vater steht im Feld und hält die Wacht«. Die Schrift »Deutsche Kriegsweihnacht« als Mittel der Propaganda im Zweiten Weltkrieg, in: Lied und populäre Kultur 50/51, 2005/2006, S. 99–135.

35 Vgl. Barbara Stambolis: Religiöse Festkultur. Tradition und Neuformierung katholischer Frömmigkeit im 19. und 20. Jahrhundert, Paderborn 2000.

36 Werner: Unschuldige Zeugen, S. 208.

37 Leo Meter: Briefe an Barbara. Mit einem Nachwort von Barbara Meter, Köln 1988.

38 In der Kriegskorrespondenz zwischen Vätern und ihren Töchtern kamen allerdings, wie Nicholas Stargardt gezeigt hat, auch Ermahnungen und Appelle an das Wohlverhalten der Kinder zur Sprache, vgl. Stargardt: »Maikäfer flieg!«, S. 53.

39 Herta Lange/Benedikt Burkhard: Abends, wenn wir essen, fehlt uns immer einer – Kinder schreiben an die Väter 1939–1945, Reinbek b. Hamburg 2000.

40 Helga Mink-Petersen: Mein liebes Lenchen! Mein lieber Hans-Werner! Briefwechsel zwischen Lenchen und Hans-

Werner vom September 1942 bis Mai 1943, Selbstverlag, Bremen 2008. 2011 teilte die Herausgeberin mit, dass noch zwei weitere Briefbände folgen sollen.

41 Vgl. Peter Riedesser: Belastende Kriegserfahrungen in der Kleinkindzeit, in: Radebold/Heuft/Fooken: Kindheiten im Zweiten Weltkrieg, S. 37–50.

42 Irene Anhalt: Nach der Zeit, in: Hellmut Lessing (Hg.): Kriegskinder, Frankfurt a. M. 1984, S. 30–36, hier S. 30f. Der Vater von Irene Anhalt kehrte nach elfjähriger russischer Gefangenschaft dann doch noch zurück.

43 Horst Petri: Das Drama der Vaterentbehrung, 6. aktualisierte Aufl., München/Basel 2009, S. 35.

44 Alain Braconnier: Väter und Töchter. Eine prägende Beziehung verstehen, Stuttgart 2008, S. 102. Vgl. Petri: Das Drama der Vaterentbehrung; Petri beschäftigt sich allerdings stärker mit den Folgen der Vaterabwesenheit für Jungen als für Mädchen und weist mehrfach darauf hin, bezogen auf die Folgen für Mädchen während des Erwachsenwerdens gebe es nach wie vor zu wenige gesicherte Erkenntnisse.

45 Insa Fooken: Aktualisierung von »Kindheit« in biographischen Umbruchsituationen, in: Imbke Behnken/Jürgen Zinnecker (Hg.): Kinder. Kindheit. Lebensgeschichte. Ein Handbuch, Seelze-Velber 2001, S. 253–266, hier S. 261.

46 Helga M. P. stellte das einzige Foto, das die Mutter mit ihren beiden Kindern zeigt und das sie dem Vater in die Gefangenschaft geschickt hatten, für eine Ausstellung über Kriegsgefangenschaft zur Verfügung. Broschüre zur Sonderausstellung: Kälte, Hunger, Heimweh. In sowjetischer Kriegsgefangenschaft 1941–1956, 15. 11. 2008–13. 09. 2009. Historisches und Völkerkundemuseum St. Gallen.

47 Vgl. »Gott und die Welt: Mein Vater, der SS-Offizier! Eine Spurensuche nach Jahrzehnten«, Reportage von Angelika Schmidt-Biesalski, ARD, 10. 04. 2011.

48 1949 hatte sie erstmals nach dem Krieg im Auftrag einer jüdischen Organisation wieder deutschen Boden betreten. Vgl.

Alois Prinz: Beruf Philosophin oder Die Liebe zur Welt. Die Lebensgeschichte der Hannah Arendt, Weinheim/Basel 1998 (Sonderausgabe zu ihrem 100sten Geburtstag 2006).

49 Annette Brauerhoch: Zum Motiv des traurigen kleinen Jungen in zwei Nachkriegsfilmen, in: Gisela Ecker (Hg.): Trauer tragen – Trauer zeigen. Inszenierungen der Geschlechter, München 1999, S. 209–222, hier S. 211; Hannah Arendt: Besuch in Deutschland 1950. Die Nachwirkungen des Naziregimes, in: dies.: Zur Zeit, Berlin 1986, S. 43–70, hier S. 43f., zit. bei Brauerhoch, ebd.

50 Ebd.

51 Christine Holzkamp unter der Überschrift »Tod« in: Gerhard Gronefeld: Kinder nach dem Krieg. Mit Texten von Birgit Gehring, Christine Holzkamp, Erich Kästner, H. Reinhard Koch und Walter Mossmann, Berlin-Kreuzberg 1985, S. 84. Grundlegend: Margarete Dörr: »Wer die Zeit nicht miterlebt hat …«, Frauenerfahrungen im Zweiten Weltkrieg und in den Jahren danach, 3 Bde., Frankfurt a. M. 1998.

52 Vgl. Jürgen Reulecke:»Wir alle sind nur Saat«. Trostlyrik für Mütter und Kriegerwitwen im Zweiten Weltkrieg, in: Christian Heuer/Christine Pflüger (Hg.): Geschichte und ihre Didaktik: Ein weites Feld … Unterricht, Wissenschaft, Alltagswelt, Schwalbach/Ts. 2009, S. 263–270.

53 Margarete Dörr: Durchkommen und Überleben. Frauenerfahrungen in der Kriegs- und Nachkriegszeit, (Frankfurt a. M. 1998), Lizenzausgabe Augsburg 2000, S. 214.

54 Ebd., S. 224.

55 Ebd., S. 218f.

56 Rosemarie Killius: Sei still, Kind! Adolf Hitler spricht. Gespräche mit Zeitzeuginnen, Leipzig 2000, S. 12.

57 Vgl. Ludwig Janus: Belastende Kriegserfahrungen der Mütter und die prägende Wirkung von vorgeburtlichem Stress, in: Radebold/Heuft/Fooken: Kindheiten im Zweiten Weltkrieg, S. 27–35.

58 Vgl. Hilde Thurnwald: Gegenwartsprobleme Berliner Fami-

lien. Eine soziologische Untersuchung an 498 Familien, Berlin 1948, S. 362.

59 Brauerhoch: Trauer in Trümmern, S. 212.

60 Svenja Goltermann: Die Gesellschaft der Überlebenden. Deutsche Kriegsheimkehrer und ihre Gewalterfahrungen im Zweiten Weltkrieg, München 2009, S. 363.

61 Radebold: Die dunklen Schatten unserer Vergangenheit, S. 117.

62 Thurnwald: Gegenwartsprobleme Berliner Familien, beispielsweise S. 88f.

63 Margarete Rudorff: Mütter und Töchter, in: Soziale Welt. Zeitschrift für sozialwissenschaftliche Forschung und Praxis 5, 1954, Heft 2, S. 144–156, hier S. 155.

64 Vgl. Karin Hausen: The German Nation's Obligations to the Heroes' Widows of World War I, in: Margaret R. Higonnet (Hg.): Behind the Lines. Gender and the Two World Wars, New Haven/London 1987, S. 126–140; Doris Kaufmann: Ehefrauen und Witwen sogenannter Kriegsneurotiker in der Weimarer Republic, in: Barbara Duden u. a. (Hg.): Geschichte in Geschichten, Frankfurt a. M. 2003, S. 195–200.

65 Sie finden in den Beurteilungen der ausführlichen Längsschnittuntersuchungen von Coerper, Hagen und Thomae etwa nicht die Berücksichtigung, die wir nach dem heutigen Kenntnisstand erwarten würden, selbst in den 25 ausgewählten eindrucksvollen und ausführlichen Familienberichten in der Studie von Thurnwald werden die psychischen Situationen und Belastungen der Kinder verhältnismäßig wenig berücksichtigt, bzw. allgemein mit Stichworten wie »erkennbare Schwächezustände und Nachlassen aller Vitalfunktionen« umschrieben (Thurnwald: Gegenwartsprobleme Berliner Familien, S. 89). Vgl. Carl Coerper/Wilhelm Hagen/Hans Thomae: Deutsche Nachkriegskinder. Methoden und erste Ergebnisse der deutschen Längsschnittuntersuchungen über die körperliche und seelische Entwicklung im Schulkindalter, Stuttgart 1954.

66 Gerhard Baumert: Jugend in der Nachkriegszeit. Lebensverhältnisse und Reaktionsweisen, Darmstadt 1952, S. 113f.

67 Ebd., S. 135. Die Verdrängung wird als besonders ausgeprägt bei Kindern beschrieben, die beide Elternteile verloren hatten, S. 136.

68 Ebd., S. 115.

69 Adolf Köberle: Vatergott, Väterlichkeit und Vaterkomplex im christlichen Glauben, in: Wilhelm Bitter (Hg.): Vorträge über das Vaterproblem in Psychotherapie, Religion und Gesellschaft, Stuttgart 1954, 2. Aufl. 1969 (= 3. Arbeitstagung der Gesellschaft »Seelsorger und Arzt«), S. 14–26, hier S. 25.

70 Jutta von Graevenitz: Vaterlose Familie, in: Bitter: Vorträge über das Vaterproblem, S. 12–137, hier S. 134f.

71 Elisabeth Lippert/Claudia Keppel: Deutsche Kinder in den Jahren 1947–1950. Beitrag zur biologischen und epochalpsychologischen Lebensalterforschung, in: Schweizerische Zeitschrift für Psychologie 9, 1950, S. 212–322, bes. S. 300–303.

72 Adolphe Ferrière: Unsere Kinder die Hauptkriegsopfer. Eine seelen- und seelenheilkundliche und erzieherische Studie, Paderborn 1949, S. 105f.

73 Ulf Preuss-Lausitz: Vom gepanzerten zum sinnstiftenden Körper, in: ders. u. a. (Hg.): Kriegskinder, Konsumkinder, Krisenkinder. Zur Sozialisationsgeschichte seit dem Zweiten Weltkrieg, 4. Aufl., Weinheim 1994, S. 89–106, hier S. 91.

74 Ebd., S. 91f.

75 Ebd., S. 92.

76 Vgl. Birgit Ebbert: Erziehung zu Menschlichkeit und Demokratie. Erich Kästner und seine Zeitschrift »Pinguin« im Erziehungsgefüge der Nachkriegszeit, Frankfurt a. M. 1994.

77 Sharon Livne: Emotional Dichotomies – The Children's Press in Postwar Germany, in: Tel Aviver Jahrbuch für deutsche Geschichte 38, 2010, S. 166–180. Dort Hinweis auf: Hilmar Pabel: Ein Vater sucht seine sieben Kinder, in: Pinguin 10, 1946, S. 25.

78 Hans-Ulrich Wehler: Deutsche Gesellschaftsgeschichte, Bd. 5: Bundesrepublik und DDR 1949–1990, München 2008, S. 182. Vgl. Elizabeth Heineman: Complete Families, Half Families,

No Families at All: Female-Headed Households and the Reconstruction of the Family in the Early Federal Republic, in: Central European History 29, 1, 1996, S. 19–60.

79 Vgl. John R. Gillis: Mythos Familie. Auf der Suche nach einer eigenen Lebensform, Weinheim 1997.

80 Luise Lampert: Kinder, die ohne Vater aufwuchsen, in: Die Sammlung. Zeitschrift für Kultur und Erziehung 7, 1952, S. 46–53, hier S. 50.

81 Vgl. Helga Hirsch: Schweres Gepäck. Flucht und Vertreibung als Lebensthema, Hamburg 2004, bes. S. 20–53: »Meine Mutter hat mich doch geliebt.« Töchter einer entwurzelten Mutter aus Polen.

82 Vgl. zu den Langzeitfolgen: Oliver Decker/Elmar Brähler: Die psychosozialen Folgen von Vertreibung, Ausbombung und Vaterlosigkeit bei den Geburtsjahrgängen 1930–1945, in: Radebold/Heuft/Fooken: Kindheiten im Zweiten Weltkrieg, S. 119–138.

83 Anna Schnädelbach: Kriegerwitwen. Lebensbewältigung zwischen Arbeit und Familie in Westdeutschland nach 1945, Frankfurt a. M. 2009, S. 64f.

84 Ebd., S. 68. Die Gesamtzahl verwitweter Frauen belief sich 1946 auf rund 2,7 Millionen, 1950 auf 3 Millionen.

85 Rundbrief der Gilde Soziale Arbeit 3. Jg., Nr. 4/5, 1949, Gertrud Hermann, Bericht über die Tagung auf dem Ludwigstein vom 25. bis zum 29.05 1949, S. 1–9, hier S. 3.

86 Vgl. Sybille Meyer/Eva Schulze: Von Liebe sprach damals keiner. Familienalltag in der Nachkriegszeit, München 1985.

87 Zit. bei Schnädelbach: Kriegerwitwen, S. 81.

88 Ebd., S. 78.

89 Zit. bei Regina Bohne: Das Geschick der zwei Millionen. Die alleinlebende Frau in unserer Gesellschaft, Düsseldorf 1960, S. 81f.

90 Wehler: Deutsche Gesellschaftsgeschichte, Bd. 5, S. 183.

91 Joachim Bodamer: Der Mann von heute. Seine Gestalt und Psychologie, 2. Aufl., Stuttgart 1956, S. 99f., zit. bei Ingrid Langer: Die Mohrinnen hatten ihre Schuldigkeit getan … Staat-

lich-moralische Aufrüstung der Familien, in: Dieter Bänsch (Hg.): Die fünfziger Jahre. Beiträge zu Politik und Kultur, Tübingen 1985, S. 108–130, hier S. 123.

92 Bodamer in der Auflage von 1962, S. 99.

93 Elisabeth Pfeil: Die Berufstätigkeit von Müttern, Tübingen 1961, S. 39f.

94 Ebd., S. 55.

95 Ganzseitige Abbildung bei: Ingrid Langer: Familienpolitik – ein Kind der fünfziger Jahre, in: Elefantenpress: Hart und zart. Frauenleben 192–1970, Berlin 1990, S. 297–305, hier S. 302; Meyer/Schulze: Von Liebe sprach damals keiner, beispielsweise S. 98.

96 Lampert: Kinder, die ohne Vater aufwuchsen, S. 49.

97 Elisabeth Pfeil: Die 23Jährigen. Eine Generationenuntersuchung am Geburtenjahrgang 1941, Tübingen 1968, S. 28.

98 Zum wohl eher nur vorübergehend angestimmten »Loblied« auf heldenhafte Kriegerwitwen unter Bezugnahme auf eine Rede Helmut Schelskys mit dem Titel »Vaterlosigkeit als häufiges soziales Schicksal heute« (1953) vgl. Jürgen Reulecke: »Vaterlose Söhne« in einer »vaterlosen Gesellschaft«: die Bundesrepublik nach 1945, in: Thomä: Vaterlosigkeit, S. 142-159, hier S. 152.

99 Vgl. etwa auch: Wilhelm Hagen/Hans Thomae/Anna Ronge: 10 Jahre Nachkriegskinder, München 1962, beispielsweise S. 156–164; in diesem Überblick wurden positive Veränderungen seit Beginn der 1950er Jahre bilanziert, wobei die Witwenhaushalte mit Kindern offenbar mit am wenigsten von der Gesamtentwicklung, das heißt der allmählichen Verbesserung der Wohn- und Einkommensverhältnisse, profitiert hatten.

100 Kirsten Plötz: Als fehle die bessere Hälfte. ›Alleinerziehende‹ Frauen in der frühen BRD 1949–1969, Königstein Ts. 2005.

101 Killius: Sei still, Kind! Adolf spricht, S. 9.

102 Ebd., S. 10.

103 Karl Kurz: Lebensverhältnisse der Nachkriegsjugend. Eine soziologische Studie, Bremen 1949, hier S. 15–37. Es handelt

sich um die Auswertung einer Befragung unter rund 50.000 Schülern aller allgemeinbildenden Bremer Schulen.

104 Ebd., S. 15.

105 Baumert: Jugend in der Nachkriegszeit, S. 135.

106 Merith Niehuss: Familie, Frau und Gesellschaft. Studien zur Strukturgeschichte der Familie in Westdeutschland 1945–1960, Göttingen 2001, S. 109.

107 Alexander Mitscherlich: Der unsichtbare Vater. Ein Problem für Psychoanalyse und Soziologie, in: Kölner Zeitschrift für Soziologie und Sozialpsychologie 7, 1955, S. 188–201.

108 Mitscherlich: Der unsichtbare Vater, S. 188f. und 195.

109 Joachim Bodamer: Der Mann von heute. Seine Gestalt und Psychologie, 2. Aufl., Stuttgart 1956, S. 98f.

110 Alexander Mitscherlich: Die vaterlose Gesellschaft. Ideen zur Sozialpsychologie, Frankfurt a. M. 1963; vgl. Tobias Freimüller: »Selbstvergewisserung in therapeutischer Absicht« – Alexander Mitscherlich und die »vaterlose Gesellschaft« der Bundesrepublik, in: Tel Aviver Jahrbuch für deutsche Geschichte 36, 2008, S. 182–196.

111 Grundlegend zu diesem Aspekt: Max Horkheimer/Erich Fromm/Herbert Marcuse: Studien über Autorität und Familie, Lüneburg 1936; Bertram Schaffner: Father Land. A Study of authoritarianism in the German family, New York 1948 (2. Aufl. 1949); David Rodnick: Postwar Germans. An anthropologist's account, New Haven 1948; Theodor W. Adorno/Else Frenkel-Brunswik/Daniel J. Levinson/R. Nevitt Sanford: The Authoritarian Personality, New York 1950.

112 Vgl. Freimüller: »Selbstvergewisserung in therapeutischer Absicht«.

113 Alexander Mitscherlich: Jugend ohne Bilder, in: Die Umschau. Internationale Revue 3, 1948, S. 102–105, hier S. 103. Zu weiteren historischen und philosophischen Kontexten: Dieter Thomä: Statt einer Einleitung: Stationen einer Geschichte der Vaterlosigkeit von 1700 bis heute, in: ders.: Vaterlosigkeit, S. 11–64.

114 René König: Alter, Jugend und Geschlecht, in: Heine von Alemann/Hans Joachim Hummel/Oliver König/Hans Peter Thurn (Hg.): René König. Schriften. Ausgabe letzter Hand, Bd. 12, Wiesbaden 2006, S. 193–324, bes. S. 295–311: Probleme der Berufswahl von Mädchen aus unvollständigen Familien, hier S. 296. Vgl. beispielsweise: Max Horkheimer/Erich Fromm/Herbert Marcuse: Studien über Autorität und Familie, Lüneburg 1936; Bertram Schaffner: Father land. A Study of authoritarianism in the German family, New York 1948 (2. Aufl. 1949); David Rodnick: Postwar Germans. An anthropologist's account, New Haven 1948; Theodor W. Adorno/Else Frenkel-Brunswik/Daniel J. Levinson, R. Nevitt Sanford: The Authoritarian Personality, New York 1950.

115 Freimüller: »Selbstvergewisserung in therapeutischer Absicht«, S. 186f.

116 Renate Haack: Untersuchungen zur Frage der Berufswahl vaterverwaister Mädchen aus unvollständigen Mutter-Tochter-Familien, in: Kölner Zeitschrift für Soziologie 7, 1955, S. 70–92, hier S. 85. Die Studie basiert auf der Auswertung von 13.000 Schülerkarten mehrerer Arbeitsämter. Die Aussagen gelten also für rund 13.000 Mädchen, die die Hauptschule besuchten und an Berufsberatungen der Arbeitsämter teilnahmen. Es wurden ausdrücklich keine Familien berücksichtigt, in denen Jungen und Mädchen aufwuchsen, weil die Situation in den reinen Frauenhaushalten als besonders ungünstig galt und eben diese brennspiegelartig beleuchtet werden sollte.

117 Ebd., S. 92.

118 Vgl. zu den hier angesprochenen Fragen auch Thurnwald: Gegenwartsprobleme Berliner Familien, z. B. S. 199: »Auch in Familien, deren Männer schon länger daheim sind, zeigt sich die Schrumpfung der männlichen Führung und Autorität. Das ist um so bemerkenswerter, als die traditionelle Stellung des deutschen Familienvaters, die sich in den zwanziger Jahren etwas aufgelockert hatte, während der Hitlerherrschaft neue,

autoritäre Einschläge erhielt durch die Abstempelung des Mannes zum Helden und Führer.«

119 König: Alter, Jugend und Geschlecht, S. 215 (unter Hinweis auf folgende Ausnahme: Marion J. Levy, Jr.: Geschlecht, Generation und Modernisierung, in: Günther Lüschen/Eugen Lupri (Hg.): Soziologie der Familie, Sonderheft 14 der Kölner Zeitschrift für Soziologie und Sozialpsychologie, Köln 1970, S. 433442).

120 Ferrière: Unsere Kinder die Hauptkriegsopfer, S. 97.

121 Wilhelm Roessler: Jugend im Erziehungsfeld. Haltung und Verhalten der deutschen Jugend in der ersten Hälfte des 20. Jahrhunderts unter besonderer Berücksichtigung der westdeutschen Jugend der Gegenwart, Düsseldorf 1957, S. 399.

122 Hans Wollasch: Die seelische Situation in der vaterlosen Familie, in: Jugendwohl. Katholische Zeitschrift für Kinder- und Jugendfürsorge 25, 1954, S. 242–245, hier S. 243f.

123 Rudolf Abshagen/Anne-Eva Brauneck: Gespräche mit der Deutschen Jugend. Ein Beitrag zum Autoritätsproblem, Helsingfors 1954, S. 121.

124 Ebd.

125 Ebd., S. 120.

126 Elisabeth Pfeil: Die 23Jährigen. Eine Generationenuntersuchung am Geburtenjahrgang 1941, Tübingen 1968, S. 132f.

127 Radebold: Entwicklungspsychologische Aspekte, in: Schulz/Radebold/Reulecke (Hg.): Söhne ohne Väter, S. 120–143, hier S. 123.

128 Franz Pöggeler: Aufgewachsen in zwei Reichen. Kindheit und Jugend 1926 bis 1945, Frankfurt a. M. 2009, S. 159.

129 Vgl. Stambolis: Leben mit und in der Geschichte.

130 Norbert Elias: Studien über die Deutschen. Machtkämpfe und Habitusentwicklung im 19. und 20. Jahrhundert, hg. von Michael Schröter, Frankfurt a. M. 1992, S. 254, 256.

131 Ebd., S. 272.

132 Sigrid Chamberlain: Hitler, die deutsche Mutter und ihr erstes Kind: Über zwei NS-Erziehungsbücher, Gießen 1997.

133 Vgl. Jürgen Reulecke/Barbara Stambolis: Kindheiten und Jugendzeit im Zweiten Weltkrieg: Erfahrungen, Normen der Elterngeneration und ihre Weitergabe, in: Radebold/Bohleber/Zinnecker: Transgenerationale Weitergabe kriegsbelasteter Kindheiten, S. 13–32; Barbara Stambolis: »Ein deutscher Junge weint nicht«. Erziehungserbschaften im 20. Jahrhundert und ihre Weitergabe, in: Ruth-E. Mohrmann (Hg.): »Generationenbeziehungen«, Münster 2011, S. 59–77.

134 Ina Seidel: Das Wunschkind, Stuttgart 1930. Zum Inhalt des Romans: Vor dem Hintergrund der Revolutionskriege, der napoleonischen Feldzüge und des deutschen Freiheitskampfes gegen die Franzosen wird hier das Schicksal der jungen Witwe, Cornelie Echter von Mespelbrunn, und ihres »Wunschkindes« Christoph geschildert. Als Christoph 1813 während der Freiheitskriege als junger Soldat fällt, wendet sie sich karitativem Wirken zu.

135 Zur komplizierten »Thematik des Ungewolltseins« differenzierend (»bewusst ungewollt«, »unbewusst ungewollt« und »ungelegen gekommen«) Ludwig Janus: Belastende Kriegserfahrungen der Mütter und die prägende Wirkung von vorgeburtlichem Stress, in: Radebold/Heuft/Fooken (Hg.): Kindheiten im Zweiten Weltkrieg, S. 27–35, besonders S. 30.

136 Zu den Krankheiten der Kinder ausführlicher auch Thurnwald: Gegenwartsprobleme Berliner Familien. Bei den Kindern wurden in zahlreichen Studien, auch in der Arbeit von Thurnwald, stärker somatische als psychische Seiten des Gesundheits- bzw. Krankheitszustandes beschrieben, allerdings wurde ein hohes Maß an »Erschöpfungszuständen« bei den Müttern festgestellt, und zwar nicht als »vorübergehende Ermüdungen«, sondern »anhaltende Symptome eines Kräfteverfalls.« Ebd., S. 85.

137 Eva Gehltomholt/Sabine Hering: Das verwahrloste Mädchen – Diagnostik und Fürsorge in der Jugendhilfe zwischen Kriegsende und Reform (1945–1965), Opladen 2006, S. 47–49, hier S. 47.

138 Radebold: Abwesende Väter und Kriegskindheit, S. 217.

139 Vgl. Horst Petri: Geschwister – Liebe und Rivalität. Die längste Beziehung unseres Lebens, Stuttgart 2006.

140 Die Namen wurden anonymisiert.

141 Das Thema der »Stieftochter« in Märchen scheint für die Kindheits- und Jugendlektüre der vaterlosen Töchter keine Rolle gespielt zu haben.

142 Baumert: Jugend in der Nachkriegszeit, S. 138f. Unter Hinweis auf Adolf Busemann: Jugend im eigenen Urteil. Eine Untersuchung zur Jugendkunde, Langensalza 1926.

143 Fooken/Zinnecker, Einleitung zu: dies.: Trauma und Resilienz, S. 9.

144 Radebold: Während des Alterns anzutreffende Folgen: aktueller Kenntnisstand, in: ders./Heuft/Fooken: Kindheiten im Zweiten Weltkrieg, S. 139–148, hier S. 139.

145 Vgl. Petri: Das Drama der Vaterentbehrung, S. 87f.

146 Walter Scherf: Das Märchenlexikon, Bd. 1, A–K, München 1994, S. 548–554, hier S. 551.

147 Bettina Hurrelmann: Mignons erlöste Schwester. Johanna Spyris »Heidi«, in: dies. (Hg.): Klassiker der Kinder- und Jugendlektüre, Frankfurt a. M. 1997, S. 191–215, hier S. 210.

148 Kurt Held (= Kurt Kläber): Die rote Zora und ihre Bande, Aarau 1941; vgl. Dorothee Markert: Momo, Pippi, Rote Zora … was kommt dann? Leseerziehung, weibliche Autorität und Geschlechterdemokratie, Königsstein 1998.

149 Regina Rusch: Ausschau halten, in: Stark wie Pippi Langstrumpf. Geschichten und andere Liebeserklärungen für Astrid Lindgren. Hg. für Terre des Hommes von Hans-Martin Große-Oetringhaus, Bad Honnef 2003, S. 28–35.

150 Sabine Berthold: Doppelbelichtung. Die 50er Jahre in Romanen der Weimarer Jugendgeneration und der 68er-Generation, Heidelberg 2008, S. 276. Bereits im Erinnerungsjahr 2005 waren sich Forscher unterschiedlicher Disziplinen bewusst, dass das autobiographische Schreiben und Reden über kriegsbedingte Vaterlosigkeit nicht neu war. Peter Härtlings

(1933 geboren) »Vaterbuch« »Nachgetragene Liebe«, 1980 erschienen, nimmt hier eine besondere Rolle ein. Härtling hat übrigens seine Vaterlosigkeit (besser: Elternlosigkeit: Härtlings Mutter nahm sich 1947, rund zwei Jahre nach dem Tod des Vaters, der 1945 in sowjetischer Internierung starb, das Leben) verschlüsselt in einem Jugendbuch verarbeitet: Peter Härtling: Krücke, Weinheim/Basel 1986 (1993 verfilmt). Vgl. Hans-Heino Ewers: Mitleid für das eigene »Kind in mir«. Wie die Generation der Kriegskinder Autobiografisches in ihre Werke einfließen lässt, in: Forschung Frankfurt 2, 2005, S. 34–38, hier S. 36. Vgl. Peter Härtling: Leben lernen, Köln 2003.

151 Zit. bei Langer: Familienpolitik – ein Kind der fünfziger Jahre, S. 302.

152 Niehuss: Familie, Frau und Gesellschaft, S. 263–269.

153 Kurz: Lebensverhältnisse der Nachkriegsjugend, S. 15.

154 Vgl. Schnädelbach: Kriegerwitwen.

155 Vgl. Karin Böke: Politische Leitvokabeln der Adenauerzeit, Berlin/New York 1996, S. 240.

156 Zit. ebd.; vgl. Barbara Böttger: Das Recht auf Gleichheit und Differenz. Elisabeth Selbert und der Kampf der Frauen um Art. 3 II Grundgesetz, Münster 1990.

157 Wehler: Deutsche Gesellschaftsgeschichte, Bd. 5, S. 171.

158 Vgl. Claudia Huerkamp: Geschlechtsspezifischer Numerus Clausus – Verordnung und Realität, in: Elke Kleinau/Claudia Opitz (Hg.): Geschichte der Mädchen- und Frauenbildung, Bd. 2: Vom Vormärz bis zur Gegenwart, Frankfurt a. M. 1996, S. 375–385, hier S. 377.

159 Barbara Willenbacher: Zerrüttung und Bewährung der Nachkriegs-Familie, in: Martin Broszat/Klaus-Dietmar Henke/Hans Woller (Hg.): Von Stalingrad zur Währungsreform. Zur Sozialgeschichte des Umbruchs in Deutschland, München 1988, S. 595–618, hier S. 604.

160 Albrecht Lehmann: Im Fremden ungewollt zuhaus. Flüchtlinge und Vertriebene in Westdeutschland 1945–1990, München 1999, S. 68. Vgl. Volker Ackermann: Das Schweigen

der Flüchtlingskinder: Psychische Folgen von Krieg, Flucht und Vertreibung bei den Deutschen nach 1945, in: Geschichte und Gesellschaft 30, 3, 2004, S. 434–464; Barbara Stambolis: Flüchtlingskindheit. Erfahrungen und Rückblicke auf ein »erfolgreiches Leben«, in: Ewers/Mikota/Reulecke/Zinnecker: Erinnerungen an Kriegskindheiten, S. 263–280.

161 Willenbacher: Zerrüttung und Bewährung der Nachkriegs-Familie, S. 604.

162 Sigrid Metz-Göckel: Die deutsche Bildungskatastrophe und Frauen als Bildungsreserve, in: Kleinau/Opitz: Geschichte der Frauen- und Mädchenbildung, Bd. 2, S. 373–385, hier S. 374.

163 Haack: Untersuchungen zur Frage der Berufswahl vaterverwaister Mädchen; René König: Probleme der Berufswahl aus unvollständigen Familien, in: Michael Klein (Hg.): René König. Strukturanalyse der Gegenwart, Wiesbaden 2006, S. 295–311. Wie König betonte, hätte die Aufmerksamkeit auch Familien zugewandt werden sollen, in denen Töchter und Söhne heranwuchsen. Ebd. S. 311.

164 Haack: Untersuchungen zur Frage der Berufswahl vaterverwaister Mädchen, S. 92.

165 Hinweise auf solche Aufenthalte im Ausland finden sich beispielsweise auch in Biografien von jungen Mädchen mit bürgerlichen Familienhintergründen, die in den 1920er Jahren geboren wurden. Vgl. Juliane Braun (Hg.): Ein Teil Heimat seid Ihr für mich. Rundbriefe einer Mädchenklasse 1944–2000, Berlin 2004, S. 286 und 290.

166 Petri: Das Drama der Vaterentbehrung, S. 103.

167 Ebd.

168 Ute Frevert: Umbruch der Geschlechterverhältnisse? Die 60er Jahre als geschlechterpolitischer Experimentierraum, in: Axel Schildt/Detlef Siegfried/Karl Christian Lammers (Hg.): Dynamische Zeiten: Die 60er Jahre in den beiden deutschen Gesellschaften, Hamburg 2000, S. 643–660, hier S. 643.

169 Vgl. Karin Hausen: Die Polarisierung der Geschlechtscharaktere – eine Spiegelung der Dissoziation von Erwerbs- und Fa-

milienleben, in: Werner Conze (Hg.): Sozialgeschichte der Familie in der Neuzeit Europas, Stuttgart 1976, S. 363–393; dies.: Familie als Gegenstand Historischer Sozialwissenschaft. Bemerkungen zu einer Forschungsstrategie, in: Geschichte und Gesellschaft 1, 1975, S. 171–209.

170 Stambolis: Leben mit und in der Geschichte, S. 189.

171 Hans Anger: Probleme der deutschen Universität. Bericht über eine Erhebung unter Professoren und Dozenten, Tübingen 1960, S. 478.

172 Ebd.

173 Metz-Göckel: Die deutsche Bildungskatastrophe, S. 381.

174 Anger: Probleme der deutschen Universität, S. 480.

175 Ebd., S. 481.

176 Frevert: Umbruch der Geschlechterverhältnisse, S. 650.

177 Vgl. Jürgen Zinnecker: Milieuauflösung und Generationenwandel. Zwei Deutungsmuster der Wende in den sechziger Jahren und deren Verknüpfung, in: Matthias Frese/Julia Paulus/Karl Teppe: Demokratisierung und gesellschaftlicher Aufbruch. Die sechziger Jahre als Wendepunkt der Bundesrepublik, 2. Aufl., Paderborn 2005, S. 759-776, hier S. 770.

178 Vgl. u. a. Eveline Kilian/Susanne Komfort-Hein (Hg.): GeNarrationen. Variationen zum Verhältnis von Generation und Geschlecht, Tübingen 1999.

179 Vgl. Gisela Maria Hoenings-Justen: Zur beruflichen Entwicklung von Frauen. Eine Kohortenanalyse, Bonn 1989, S. 217ff., 235ff.Vgl. Uta Gerhardt/Yvonne Schütze (Hg.): Frauensituationen. Veränderungen in den letzten zwanzig Jahren, Frankfurt a. M. 1988.

180 Vgl. beispielsweise Helga Dierichs zusammenfassend über feministische Debatten (und die sich aus diesen entwickelnden männlichen Reaktionen) in ihrem Vorwort zu: Helga Dierichs/Margarete Mitscherlich (Hg.): Männer. Zehn exemplarische Geschichten, Frankfurt a. M. 1981, S. 7–13.

181 Vgl. Ute Kätzel: Die 68erinnen. Porträt einer rebellischen Frauengeneration, Berlin 2002. Lediglich Hedda Kuschel,

Jahrgang 1940, hat ihren Vater im Krieg verloren, sie bekam jedoch schon bald einen Stiefvater, der sie, wie sie schrieb, prügelte und sie ablehnte. S. 121f.

182 Ursula A. J. Becher: Zwischen Autonomie und Anpassung – Frauen, Jahrgang 1900/1910, in: Reulecke: Generationalität und Lebensgeschichte, S. 279–293, hier S. 293.

183 Vgl. Elisabeth Noelle-Neumann/Edgar Piel (Hg.): Eine Generation später. Bundesrepublik Deutschland 1953–1979, München 1983; Andreas Kruse/Hans Thomae: Menschliche Entwicklung im historischen Wandel. Empirisch-psychologische Beiträge zur Zeitgeschichte, Heidelberg 1992, bes. S. 116–129.

184 Miriam Dreysse: Natürliche Mutter und Vater Staat? Die Darstellung der Mutter in der visuellen politischen Kommunikation Deutschlands, in: Tel Aviver Jahrbuch für deutsche Geschichte 36, 2008, S. 254–276.

185 http://vaeter-ggmbh.de/wp-content/uploads/2011/05/V%C3 %A4ter-und-Karriere-KAS-Schmitz-2010.pdf, zuletzt aufgerufen 16. 07. 2011. Vgl. Dieter Thomä: Väter. Eine moderne Heldengeschichte, München 2008.

186 Karlheinz Graudenz: Das Buch der Etikette. Unter Mitarbeit von Erica Pappritz, Marbach 1956, S. 123, hier zitiert bei Angela Delille/Andrea Grohn: Fräulein Grünschnabel, in: Hart und zart. Frauenleben 1920–1970, S. 242.

187 Axel Schildt/Detlef Siegried: Deutsche Kulturgeschichte. Die Bundesrepublik von 1945 bis zur Gegenwart, München 2009, S. 103; Wehler: Deutsche Gesellschaftsgeschichte, Bd. 5, S. 182.

188 Stephan Buchloh: »Pervers, jugendgefährdend, staatsfeindlich.« Zensur in der Ära Adenauer als Spiegel des gesellschaftlichen Klimas, Frankfurt a. M. 2002, bes. S. 81–140.

189 Vgl. Eva-Maria Silies: Tabu und Thematisierung. Generationelle Erfahrungen mit Sexualität und Empfängnisverhütung in den 60er-Jahren, in: Seegers/Reulecke: Die »Generation der Kriegskinder«, S. 85–106, hier S. 96; vgl. dies.: Liebe, Lust und Last. Die Pille als weibliche Generationserfahrung in der Bundesrepublik 1960–1980, Göttingen 2010.

190 Petri: Das Drama der Vaterentbehrung, S. 41. Vgl. Sabine Bode: Die deutsche Krankheit – German Angst, Stuttgart 2006, S. 203.

191 Braconnier: Väter und Töchter, S. 100.

192 Lampert: Kinder, die ohne Vater aufwuchsen, S. 47.

193 Försters Pucki, Leipzig 1935, Puckis erstes Schuljahr, Leipzig 1936; ebd.: Pucki und ihre Freunde sowie: Pucki kommt in die höhere Schule; 1937: Puckis neue Streiche sowie: Puckis erster Schritt ins Leben, Pucki wird eine glückliche Braut, Puckis junge Ehe. In den Jahren 1938 bis 1941 folgten weitere Bände. Nach dem Zweiten Weltkrieg wurden die Bücher, überarbeitet und teilweise mit anderen Titeln versehen, millionenfach neu aufgelegt.

194 Gisela Wilkending: Man sollte den Trotzkopf noch einmal lesen. Anmerkungen zu einer anderen Lesart, in: Dagmar Grenz/Gisela Wilkending (Hg.): Geschichte der Mädchenlektüre. Mädchenliteratur und die gesellschaftliche Situation der Frauen, Weinheim/München 1997, S. 123–138, hier S. 127.

195 Jürgen Zinnecker: Jugend, in: Dietrich Benner/Jürgen Oelkers (Hg.): Historisches Wörterbuch der Pädagogik, Weinheim/Basel 2004, S. 482–496, hier S. 494. Vgl. ders.: Kindheit und Jugend als pädagogische Moratorien. Zur Zivilisationsgeschichte der jüngeren Generation im 20. Jahrhundert, in: Dietrich Benner/Heinz-Elmar Tenorth (Hg.): Bildungsprozesse und Erziehungsverhältnisse im 20. Jahrhundert, Weinheim/Basel 2000, S. 36–68.

196 Vgl. zum Folgenden Werner Faulstich/Helmut Korte (Hg.): Fischer Filmgeschichte Bd. 3: Auf der Suche nach Werten 1945–1960, Frankfurt a. M. 1990; vgl. Werner Faulstich: Filmgeschichte, Paderborn 2005.

197 Nach Ursula Bruns: Dick und Dalli und die Ponys. Die Geschichte zweier handfester Mädchen und eines Jungen, aus dem auch noch etwas wurde, Freiburg i. Br. 1950; 25. Aufl. 1991.

198 Angabe des Statistischen Bundesamtes, Wiesbaden 2010. Erst ab 1990 stieg das Heiratsalter bei Frauen allmählich über den

Stand von 1950, erhöhte sich dann allerdings vor allem seit den 1990er Jahren deutlich. 2009 lag es bei 30 Jahren.

199 Vgl. beispielsweise Insa Fooken: »Späte Einsichten« bei »späten Trennungen«: Plötzlicher Konsensbruch, trügerische Konsens-Illusion oder langjähriger Dissens? Subjektive Repräsentationen biografischer Verlaufsmuster und Seelische Gesundheit im zeitgeschichtlichen Kontext, in: Zeitschrift für Familienforschung 14/3, 2004, S. 289–304.

200 Peter Riedesser in dem Dokumentarfilm »Geliebter Verräter. Von der Sehnsucht der Töchter«, WDR/arte 21. 10. 2007: http://www.tagtraum.de/pages/de/produktionen/dokumentarfilm/111.geliebter_verraeter.htm, zuletzt aufgerufen am 17. 07. 2011; ders. im Interview: »Zärtlich, aber stark« http://www.zeit.de/2006/28/B-V-ter-Interview, zuletzt aufgerufen am 30. 07. 2011.

201 Vgl. aus der Perspektive der Kinder der Kriegskinder Martin Rupps: Ich will nicht mehr zwanzig sein. Das Weltwissen der Babyboomer, Freiburg i. Br. 2010, S. 120: »Wir Babyboomer haben erlebt, wie unsere Mütter zu Vielem schwiegen um des Familienfriedens willen. Harmonie, fast um jeden Preis, war oberstes Gebot. Dafür opferten sich unsere Mütter in einer Weise auf, die sie Schaden nehmen ließ«.

202 Bürgerliches Gesetzbuch, 35. neubearb. Aufl. München 1976. Vgl. Bundeszentrale für politische Bildung, Informationen zur politischen Bildung (Heft 254), 1997, http://www.bpb.de/publikationen/2FD0S4,1,0,Gleichberechtigung_als_Grundrecht.html#art1, zuletzt abgerufen am zuletzt aufgerufen am 30. 07. 2011.

203 Vgl. Noelle-Neumann/Piel (Hg.): Eine Generation später. S. 127.

204 Ebd., S. 126.

205 Ohne, wie bereits gesagt, Zahlen überbewerten zu wollen, sei auf diesen Trend hingewiesen: Die gerichtlichen Ehescheidungen in Deutschland stiegen, nachdem sie 1960 mit circa 10 Prozent den Nachkriegs-Tiefststand erreicht hatten,

bis 1970 nur leicht, dann jedoch kontinuierlich von rund 13 auf fast 20 Prozent im Jahre 1976. 1976 wurde das Scheidungsrecht novelliert, anstelle des Schuld- trat das Zerrüttungsprinzip. Während die Zahlen in den Umstellungsjahren auf das neue Recht schwankten, stiegen die Scheidungen mit geringeren Abweichungen in der Folge weiter leicht, erreichten aber erst zu Beginn des 21. Jahrhunderts Rekordhöhen von fast 26 Prozent (Angaben Statistisches Bundesamt, Wiesbaden 2011).

206 Staudacher: Vaterlose Töchter, Klappentext und S. 181; ähnlich wieder unter Berufung auf Staudacher bei Anne-Ev Ustorf: Kaum ein Mann im Leben einer Frau ist so wichtig wie ihr Vater, in: emotion, Juli 2007, S. 44f., hier S. 45.

207 Radebold: Abwesende Väter und Kriegskindheit, S. 216.

208 Natan P. F. Kellermann: Die Kinder der Child Survivors, in: Radebold/Bohleber/Zinnecker: Transgenerationale Weitergabe, S. 57–73.

209 Ulrich Lamparter/Linde Apel/Malte Thießen/Dorothee Wierling/Christa Holstein/Silke Wiegand-Grefe: Zeitzeugen des Hamburger »Feuersturms« und ihre Familien. Ein interdisziplinäres Projekt zur transgenerationalen Weitergabe traumatischer Kriegserfahrung, in: Radebold/Bohleber/Zinnecker: Transgenerationale Weitergabe , S. 215–255.

210 Sabine Bode: Kriegsenkel. Die Erben der vergessenen Generation, Stuttgart 2009.

211 Ustorf: Wir Kinder der Kriegskinder; vgl. den zweiteiligen Dokumentarfilm des Regisseurs Andreas Fischer »Der Feuersturm«, bes. Teil II: Die traurigen Kinder – Brandnarben, Erstausstrahlung NDR, 14. 07. 2009.

212 Bettina Alberti: Seelische Trümmer. Geboren in den 50er- und 60er-Jahren. Die Nachkriegsgeneration im Schatten des Kriegstraumas, München 2010.

213 Ustorf: Wir Kinder der Kriegskinder, S. 92.

214 Womit sie sich durchaus in demoskopischen Untersuchungsergebnissen wiederfinden können, beispielsweise in: Forum Familie stark machen (Hg.): Generationen-Barometer 2006,

Freiburg, München 2006, S. 208–220: Die doppelte Bedeutung der Großeltern.

215 Ustorf: Wir Kinder der Kriegskinder, beispielsweise S. 69f.

216 Arno Surminski: Vaterland ohne Väter, Berlin 2004. Das Schicksalsdatum, um das es hier geht, ist der 31. Januar 1943. Surminski (geboren 1934) verlor beide Elternteile im Zweiten Weltkrieg.

217 Surminski fügte solche – tatsächlich aufgegebenen – Anzeigen im Anhang seines Buches an. Vgl.: Hinweise auf vaterlose Söhne, die in Anzeigen ihrer Väter gedachten, auch – unter Bezugnahme auf Jürgen Reulecke – bei Bode: Die deutsche Krankheit – German Angst, S. 189f.

218 John Irving: Bis ich dich finde, Zürich 2006. Das Buch handelt zwar nicht von kriegsbedingter Vaterlosigkeit, ist aber ein besonders eindrückliches Beispiel für Vatersehnsucht und -suche.

219 Lydia Flem: Wie ich das Haus meiner Eltern leer räumte, München 2004, S. 11.

220 Vgl. Wolfgang Winter: Was können und was müssen wir für Betroffene heute (therapeutisch) tun? – Aus der Sicht der Beratung, in: Radebold/Heuft/Fooken: Kindheiten im Zweiten Weltkrieg, S. 209–217; Wolfgang Zippert: Was können und was müssen wir für Betroffene heute (therapeutisch) tun? – Aus der Sicht der Theologie, in: ebd., S. 221–230.

221 Vgl. Roland Kachler: Meine Trauer wird dich finden! Ein neuer Ansatz in der Trauerarbeit, Stuttgart 2005.

222 Dorothee Schmitz-Köster: Der Krieg meines Vaters. Als deutscher Soldat in Norwegen, Berlin 2004, S. 311.

223 Vgl. Schmidt-Biesalski: Der Held meiner Mutter, ARD 2008. In dieser Dokumentation begleitet ein Kamerateam eine vaterlose Tochter, ihren Ehemann und deren zwei Söhne auf eine Reise zum Grab des Vaters bzw. Großvaters in die Ukraine.

224 Johannes Gelich: Nach Ostland wollen wir reiten, FAZ Nr. 181 vom 07. 08. 2010.

225 Uwe-Karsten Heye: Schicksalsjahre. Nach der wahren Ge-

schichte »vom Glück nur ein Schatten«, München 2011, S. 181. Vgl. ders.: Vom Glück nur ein Schatten. Eine deutsche Familiengeschichte, München 2004.

226 Heye: Schicksalsjahre, S. 192.

227 Vgl. Marianne Krüll: Die Mutter in mir. Wie Töchter sich mit ihrer Mutter versöhnen, Stuttgart 2007, S. 24. Ein Beispiel in diesem Buch: »Hedwig (1914–2002) und Christa (1944).« (S. 25ff.)

228 Vgl. Gerda Szepansky: »Blitzmädel«, »Heldenmutter«, »Kriegerwitwe«. Frauenleben im Zweiten Weltkrieg, Frankfurt a. M. 1986, hier S. 50–57: Kriegerwitwe. Über Inge D.

229 Der englische Kinderreim aus dem 19. Jahrhundert lautet: »Monday‘s child is fair of face,/Tuesday‘s child is full of grace,/ Wednesday‘s child is full of woe/Thursday‘s child has far to go,/Friday‘s child is loving and giving,/Saturday‘s child works hard for a living,/But the child who is born on the Sabbath Day/Is bonny and blithe and good and gay.” Vgl. Walter Laqueur: Thursday's child has far to go. A Memoir of the Journeying Years, New York 1992.

230 Vgl. Radebold: Abwesende Väter und Kriegskindheit, S. 197.

231 Einige Hinweise in dieser Richtung auch bei Dörr: »Der Krieg hat uns geprägt«, Bd. 2, Kapitel 21: »Rückschau nach 60 Jahren«, S. 397–443.

232 Grundlegend: Peter Riedesser/Gottfried Fischer: Lehrbuch der Psychotraumatologie, München 1998, 4. erweiterte und aktualisierte Aufl. 2009; vgl. Stambolis: Kriegskindheiten. Erfahrung, Trauma und Erinnerung.

233 Barbara Stambolis: Rezension zu Michael Heinlein: Die Erfindung der Erinnerung. Deutsche Kriegskindheiten im Gedächtnis der Gegenwart. Bielefeld 2010, in: H-Soz-u-Kult, 01. 11. 2010, http://hsozkult.geschichte.hu-berlin.de/rezensionen/2010-4-079, zuletzt aufgerufen am 30. 11. 2010.

234 Riedesser/Fischer: Lehrbuch der Psychotraumatologie, S. 84: Das psychische Trauma wird hier beschrieben als ein »vitales Diskrepanzerlebnis zwischen bedrohlichen Situationsfakto-

ren und den individuellen Bewältigungsmöglichkeiten, das mit Gefühlen von Hilflosigkeit und schutzloser Preisgabe einhergeht und so eine dauerhafte Erschütterung von Selbst- und Weltverständnis bewirkt.« Die Autoren untersuchen folgende Beispiele: Holocaust, Folter und Exil, Kindheitstrauma, Vergewaltigung, Gewaltkriminalität, Arbeitslosigkeit, lebensbedrohende Erkrankung und Mobbing.

235 Hans Thomae: Persönlichkeit. Eine dynamische Interpretation, Bonn 1951, S. 111.

236 Meinolf Peters/Johannes Kipp: Einführende Überlegungen, in: dies. (Hg.): Zwischen Abschied und Neubeginn. Entwicklungskrisen im Alter, Gießen 2002, S. 7–13, hier S. 10.

237 Meinolf Peters: Aktives Altern oder »Die Entdeckung der Langsamkeit«, in: ebd., S. 87–101.

238 Vgl. Hartmut und Hildegard Radebold: Älterwerden will gelernt sein, Stuttgart 2009.

239 Vgl. die breite Diskussion in folgendem Band: Fooken/Zinnecker: Trauma und Resilienz, S. 47–55.

240 Katja Thimm: Vatertage. Eine deutsche Geschichte, Frankfurt a. M. 2011.

241 Arno Geiger: Der alte König in seinem Exil, München 2011. Die Mutter des Autors ist eine vaterlose Tochter (siehe S. 80), diese Tatsache spielt jedoch in dem insgesamt höchst einfühlsam geschriebenen Buch über das Alter und die Krankheit eines Angehörigen der Kriegskindergeneration des Zweiten Weltkriegs so gut wie keine Rolle.

242 Hartmut und Hildegard Radebold: Älterwerden will gelernt sein, S. 94.

243 Um ein weiteres Beispiel zu geben: Unter deutschen Universitätshistorikern des Jahrgangs 1943, die meisten von ihnen aus nichtakademischen Familien stammend, befinden sich etwa ein Drittel vaterlose Söhne.

244 Der Film »Geliebter Verräter« (gesendet am 21. 10. 2007 auf arte), der übrigens von vaterlosen Töchtern aus der Kriegsgeneration interessiert diskutiert wurde, beschäftigt sich mit

prominenten Töchtern, die mit ihren Vätern aufgewachsen sind und die offenbar wesentlich leichter zu ermitteln und bereit sind, über ihre Vater-Tochter-Beziehungen zu sprechen, als prominente vaterlose Töchter, nach denen sich die Suche schwierig gestaltet!

245 http://www.tagtraum.de/pages/de/produktionen/dokumentarfilm/111.geliebter_verraeter.htm, zuletzt aufgerufen am 09.03.2011.

246 Dies gilt für Veröffentlichungen Horst Petris oder Michael Ermanns; Hartmut Radebold hat in »Abwesende Väter und Kriegskindheit« zwar vier Biografien und Behandlungen zu Frauen aus der Kriegskindergeneration aufgenommen, bei denen die Vaterthematik eine zentrale Rolle spielt, allerdings befindet sich darunter kein Beispiel einer vaterlosen Tochter im Sinne unserer »Töchter«-Befragung.

247 Vgl. beispielsweise Barbara Degen (geboren 1941): Die Botschaft im Inneren des Wollknäuels, in: Marlene Zinken (Hg.): Der unverstellte Blick. Unsere Mütter (aus)gezeichnet durch die Zeit 1938 bis 1958. Töchter erinnern sich, Opladen/Farmington Hills 2007, S. 111–116. Vgl. Bellmann/Biermann: Vatersuche. Fast die Hälfte der 14 Interviewten gehörte der Generation der Kriegskinder des Zweiten Weltkriegs an.

248 Krüll: Die Mutter in mir.

249 Beispielsweise Gisela Heidenreich: Das endlose Jahr. Die langsame Entdeckung der eigenen Biographie – ein Lebensborn-Schicksal, Bern 2002.

250 Vgl. Thurnwald: Gegenwartsprobleme Berliner Familien, unter den Fallbeispielen etwa Familie T, S. 337–351, oder Familie W, S. 358–363.

251 Vgl. Yara-Colette Lemke Muniz de Faria: Zwischen Fürsorge und Ausgrenzung. Afrodeutsche »Besatzungskinder« im Nachkriegsdeutschland, Berlin 2002; Ebba Drolshagen: Wehrmachtskinder. Auf der Suche nach dem nie gekannten Vater, München 2005.

252 Vgl. allgemein zu dieser Frage: Micha Brumlik: Wer Sturm sät. Die Vertreibung der Deutschen, Berlin 2005.

253 Zu den Überlebensgeschichten jüdischer Kinder stellvertretend für viele andere Publikationen: Hans Keilson: Sequentielle Traumatisierung bei Kindern. Untersuchung zum Schicksal jüdischer Kriegswaisen, Gießen 2005 (Neudruck der Ausgabe Stuttgart 1979); Martin Gilbert: Sie waren die Boys. Die Geschichte von 732 jungen Holocaust-Überlebenden, Berlin 2007.

254 Vgl. Jürgen Reulecke/Reinhard Schmook/Jacek Jeremicz (Hg.): Kriegskinder in Ostdeutschland und Polen, Berlin (Verlag für Berlin-Brandenburg) 2008 (deutsch und polnisch).

255 Bonwetsch: Kriegskindheit und Nachkriegsjugend in zwei Welten, bes. S. 203–206.

256 Ebd., S. 214.

257 Vgl. Ulrich Lamparter/Christa Holstein/Malte Thießen/Dorothee Wierling/Silke Wiegand-Grefe/Birgit Möller: 65 Jahre später. Zeitzeugen des Hamburger Feuersturms (1943) in lebensgeschichtlichen Interviews, in: Forum der Psychoanalyse 26, 2010, S. 365–387.

258 Peter Härtling: Nachgetragene Liebe, Darmstadt, Neuwied 1980; ders.: Krücke, Weinheim, Basel 1986; ders.: Leben lernen, Köln 2003.

259 Tanja Dückers: Der längste Tag des Jahres, Berlin 2006.

260 Henning Mankell: Daisy Sisters (1982), Wien 2009.

261 Jostein Gaarder: Das Kartengeheimnis (1990), 10. Aufl., München/Wien 2008, S. 19.

262 Norbert Gstrein: Die Winter im Süden, Köln 2008. Eine vaterlos aufgewachsene Tochter des Zweiten Weltkriegs nimmt hier im Alter von fünfzig Jahren die Spur ihres jugoslawischen Vaters auf, eines Mannes, der nach dem Ende des Zweiten Weltkrieges nach Lateinamerika ausgewandert war und dort ein neues Leben anzufangen versucht hatte.

263 Markus Zusak: Die Bücherdiebin (2005), 5. Aufl., München 2009.

264 Ingeborg Bellmann/Brigitte Biermann: Vatersuche. Töchter erzählen ihre Geschichte, Berlin 2005.

265 Diese Differenzierung für vaterlos aufgewachsene prominente Männer etwa auch bei Horst Petri: Das Drama der Vaterentbehrung, S. 152.

266 Hannah Arendt im Gespräch mit Günter Gaus, Rundfunk Berlin-Brandenburg, Sendung vom 28. 10. 1964, http://www.rbb-online.de/zurperson/interview_archiv/arendt_hannah.html, zuletzt eingesehen am 30. 07. 2011. Vgl. auch: Claudia Althaus: Erfahrung denken. Hannah Arendts Weg von der Zeitgeschichte zur politischen Theorie, Göttingen 2000, S. 69: Hinweis auf eine ähnliche, ausführlichere Äußerung zu ihrer Vaterlosigkeit im Briefwechsel mit Karl Jaspers, Brief vom 23. 3. 1947. Prinz: Beruf Philosophin oder Die Liebe zur Welt., S. 24 aus einem Brief an ihren Mann, Heinrich Blücher, zitiert, 1948, als die Mutter starb: »Ich habe meine ganze Kindheit und halbe Jugend aber doch mehr oder weniger so getan, als ob es das Leichteste und Selbstverständlichste auf der Welt scin würde, sozusagen das Natürliche, allen Erwartungen zu entsprechen. Vielleicht aus Schwäche, vielleicht aus Mitleid, aber ganz sicher, weil ich mir nicht zu helfen wusste.«

267 Horst Petri: Seelische Folgen der Vaterentbehrung und ihre Verarbeitung bei Frauen, in: Bellmann/Biermann: Vatersuche, S. 46–54, hier S. 52.

268 Alice Schwarzer: Marion Dönhoff. Ein widerständiges Leben, Köln 2008, S. 57. Vgl. zum Thema »Vatertöchter«: Verena Kast: Vater-Töchter, Mutter-Söhne. Wege zur eigenen Identität aus Vater- und Mutterkomplexen, Stuttgart 2002; Ute Karen Seggelke: Vatertöchter – Muttertöchter. 28 Porträts in Bild und Text, Hildesheim 2004.

269 Z. B. Maria »Winnetou« Guttenbrunner (geboren 1926), Tochter des Schriftstellers Carl Zuckmayer (1896–1977) und seiner Frau Alice Herdan-Zuckmayer (1901–1999) in einem Porträt in der Reihe: »Die Kinder von …«: »Mein Vater war die Bezugsperson. Von ihm habe ich die Liebe zur Natur. Er kannte so

viele ihrer Geheimnisse. Er erklärte mir die Sternzeichen, er kannte die Pflanzen, die Vögel.« Welt-Online vom 17. 07. 2010, aufzurufen unter: http://www.welt.de/die-welt/kultur/literatur/article8503659/Ich-bin-ein-Heimweh-Mensch.html, zuletzt eingesehen am 30. 07. 2011.

270 Auch die vaterlosen Männer, von denen bei Petri eine ganze Reihe Prominenter angeführt wird, wären nach Altersgruppe und Grund ihrer Vaterlosigkeit zu differenzieren: nach Männern, die den Vater nie gekannt oder zwischen früher Kindheit und Jugend durch Krieg, KZ, Krankheit, Suizid oder Trennung etwa verloren haben. Vgl. Petri: Das Drama der Vaterentbehrung, S. 152.

271 Ebd., S. 155 sowie ders.: Seelische Folgen, S. 52.

272 Reinhart Koselleck: Der Einfluss der beiden Weltkriege auf das soziale Bewusstsein, in: Wolfram Wette (Hg.): Der Krieg des kleinen Mannes. Eine Militärgeschichte von unten, München 1992, S. 324–343, hier S. 324.

273 Ebd., S. 326–329.

274 Ebd., S. 331.

275 Surminski: Vaterland ohne Väter, S. 44f.

276 Jutta von Graevenitz: Vaterlose Familie, S. 134f.

277 Senfft: Schweigen tut weh, S. 164.

278 König: Alter, Jugend und Geschlecht, S. 215.

ÜBER DIE AUTORIN

Barbara Stambolis, Prof. Dr., lehrt an der Fakultät für Kulturwissenschaften der Universität Paderborn Neuere und Neueste Geschichte. Ihren Schwerpunkt bilden kultur-, mentalitäten-, und sozialgeschichtliche Forschungsfelder.

www.klett-cotta.de/fachbuch

Sabine Bode

Kriegsenkel

Die Erben der vergessenen Generation

304 Seiten, gebunden mit Schutzumschlag
ISBN 978-3-608-94550-8

»In 14 spannenden Fallbeispielen legt Bode nun dar, wie die Beziehung zu ihren Eltern und das Schweigen über den Krieg diese Generation prägte.«
emotion

Sabine Bode

Die vergessene Generation

Die Kriegskinder brechen ihr Schweigen

Mit einem Nachwort von Luise Reddemann. 304 Seiten, gebunden mit Schutzumschlag. ISBN 978-3-608-94705-2

»Ein fundiertes Buch über ein Tabu, das über ein halbes Jahrhundert auf seine Aufarbeitung wartete.«
Welt am Sonntag

Fachbuch
Klett-Cotta